Inga Erchova
Jede Mutter kann glücklich sein

Inga Erchova

Jede Mutter kann glücklich sein

Unser inneres Kind umarmen – unsere Kinder lieben

INTEGRAL

Die in diesem Buch vorgestellten Informationen und Empfehlungen sind nach bestem Wissen und Gewissen geprüft. Dennoch übernehmen der Autor und der Verlag keinerlei Haftung für Schäden irgendwelcher Art, die sich direkt oder indirekt aus dem Gebrauch der hier beschriebenen Anwendungen ergeben. Bitte nehmen Sie im Zweifelsfall bzw. bei ernsthaften Beschwerden immer professionelle Diagnose und Therapie durch ärztliche oder naturheilkundliche Hilfe in Anspruch.

FSC www.fsc.org
MIX
Papier aus verantwortungsvollen Quellen
FSC® C014496

Verlagsgruppe Random House FSC® N001967

Erste Auflage 2017

Redaktion: Ulrike Strerath-Bolz
Beratung: Stefan Linde
Umschlaggestaltung: Guter Punkt GmbH & Co. KG
unter Verwendung eines Motivs von: Pim / Shutterstock
Satz: Satzwerk Huber, Germering
Druck und Bindung: GGP Media GmbH, Pößneck
ISBN 978-3-7787-9275-9
www.integral-verlag.de
www.facebook.com/Integral.Lotos.Ansata

Inhaltsverzeichnis

Teil III
Das innere Kind und der seelische Schatten

Teil IV
Wie die Schattenseiten unserer Seele den Alltag mit Kindern prägen

Teil V
Was können wir tun?

Vorwort – Warum dieses Buch?

Nichts prägt unser Elternsein mehr als die eigene Kindheit. Nicht die pädagogischen Ansichten über Richtig und Falsch, nicht Bildung oder sozialer Status, nicht die Berufstätigkeit, nicht das Alter und nicht einmal die Kultur oder die Gesellschaft, in der wir leben. Dafür aber das, was wir einst als kleines Mädchen oder kleiner Junge in den entfernten und fast vergessenen Jahren unserer Kindheit erlebt haben. Diese Erfahrungen sind in den tiefsten Schichten unserer Seele gespeichert. Und wenn eine Frau dann Mutter wird, geht sie ihren eigenen Weg, und nichts kann sie von ihrem Weg abbringen – weder gute Ratschläge der Angehörigen noch kompetente Fachmenschen oder schlaue Bücher, nicht die anderen Mütter und schon gar kein Gruppenzwang. Auch wenn die Mutter sich ihres Weges nicht sicher ist, sich verirrt oder vom (rechten) Weg abkommt, kann nur ihre eigene innere Stimme sie wieder ans Licht leiten. Dieses Buch lässt die innere Stimme jeder Mutter so erklingen, dass sie selbst sie hört und auch verstehen kann.

Es gibt viel Trubel um das Bild der Mutter in unserer heutigen Gesellschaft. Wir sind nicht mehr bereit, das einseitige, flache, verzerrte und idealisierte Bild der Mutter hinzunehmen, das wie eine unförmige Schablone zu keiner realen Mutter passen will. Immer häufiger zeigt sich ein ganz anderes Bild – ambivalente Gefühle, Verzweiflung angesichts enormer Herausforderungen bis hin zum Bereuen der Tatsache, überhaupt Mutter geworden zu sein. Allein das Ansprechen der negativen Gefühle wird schon als Befreiung gefeiert. Es wirkt vielleicht beruhigend zu wissen, dass es anderen Müttern ähnlich geht. Doch diese Beruhigung lässt mit der Zeit nach, und ein schaler Beigeschmack bleibt zurück. Macht es mich wirklich glücklicher zu wissen, dass andere Mütter ebenfalls unglücklich sind? Einigen reicht dieses Trostpflaster vielleicht aus, und sie lesen dieses Buch mit Sicherheit nicht. Denn dieses Buch geht einen entscheidenen Schritt weiter. Es hilft, dem Ursprung und dem Sinn der verwirrenden Gefühle in Bezug auf das Mutterssein im eigenen Inneren auf die Spur zu kommen.

Frauen, die ihr Muttersein bereuen, wussten zumeist nicht, was auf sie zukommt. Sie waren nicht vorbereitet auf die unvermeidliche innere Verwandlung und konnten sich dementsprechend auch nicht darauf einlassen. Mutterschaft wird von ihnen vielmehr als unüberwindbares Hindernis für die eigene Selbstverwirklichung erlebt. Und Hand aufs Herz, wir alle vermissen ein wenig das alte Leben, den Lifestyle, die Freiheit, jederzeit das zu tun, was frau möchte: die Selbstbezogenheit, die Ungebundenheit und das Abenteuer. Doch allzu leicht vergessen wir dabei, dass unsere wahre Selbstverwirklichung im Inneren stattfindet. Und das Muttersein ist die ideale Chance für eine solche innere Verwirklichung und die Gelegenheit, an intimste Bereiche der eigenen Seele heranzukommen, die uns ansonsten für immer verschlossen geblieben wären. Ein wahres Geschenk.

Viel Trubel in den Medien bedeutet nicht zwingend mehr Bewusstsein über die seelischen Höhen und Tiefen des Mutterseins, ganz im Gegenteil. Heiße Debatten fördern keine Selbsterkenntnis, sie bauen viel mehr Fronten auf, die unseren Blick auf das Bekämpfen des Gegenübers richten, nicht auf uns selbst. Und das ist der entscheidende Punkt. Die Antwort auf unsere persönlichen Fragen liegt in uns, nicht irgendwo da draußen.

Ich verbreite hier keine Parolen, bekämpfe keine Feindbilder und gebe keine Tipps oder gar Anweisungen für die Kindererziehung. Vielmehr möchte ich mit diesem Buch die kleine Tür zur persönlichen Wahrheit jeder Mutter und jedes Menschen öffnen, der mit Kindern lebt. Ich habe versucht, Worte für die subtilen Empfindungen zu finden, die wir kaum in Worte fassen können, und ich möchte verstehen helfen, woher sie kommen. Das Verstehen der eigenen Gefühle – deren Ursprung und Sinn – hat eine magische Kraft. Es verleiht unseren Empfindungen erst einen Sinn und macht sie zu uns gehörig. Nicht grundlos ist die Frage nach dem Warum der ewige Antrieb der menschlichen Seele.

Vor guten Ratschlägen können wir Mütter uns nicht retten, doch die guten Ratschläge vermögen uns nicht zu helfen. Ständig pendeln wir hin und her zwischen banaler Alltagsbewältigung, unserer Müdigkeit und dem Respekt und der Ehrfurcht, die diese überwältigend große, lebenslange Aufgabe uns zugleich einflößt.

In meiner psychologischen Praxis helfe ich jungen Müttern, das Wirrwarr ihrer Gefühle nach der Geburt zu ordnen. Und dies nicht etwa mit guten Ratschlägen oder magischen Formeln wie »Es ist normal und geht vorbei«, »Das ist nur eine Phase« oder »Hör auf dein Bauchgefühl«. Sondern so, dass die Gefühle für die jeweilige Mutter und ihren persönlichen Lebensweg einen Sinn ergeben. Uns geschieht nichts, was nicht ohnehin zu uns gehört. Wir müssen nur die Verbindung herausfinden. Nach der gemeinsamen intensiven Arbeit werde ich Zeugin einer wundervollen Verwandlung, wie wenn aus einer dicht verpuppten Raupe ein wunderschöner Schmetterling in die Freiheit schlüpft. Die Frauen brauchen einen geschützten Raum für ihre Gefühle, jemanden, der liebevoll und mitfühlend zuhört, die Intimität der menschlichen Beziehung. Offen und ehrlich müssen sie sich mutig auf den Weg machen und ihn zu Ende gehen. Es gibt keine Abkürzungen oder Tricks auf dem Weg zu sich selbst.

In meiner Arbeit habe ich oft erlebt, dass das Verstehen der eigenen Gefühlswelt heilende Kräfte in sich birgt. Das Wissen, dass es anderen Müttern ähnlich geht, entlastet zwar, aber erst das Verstehen der persönlichen Wahrheit löst den großen Knoten. Es heilt die Mutter, das Kind, die Beziehung zum Partner und die Familie als Ganzes. Es ist eine unglaubliche Macht, über die wir Mütter verfügen. Wir missbrauchen diese Kraft im Grunde tagtäglich, wenn uns unser Einfluss als Mutter nicht bewusst ist. Sind wir uns dessen bewusst, kann sie hingegen wahrlich Berge versetzen.

Was mich zu diesem Buch bewegt hat? Wenn ich Frauen kennenlerne, die bereits größere Kinder haben, und ihnen erzähle, was ich beruflich mache, dann kommt eigentlich immer die gleiche Reaktion: »Mensch, damals hätte ich dich sehr gebraucht, als ich Mutter geworden bin und nicht weiterwusste.« Offenbar irren die meisten von uns im Dickicht der Gefühle alleine vor sich hin und wissen nicht, wo sie Hilfe suchen sollen. Das hat mich zu diesem Buch motiviert. Ich möchte möglichst viele Frauen erreichen und ein Bewusstsein darüber verbreiten, was das Muttersein seelisch mit uns macht.

Natürlich hat mich meine persönliche Erfahrung, dreimal Mutter zu werden, ebenfalls sehr bewegt, und ich gewähre auch einige Einblicke in meine eigene Gefühlswelt. Diese mit nichts vergleichbare Erfahrung hat mich nicht nur als Frau beeindruckt, sie hat auch mein berufliches Interesse geweckt. Da ich mich als Psychologin der menschlichen Seele besonders verbunden fühle, habe ich in alle Richtungen nach einer Erklärung für die rätselhaften Phänomene der Mutterschaft gesucht. Meine Fundstücke habe ich hier zusammengetragen.

Dieses Buch ist für Mütter geschrieben, nicht für Psychologen, obwohl die Letzteren das Buch selbstverständlich auch lesen können, zumal wir oft beides sind – Mütter und Psychologinnen (Erzieherinnen, Pädagoginnen, Lehrerinnen, Ärztinnen, Hebammen oder Krankenschwestern und alle, die mit Frauen und Müttern beruflich zu tun haben). Psychologische Phänomene habe ich versucht, alltagsnah und hoffentlich verständlich zu präsentieren. Väter können von diesem Buch selbstverständlich auch profitieren, nicht nur, weil sie ihre Frauen und Kinder dadurch besser verstehen werden, sondern auch, weil es einige extra den Vätern gewidmete Kapitel gibt.

Wir Mütter sind gemeinsam mehr als die Summe unserer einzelnen Erfahrungen.

Nichts prägt unser Elternsein mehr als die eigene Kindheit. Es ist eine einfache Wahrheit, die wir aber oft vergessen oder im Alltag nicht zu gebrauchen wissen. Dieses Buch verbindet das Heute mit dem Damals, stellt Zusammenhänge her und bringt die Enden zueinander wie im »Spaghetti-Salat« einer Kinderzeichnung. Daraus ergeben sich vielleicht im zweiten Schritt die ganz persönlichen Imperative im Umgang mit Kindern und mit sich selbst, die nur für jede einzelne Mutter – und jeden Vater – wahr und wirksam sind.

Zum Buchgebrauch

Natürlich ist es Ihnen überlassen, was Sie mit dem Buch machen, ob sie es von vorn bis hinten in einem Stück lesen oder nur einzelne Kapitel herauspicken wollen. Man kann es jedoch nicht nur lesen. Es gibt darin auch praktische Übungen, die dazu einladen, über sich nachzudenken, sich Fragen zu stellen oder das Gelesene im Alltag anzuwenden. Wer wirklich etwas verändern und in der Selbsterkenntnis weiterkommen möchte, wird das Buch nicht einfach überfliegen wollen, sondern von Zeit zu Zeit auch in sich hineinhorchen. Es empfiehlt sich daher, ein Notizbuch für Gedanken und Zeichnungen in greifbarer Nähe zu haben, damit Sie Ihre innere Stimme darin festhalten können. So ein Notizbuch kann zu einem Gesprächspartner werden oder zu einem Ort für intime Gefühle. Am besten liegt es nicht weit vom Bett. Viele Einfälle kommen uns ganz plötzlich kurz vor dem Einschlafen oder direkt nach dem Aufwachen (natürlich nicht, wenn wir mit dem Wecker wie bei der Armee aufspringen). Ich wurde zum Beispiel durch das Stillen oft in einen kreativen, tranceartigen Zustand versetzt. Meine besten Einfälle habe ich tatsächlich während des Stillens bekommen. Zum Glück habe ich lange gestillt und von diesen Phasen in Fülle profitiert. Von wegen Stilldemenz!

In diesem Buch finden sich einige Fallgeschichten. Sie sind von realen Fällen inspiriert, selbstverständlich anonymisiert und verändert. Schon im Interesse der realen Personen habe ich keine Lebensgeschichte ungefiltert wiedergegeben. Wenn sich jemand in ihnen dennoch selbst erkennt, dann kann es daran liegen, dass unsere Schicksale oft ähnlicher sind, als wir meinen.

Beim Schreiben ging es mir nicht darum, auf alle Fragen eine Antwort zu finden, sondern vielmehr einen Stein ins Rollen zu bringen, eine kleine innere Bewegung anzustoßen, die wie eine Schlüsseldrehung vieles bewirken kann. Auch ein kleiner Schlüssel kann eine große und wichtige Tür öffnen. Sind Sie bereit hineinzuschauen?

Teil I

Warum ist es heute so schwer, Mutter zu sein?

Wie die Jungfrau zum Kind

»Hätte ich doch damals gewusst, dass es dich gibt«, sagen öfters Frauen zu mir, denen ich erzähle, dass ich als Psychologin mit jungen Mütter arbeite. »Nach der Geburt hätte ich jemanden wie dich sehr gebraucht, aber ich wusste nicht, was mit mir geschieht und wo ich hingehen soll.« Diese Äußerung ist sehr typisch. Fast alle Frauen beschreiben die ersten Tage, Wochen und Monate nach der Geburt eines Kindes als eine Zeit der kompletten Desorientierung, als wären sie plötzlich in eine Parallelwelt katapultiert worden und wüssten nicht mehr, wo oben und wo unten ist.

Als ich meine erste Tochter bekam, hörte ich gar nicht mehr auf zu staunen. Trotz Geburtsvorbereitungskursen, Schwangerenyoga, Austausch mit Müttern und Doulas hatte mir niemand erzählt, dass es sich *so* anfühlt, ein Kind zu haben. Es schien mir, als wäre mir das Wichtigste vorenthalten geblieben – das seelische Erdbeben, das mich ergriff. Wie durch eine innere Erschütterung wurde die Seele umgegraben und offengelegt, sie wurde weich, feucht, locker und verletzlich. Die Schutzkruste war weggeweht, und das blanke Innere lag offen da. Man konnte mich mit einem halben Wort verletzen und durch ein kurzes Wegschauen zum Weinen bringen. Ein Schalter wurde umgelegt, und nichts war wie vorher.

Mit dem Abstand einiger Jahre, ein wenig nüchtern betrachtet, kann ich erkennen, dass wir Frauen nach der Geburt einen Schock in zweierlei Hinsicht erleben:

Den Schock Nummer eins bereitet uns das Baby, oder, um genau zu sein, sein enormes Verlangen nach Nähe, Präsenz, Zuwendung, Kommunikation und Liebe. Wir sind von diesem Verlangen tatsächlich schockiert. Nichts zuvor in unserem Leben hat uns so absorbiert wie dieses kleine, hilflose Wesen. Das Baby saugt nicht nur unsere Milch. Es nimmt sich alles, was wir an Energie, Kraft, Einfühlungsvermögen, Geduld und so weiter zu bieten haben. Wir fühlen uns, als würden wir von unserem Baby mit Haut und Haar verschlungen. Und selbst wenn wir alles gegeben haben, scheint es oft immer noch nicht genug zu sein.

Wir sind nicht darauf vorbereitet, dass das Baby so viel von unserem emotionalen Raum und vom Platz in unserem Herzen beansprucht. Es möchte mit aller Kraft dorthin, als gäbe es keinen anderen möglichen Ort zum Leben. Es möchte darin sein, zu uns gehören. Wir dachten, wir könnten unser Leben wie bisher führen, nur mit einer kleinen Änderung am Rande. Weit gefehlt!

Hinzu kommt: Die Bedürfnisse des Kindes sind uns ein Rätsel. In der nonverbalen Kommunikation sind wir nicht geübt. Wir wissen nicht, was es will. Was, es will schon wieder an die Brust? Kann das sein? Ist das normal? Darf das Baby mit mir im Bett schlafen? Wenn ja, warum werden so viele Gitterbettchen verkauft? Soll es wirklich Babys geben, die darin schlafen? Ist es normal, dass mein Baby nur auf meinen Armen einschläft und sofort aufwacht, wenn ich es hinlege? Ist es normal, dass sich mein Baby nur bei mir beruhigt, beim Vater aber nicht? Ich glaube, der Satz, der eine junge Mutter am meisten beruhigen kann, ist: »Es ist normal, was dein Baby will.« Wir wissen wirklich nicht, was normal ist.

Und das Fatale ist, dass wir nicht wissen, dass das Baby vor allem anderen die Nähe der Mutter braucht. Ja, die Mama ist das Universum. Ohne sie kann das Baby nicht leben, nicht existieren, nicht sein, weil es emotional noch ein Teil von ihr ist. Wir haben es nicht gewusst und können es nicht glauben, dass wir so viel bedeuten können. Und weil wir das alles nicht gewusst haben, erleben wir es als Schock und brutale Überforderung. Aus Selbstschutz wird das Verlangen des Babys als übertrieben abgetan. Nach dem Motto: Wenn ich dieses Bedürfnis nicht befriedigen kann, dann kann es nicht normal sein. Uns kommt nicht in den Sinn, dass es an unserer eigenen Unfähigkeit liegen könnte. Wir haben für diese Situation nicht vorgesorgt und keine Hilfe organisiert, da wir doch schon immer alleine zurechtgekommen sind und es eigentlich auch weiterhin wollen. Und vielleicht zum ersten Mal im Leben merken wir, dass wir dringend Hilfe brauchen.

Den Schock Nummer zwei erleben wir mit uns selbst als Mutter. Wir erkennen uns nicht wieder, erschrecken vor unseren eigenen Gefühlen, Reaktionen und Gedanken. Etwas bisher Unbekanntes ist in uns zum Leben erwacht und bereitet uns Angst, weil es so unberechenbar ist. So manche Horrorberichte aus der Presse jagen uns Angst ein, wenn Kinder zum Opfer überforderter Eltern geworden sind. Viele Frauen aber gestehen ihre Mordfantasien als Fluchtgedanken und haben mir erzählt, dass sie es im Moment der Verzweiflung nachempfinden können, wie man das eigene Kind aus dem Fenster werfen kann. Sie würden es selbst natürlich niemals tun, aber im Kopfkino haben es viele wirklich schon durchlebt.

Die Anfangszeit mit dem Kind wird von vielen Frauen als dunkle und konfuse Zeit erlebt, angefüllt mit wirren Gedanken und ambivalenten Gefühlen. Hochstimmungen wechseln sich ab mit tiefer Traurigkeit, die Glücksmomente sind mit Tränen betupft. Wir wollen mit dem Baby zusammen sein und doch am liebsten vor ihm fliehen. Wir freuen uns, Mutter geworden zu sein, und wollen doch unser altes Leben zurück. Wir kämpfen uns durch den Tag mit seiner banalen Routine und haben in ruhigen Minuten große Ehrfurcht vor dieser Aufgabe und Verantwortung: Mutter zu sein. Wir wissen nicht mehr mit Sicherheit, wer wir sind und ob wir noch bei Sinnen sind.

Auch wenn wir den lachenden, ausgeschlafenen und gepflegten Müttern auf den Titelseiten von Hochglanzmagazinen nicht über den Weg trauen, sitzt die unbewusste Überzeugung tief, dass Muttersein vor allem Freude und Glück bedeuten soll. Mit Widersprüchlichkeiten konnten wir schon immer schlecht umgehen, weil wir uns mit einem Schwarz-Weiß-Denken wohler fühlen: Da weiß man, was man hat. Es fällt uns schwer, Dinge so zu nehmen, wie sie sind. Stattdessen schaltet sich automatisch die Bewertung ein, und wir reduzieren komplexe, vielschichtige seelische Gefühlslagen auf gut oder schlecht, erwünscht oder nicht erwünscht, akzeptabel oder nicht akzeptabel. Dadurch verlieren wir die Tiefe, die Bandbreite der Gefühle und auch die Fähigkeit, im Frieden zu sein, auch wenn das Leben nicht dem ausschließlich positiven Bild entspricht. Die inneren Widersprüche und die dunklen Seiten der eigenen Seele werden verdrängt und bleiben unerforscht. Wir wissen nur wenig darüber, wer wir wirklich sind und woher wir kommen; daher stürzt uns jede unerwartete Wendung des Lebens ins seelische Chaos. Mit fest verbundenen Augen versuchen wir uns durch das Wirrwarr unserer Gefühle durchzukämpfen, statt diese zu erforschen und zu verstehen, angstfrei und im wahrsten Sinne des Wortes schamlos.

Wir starten unser Muttersein entfernt von uns selbst – von unserem tiefsten Kern, von unserem inneren Drama, von der weiblichen Natur und von unserem eigenen Körper. Diese

Entfernung macht uns zu leichten Opfern von Missbrauch in einer so sensiblen Situation wie der Geburt, wenn wir sinnlosen Praktiken unterzogen werden, die uns mehr schaden als helfen. Wir widersprechen nicht, da wir nicht wissen, was wir eigentlich wollen, was uns guttut und was uns wichtig ist. Diese Art von Gewalt und Missbrauch wären nicht so leicht möglich, wenn wir bewusster wären und bei uns bleiben könnten.

Warum finden wir nicht instinktiv den natürlichen Zugang zum Muttersein, wie es alle Lebewesen auf der Welt tun? Alles, was wir fürs Mutterwerden brauchen, sollte doch von Natur aus in uns angelegt sein. Unser weiblicher Körper sollte wissen, wie man ein Kind empfängt, austrägt und natürlich zur Welt bringt. Unsere Brüste sollten Milch in Fülle produzieren und das Baby ohne Probleme ernähren können. Unsere Arme sollten die Fähigkeit haben, das Baby zu tragen, zu wiegen und an uns schmiegen. Und unser Herz sollte dem Kind mit Leichtigkeit all die Liebe entgegenbringen können, die in ihm steckt. Doch so selbstverständlich, wie es eigentlich sein sollte, geschieht das alles nicht. Warum nur? Warum ist das Muttersein so schwer und manchmal so unerträglich?

Zum Teil liegt es an unserer Zeit – dem Zeitalter des Patriarchats, das den Fluss der weiblichen Energie immer noch behindert.

Unser Wertesystem ist männlich. Statt der Intuition schenken wir lieber harten Fakten Vertrauen. Informationen, die mit Zahlen belegt sind, halten wir für seriös, emotionale Sensibilität dagegen für eine Schwäche. Wir glauben dem, was wir sehen, anfassen oder ermessen können. Den guten Riecher haben wir längst dem Tierreich überlassen. Wir tun uns schwer mit Gefühlen, die kaum in Worte zu fassen sind, da der Drang zum Konkreten uns fest im Griff hat. Wir bewundern erfolgreiche Menschen und verstehen unter Erfolg das Erreichen von angestrebten Zielen, materiellen Reichtum oder machtvolle Positionen. Auch wir Frauen sind überflutet mit maskuliner Energie und verinnerlichen männliche Verhaltensmuster. Wer kann schon mit seiner Passivität punkten? Passiv setzen wir gleich mit faul und schwach. Nur entpuppt sich unsere männliche Weltanschauung als komplett unnütz angesichts eines weinenden Babys, das sich weder managen noch mit rationalem Denken begreifen lässt.

Zum anderen erschwert uns die unterbrochene Kette der Unterstützung von Generation zu Generation den Start in unser Leben als Mutter. Unsere Mütter haben uns wenig Wahrhaftes davon erzählt, was das Mutterwerden seelisch mit sich bringt oder was ein Baby braucht. Ihren Aussagen nach waren wir »pflegeleichte« Kinder, die brav alleine in ihrem Bettchen schliefen und auch sonst keine Probleme machten. Kann das wirklich sein? Waren wir so anders als unsere Kinder?

Später werden wir das, was uns als Kindern wirklich widerfahren ist, noch genauer unter die Lupe nehmen. Jetzt möchte ich nur sagen, dass der natürliche Informations- und Erfahrungsfluss von Mutter zu Tochter und von einer weisen Frau zur jungen Frau nicht stattfand. Unsere Mütter sind uns keine Hilfe, wenn es darum geht, sich emotional in die Mutterrolle hineinzufinden. Im Gegenteil, oft sind ihre mit Vorurteilen überladenen Ratschläge nur hinderlich, weil sie gegen unsere innere Stimme arbeiten und unser Selbstvertrauen untergraben. Als Mütter müssen wir wirklich von null anfangen und uns jeden Entwicklungsschritt und jede kleine Erkenntnis mühsam alleine erarbeiten. Das kostet Kraft.

Heute wissen meine drei Töchter (neun, fünf und zwei Jahre alt) schon mehr über das Muttersein, als ich es gewusst habe, als ich Mutter geworden bin. Und es geht nicht nur um die praktischen Dinge wie Wickeln oder Füttern. Sie wissen vor allem das Wichtigste: dass das Kind die Nähe seiner Mutter braucht und ohne sie nicht sein kann. Ich erkenne es, wenn ich sehe, wie sie ihre Puppen schlafen legen. Sie kuscheln sich nämlich dazu. Ich erkenne es auch daran, dass sie, wenn sie ein Baby sehen, sofort fragen, wo seine Mutter ist. Und sie reagieren verstört, wenn im Märchen ein Baby aus seiner Wiege von der Hexe geklaut wird. »Siehst du, Mama«, sagen sie, »deswegen darf ein Baby nie alleine schlafen.« Ich wusste das alles nicht und habe es auch intuitiv nicht gespürt. Umso größer waren mein Schock und meine Überforderung und umso mühsamer das Begreifen meiner neuen Realität.

Nun gut, die patriarchale Gesellschaft können wir so schnell nicht verändern. Auch das Fehlen der Unterstützung seitens der weisen Frauen und den familiären Rückhalt können wir nicht einfach so ersetzen. Doch neben diesen erschwerenden äußeren Bedingungen für die Mutterschaft gibt es noch eine wichtige innere Komponente, an der wir sehr wohl drehen können und der sich dieses Buch widmet. Nennen wir sie die seelische Schatzkammer, die wir bisher noch nicht betreten haben. Sie ist die innere Stimme, die uns leitet, der innere Kompass, der sich nicht an den äußeren Meinungen ausrichtet, sondern an der persönlichen und intimen Wahrheit jeder einzelnen Frau, die Mutter geworden ist. Eingeschlossen in dieser Schatzkammer, findet sich eine ungeheure Kraft, die es uns erlaubt, Berge des Unmöglichen zu versetzen, und uns die Fähigkeit zurückgibt, uns selbst und unsere Kinder besser zu behandeln und aus vollem Herzen lieben zu können.

Reflexion

Mit welchen Gefühlen blicke ich auf die Anfangszeit meiner Mutterschaft zurück?
Wenn ich mein erstes Kind noch einmal bekommen könnte, was würde ich diesmal anders erleben wollen?
Was wünsche ich mir, damals gewusst oder gekonnt zu haben?
Was habe ich aus meiner Erfahrung gelernt?

Mutterschaft ist eine Reise nach innen

Die größte Überraschung, die uns der Schritt in die Mutterschaft bereitet, ist die Tatsache, dass das Mutterwerden die sonderbare Fähigkeit besitzt, das bisherige Leben und ganz besonders die Erfahrung unserer eigenen Kindheit in ein neues Licht zu rücken. Es rüttelt Kindheitserfahrungen in uns wach und schenkt ihnen unerwartet eine neue Bedeutung. Und so ist das Mutterwerden, wie jede andere Lebenskrise auch, ein Resümee des bisherigen Lebens. Doch anders als andere Lebenskrisen schickt uns die Mutterschaft in unsere Kindheit zurück und lässt uns diese noch einmal erleben.

Das geschieht zunächst unbewusst, ohne dass wir es bemerken, und äußert sich als diffuser seelischer Schmerz; undefinierbare subtile körperliche Befindlichkeiten, die wir nicht zu deuten wissen; Übersensibilität; Traurigkeit ohne ersichtlichen Grund, Gereiztheit … Es sind die bekannten Wochenbetterscheinungen, die wir gerne auf die Hormone schieben oder als Babyblues bezeichnen und denen wir keine große Bedeutung beimessen. Erst wenn die Gefühlslage einer jungen Mutter ihrem Umfeld Sorgen bereitet und wenn sie »die Kurve zur Normalität« nicht bekommt, glauben wir, dass sie erkrankt ist. Darüber reden wir noch ausführlich im Teil über das Wochenbett.

Die Zeitreise zurück in die Kindheit wird durch die Anwesenheit unseres neugeborenen Kindes hervorgerufen, mit dem wir in der ersten Zeit emotional verschmolzen sind und eine

Seele teilen. Wie unsere Kindheit wirklich war, zeigt sich in den Gefühlen, die wir unserem Kind gegenüber empfinden. Wenn sich die Nähe des Babys angenehm anfühlt, wenn uns seine Präsenz erstrahlen lässt, wenn die Milch zu fließen beginnt, wenn sich unser Herz und unsere Arme öffnen, dann haben wir eine schöne Erfahrung der Mutterbindung in unserem Inneren gespeichert. Das Urvertrauen ist intakt, und die Fähigkeit zu lieben ist stark.

Wenn die Nähe des Babys jedoch schmerzt, wenn wir lieber von ihm weggehen möchten, wenn wir nach Schutz suchen oder nach Gründen, es abzugeben, wenn uns bei seinem Anblick nach Weinen zumute ist, dann belebt seine Anwesenheit die alten Wunden in unserer Seele, die Spuren der Einsamkeit und der Verlassenheit, von denen wir heute vielleicht nichts mehr wissen. Wir glauben, das Baby tut uns weh. In Wirklichkeit erinnert es uns nur an unsere eigene Zeit als Baby, die für uns offensichtlich schlimm gewesen sein muss. So wird das Mutterwerden auch zum Test auf die Wahrhaftigkeit unserer »offiziellen« Kindheitsgeschichte.

Vielleicht stolpern Sie beim Lesen über diese Worte. Wie kann meine Kindheitsgeschichte nicht wahrhaftig sein? Tatsächlich können wir uns unter normalen Umständen nicht an unsere ersten Lebensjahre erinnern. Wir kennen das meiste über unsere Kindheit aus Erzählungen unserer Eltern. Haben sie uns vorsätzlich etwas Falsches erzählt? Warum sollten sie das tun? Nein, keiner hat uns absichtlich belogen. Die Erwachsenen haben lediglich übersehen, wie es uns wirklich ging, sie haben es nicht gemerkt oder nicht wahrhaben wollen, weil ihre subjektive Sichtweise es ihnen nicht erlaubte. Die Empfindungen eines Kindes sind sehr viel intensiver, dramatischer, und sie fühlen sich lebensbedrohlicher an als die eines Erwachsenen. Für

Babys ist die Fürsorge durch die Bezugspersonen überlebenswichtig. Mit der Zeit haben wir vergessen, wie wir uns als Kinder gefühlt haben, und können uns heute nur noch schlecht in sie hineinversetzen. Vielen Eltern tut es bei klärenden Gesprächen mit ihren Kindern auch leid, wenn sie hören, was die Kinder in manchen Situationen empfunden haben. Eltern haben es wirklich nicht gewusst und haben es auch nicht gewollt. Dennoch erleben Kinder, was sie erleben, und das ist das Ausschlaggebende für ihre Psyche, nicht die guten Absichten ihrer Eltern.

Um die magische Zeitreise in die Kindheit nach der Geburt besser zu verstehen, möchte ich die Seele zur Veranschaulichung mit einem Haus vergleichen. Das Erdgeschoss repräsentiert den bewussten und »offiziellen« Bereich unserer Seele – unsere Persönlichkeit, die wir nach außen tragen (von lat. *persona* – die Maske). Es ist ein repräsentativer Bereich des Hauses, in dem wir Gäste empfangen. Die Einrichtung spiegelt unser Idealbild, unsere »beste« Seite. Hier dekorieren wir gezielt, um eine gewünschte Wirkung auf die Besucher zu erzeugen, gemäß den akzeptierten Bildern in unserer Kultur. So möchten wir gerne wahrgenommen werden. Die Fassade ist perfekt.

Das Haus hat aber auch ein Obergeschoss – die Privatsphäre. Dieser Bereich ist uns ebenfalls bewusst, er ist jedoch weniger vorzeigbar. Hier ist es ein wenig unaufgeräumt, chaotisch oder wild. Das stört uns nicht, wir navigieren in diesem Chaos »im Schlaf«. Dieser Bereich entspannt uns, weil wir hier kein Gesicht wahren müssen. Er bleibt für die Einblicke von außen geschlossen, weil hier unsere geheime Wünsche und Fantasien Platz finden.

Und das Haus besitzt auch einen Keller – ein Fundament, auf dem alles steht. Der Keller repräsentiert unser Unbewusstes. Sowohl das Erdgeschoss als auch das Obergeschoss bauen auf ihm auf. Der Keller ist dunkel und kühl. Wir gehen nur selten dorthin. Einige Ecken des Kellers haben wir vielleicht noch nie betreten, aus Angst vor der Dunkelheit. Im Keller gibt es aber nicht nur Gruseliges. Da verbergen sich auch manche Schätze, Fundgruben aller Art und stille, höhlenartige Räume, die bestens dafür geeignet sind, um alles Seelische darin hallen zu lassen und ungestört bei sich selbst zu sein.

Den zentralen Platz im Keller nimmt der Bereich unserer Kindheit ein. Wir nennen ihn unser inneres Kind, das heißt das Kind, das wir einmal gewesen sind, mit all seinen Erfahrungen, Gefühlen und Erlebnissen. Man kann sich diesen Bereich bildhaft als eine Anhäufung alter Spielzeuge, Bücher, Kinderkleider, Kinderzeichnungen oder Basteleien vorstellen. Etwas rührt sich tief in uns, wenn wir unsere kindliche Handschrift wiedersehen, wie naiv und unschuldig sie wirkt. Was haben wir in unseren ersten Lebensjahren erlebt? Welche Qualität der Mutterliebe haben wir von unserer engsten Bezugsperson erfahren? Konnten wir uns immer darauf verlassen, dass unsere Bedürfnisse von Erwachsenen wahrgenommen und liebevoll befriedigt wurden? Konnten wir unsere einzigartige Persönlichkeit und das gesamte Potenzial unserer Talente und Anlagen ungestört entfalten? Zu diesem Zeitpunkt kennen wir eher die Erzählungen der Erwachsenen über unsere Kindheit und können sie auf ihren Wahrheitsgrad nicht überprüfen. Alles, worauf wir uns verlassen können, ist das innere Gefühl – entweder das Gefühl der Stimmigkeit, der Zuversicht und tiefen Zufriedenheit oder das Gefühl der Unruhe und fehlender Bodenhaftung.

Warum unser inneres Kind sein Dasein im Keller fristen muss und nicht zu uns in den repräsentativen Bereich des Hausen kommen darf? Weil wir es nicht wirklich kennen oder seine Existenz nicht einmal ahnen. Weil wir nicht wissen, wie es ihm wirklich geht und woran es leidet. Weil uns seine Anwesenheit im Erdgeschoss zu viel Schmerz bereiten würde, wenn wir in seine verweinten Augen schauen würden. Weil wir begreifen müssten, dass wir dieses verlassene Kind in der Tiefe unserer Seele noch immer sind. Unsere wahren Kindheitserfahrungen sind uns weitgehend unbewusst. Daher muss das innere Kind im Keller bleiben, weggesperrt von der Schaltzentrale des Bewusstseins.

Nicht umsonst gibt es den Begriff der Kellerkinder, ein verstörendes Bild dafür, wie wir das Kindliche in den Kindern unterdrücken. Ihre ungestümes Wesen, die Unbeschwertheit, die ungezähmte Kreativität und der Forschungsdrang, aber auch ihre absolute Abhängigkeit von uns und ihre Sensibilität sind für uns Erwachsene umso unerträglicher und werden umso stärker unterdrückt, je mehr wir diese Unterdrückung selbst erlitten haben und je stärker unser eigenes inneres Kind verletzt ist. Das Mutterwerden führt uns also in den Keller und zu dem darin lebenden Kind, das wir einmal waren.

Einige Frauen erleben es als einen sanften Abstieg in eine zauberhafte Unterwelt oder als eine spannende Entdeckungsreise. Wenn sie Mut haben und mit der Unterstützung ihrer Nächsten rechnen können, entdecken sie viele verborgene Schätze und können sie mit nach oben nehmen. Von nun an bewohnen sie diesen neu entdeckten Raum genauso selbstverständlich wie die beiden oberen Geschosse ihres Hauses. Dadurch wirkt der offizielle Empfangsbereich weniger steif und künstlich, und das Obergeschoss muss weniger vertuscht werden. Sie fühlen sich durch die neuen Seiten bereichert und vervollständigt.

Andere Frauen weigern sich, in den Keller hinabzusteigen. Sie klammern sich krampfhaft an die Fassade und ihr altes Leben. In diesem Fall kommen die Bewohner des Kellers nach oben. Halb durchsichtige Gestalten verwandeln den bekannten Wohnraum in einen fremden, eiskalten Ort, in dem man es keine Minute länger aushalten kann. Dann stürzen die Mütter nach draußen, verabreden sich oder versuchen, so schnell wie möglich wieder arbeiten zu gehen, sie lenken sich mit Shopping ab oder trinken Kaffee mit Freundinnen, die noch keine Kinder haben, um sich daran zu erinnern, wie es einmal gewesen ist. Die Selbsttäuschung wird zum gefährlichen Spiel. Denn die Fassade bröckelt immer mehr und kann eines Tages nicht mehr aufrechterhalten werden, weil man vor sich selbst nicht fliehen kann.

Die Begegnung mit den unbekannten Seiten seiner selbst ist nach der Geburt eines Kindes unausweichlich. Dennoch erlebt jede Frau diese Begegnung auf die Art und Weise, die für ihr bisheriges Leben Sinn ergibt. Der Keller war schon immer da, auch bevor wir Mütter geworden sind. Wir haben ihn bisher bloß nicht wahrgenommen, jedenfalls nicht komplett, je nachdem, wie bewusst und ehrlich wir bisher gelebt haben. Spätestens jetzt bietet uns das Schicksal die einzigartige Chance zu verstehen, wer wir sind und woher wir kommen.

Wenn wir unser reales Baby erleben und spüren, wie hilflos und verletzlich es ist, wie sehr es uns braucht, wie wichtig die Erfüllung seiner Grundbedürfnisse ist und wie stark es auf unsere Liebe angewiesen ist, kommt es zu einer Neubewertung des eigenen Großwerdens. So manches bekannte Lebensereignis bringt uns jetzt zum Grübeln: »Wie kann es sein, dass ich schon mit acht Wochen in die Obhut fremder Menschen gegeben wurde? Wie habe ich das als Baby wohl verkraftet?« Es werden neue Fragen gestellt und die Bausteine der eigenen Persönlichkeit neu sortiert.

Diese Neubewertung geschieht nicht über Nacht und wird zunächst auch nicht bewusst wahrgenommen. Es ist vielmehr ein langer Prozess, der sich nach der Geburt des ersten Kindes unbemerkt in Gang setzt und sich zunächst unbewusst in uns entfaltet. Am Anfang entsteht das Gefühl, dass etwas nicht stimmt, als ob ein Puzzleteil fehlt und Informationen nicht ganz stimmig sind. Es beginnt ein Hadern mit sich selbst: Die schlimmen Vermutungen über die eigene Vernachlässigung als Kind werden vom Bewusstsein als unsinnig abgeschmettert, weil sie die Beziehung zu den Eltern zu belasten drohen oder das positive Selbstbild zu sehr verändern. Doch die Zweifel nagen weiter an uns. Manchmal kann uns erst eine außenstehende Person, wie zum Beispiel ein Psychotherapeut, die Bestätigung geben, dass es sehr wohl zur gewaltsamen Vernachlässigung unserer Grundbedürfnisse gekommen sein muss.

Und wenn wir keine Hilfe von außen haben, wie können wir dann Gewissheit erlangen? Ganz einfach: Wenn für mich das Leben mit dem Neugeborenen zur Hölle wird, wenn ich mich nicht um es kümmern kann oder wenn dieses Sich-Kümmern für mich einen enormen Kraftakt bedeutet, dann kann ich sicher sein, dass ich als Baby oder Kleinkind leiden musste. Denn damit ich meinem Kind selbstverständlich und spontan alles geben kann, was es braucht, muss ich selbst es erst von meiner Mutter oder einer Ersatzperson bekommen haben. Wir können unsere Kinder nur mit Liebe versorgen, wenn wir selbst mit Liebe versorgt worden sind. So ist der natürliche Fluss der Energie. Und wenn ich nicht ausreichend versorgt worden bin? Kann ich mein eigenes Kind trotzdem lieben und versorgen? Ja, sehr wohl! Doch in dem Fall geschieht es nicht so leicht, natürlich und selbstverständlich, sondern ist mit viel seelischer Arbeit verbunden. Welche Art von seelischer Arbeit das ist, auch darum geht es in diesem Buch.

Wir bleiben seelisch in dem Alter stecken, in dem wir nicht bekommen haben, was wir an Liebe und Zuwendung gebraucht hätten. So sind wir seelisch gesehen immer noch Babys, Kleinkinder oder Vorschulkinder, die im Körper eines Erwachsenen leben und nun versuchen, ihre eigenen Kinder großzuziehen. Jetzt wird es nachvollziehbar, warum es uns so furchtbar schwerfällt, Eltern zu sein: Wir rufen selbst in unserem Inneren immer noch verzweifelt nach der Mama.

Diese Tatsache zu realisieren bedeutet ein großes Umdenken und verlangt schonungslose Ehrlichkeit mit sich selbst. Es wird zum wichtigen Wendepunkt im Leben eines Menschen, dessen Bedeutung man kaum überschätzen kann. Das Gefühl für sich selbst ändert sich radikal. Es macht uns verletzlicher, ehrlicher und weniger defensiv. So manche Schwierigkeit in unserem Leben bekommt plötzlich mehr Sinn. Vielleicht haben wir eine Sucht, oder es fällt uns schwer, innige Beziehungen einzugehen. Vielleicht haben wir Angst vor Bindung, können uns nicht öffnen, sind rastlos oder entwurzelt? Die Folgen fehlender Bindung am Anfang unseres Lebens können viele Formen annehmen. Jetzt können wir sie besser verstehen. Es ist an der Zeit, das eigene Leben in einem neuen Licht zu sehen und das Selbstbild radikal zu ändern: Wer bin ich? Woher komme ich? Das Eingeständnis: »Ja, das Kind in mir ist ungeliebt, allein und verlassen«, ist wie ein großes Erwachen aus einem Traum. Es ist eine Tatsache. Macht sie mich traurig? Ja. Aber auch zuversichtlich. Denn nichts ist so befreiend wie die Wahrheit und nichts so lähmend wie die Lüge.

Wir Frauen haben das Privileg, durch die Mutterschaft an diesen Wendepunkt herangeführt zu werden. Doch nicht jede Frau ergreift diese Chance. Diese Arbeit an sich selbst erfordert viel Mut und ist ohne Unterstützung nicht zu schaffen. Einige Mütter ziehen es vor, mit der schönen Lüge weiterzuleben. Sollen wir sie dafür verurteilen? Keinesfalls! Es ist die persönliche Entscheidung eines jedes Menschen. Nur müssen wir uns darüber im Klaren sein, dass wir diese Entscheidung nicht nur für uns alleine treffen, sondern auch für unsere Kinder.

Vielleich denken wir, alles war halb so schlimm. Wir sind ja groß geworden und kommen einigermaßen mit unserem Leben zurecht. Doch ich kann mit Sicherheit sagen, dass es eine wahre Katastrophe ist, mit der Erwartung, geliebt zu werden, und mit der Bereitschaft zu lieben auf die Welt zu kommen, und stattdessen die Kälte, Strenge, Einsamkeit und Gefühllosigkeit der Erwachsenen zu erfahren und ums Überleben zu kämpfen, statt die eigene Persönlichkeit entfalten zu können. Es ist ein echtes Desaster, nicht der oder die sein zu können, die wir in unserem Inneren sind.

Wir sind groß geworden und uns unserer seelischen Katastrophe nicht bewusst. Sie ist in den Keller des Unbewussten abgeschoben worden, damit sie den Alltagsfluss nicht zu sehr belastet. Nur hört sie dort nicht auf zu existieren. Wenn wir es schaffen, den Keller unseres seelischen Zuhauses als eine Schatzkammer zu betrachten, verliert er seine Bedrohlichkeit. Denn er ist der Wegweiser, der Ratgeber, die innere Stimme, die Intuition, das Bauchgefühl und der gesunde Menschenverstand anstelle von Vorurteilen und Selbstlügen. Mutterschaft kann eine Reise zu uns selbst werden, wenn wir uns dem Kind zuwenden, das wir einmal gewesen sind. Der erste Schritt ist jedoch zu realisieren, dass es dieses Kind überhaupt gibt und dass es ihm nicht gut geht. Später werden wir versuchen, dem inneren Kind das zu geben, was es gebraucht hätte. Doch zunächst müssen wir es einmal kennenlernen.

Meditative Zeitreise zum inneren Kind

Entspanne dich eine Weile mit geschlossenen Augen. Geh dann vor dem inneren Auge in der Zeit so weit zurück, bis du bei deiner allerfrühesten Kindheitserinnerung angekommen bist. Tauche in diese Situation ein, nimm die Umgebung und die anwesenden Personen darin wahr, fühle die Stimmung des Kindes nach. Was ist es für eine Situation? Was erlebt das Kind in dir? Wie fühlt es sich? Was möchte es? Was braucht es? Spüre nach, ohne einzugreifen. Mach Notizen und wenn möglich Zeichnungen.

Die Fähigkeit zu lieben zurückgewinnen

In meiner psychotherapeutischen Praxis werde ich oft Zeugin von wundervollen Verwandlungen. Diese Verwandlung geschieht durch einen kritischen Moment, den ich näher beschreiben möchte.

Oft kommen junge Mütter zu mir in die Praxis auf der Suche nach Hilfe, weil sie ihre neugeborenen Kinder nicht so lieben können, wie sie es erwartet hatten. Viel mehr jedoch als die Unfähigkeit zu lieben macht sie die Tatsache traurig, dass sie *nicht verstehen*, *warum* sie nicht lieben können. Diese Frauen leben oft in liebevollen Beziehungen, sie haben sich ihre Kinder gewünscht, sie geplant und sich auf sie gefreut. Doch wenn diese Kinder endlich geboren werden, verspüren sie keine intensive Liebe zu ihnen und sind dadurch irritiert. Häufig trösten sie sich mit Berichten über ähnliche Schicksale anderer Frauen und fühlen sich dadurch mit ihrem Leid zumindest nicht allein. Doch ganz entlasten tun diese Erfahrungsberichte nicht, weil der Wunsch zu lieben dadurch nicht vergeht.

Diese Frauen realisieren nicht, dass es eine Verbindung zwischen dem Ausbleiben der intensiven Gefühle für ihre Babys und ihrer eigenen Kindheit gibt. Um dies noch einmal zu wiederholen: Damit wir unsere Kinder natürlich und bedingungslos lieben können, müssen wir zunächst von unserer Mutter natürlich und bedingungslos geliebt worden sein. Diese jungen Mütter können nicht lieben, weil sie nicht geliebt worden sind, zumindest nicht in dem Ausmaß und nicht auf die Art und Weise, wie sie es als Babys oder kleine Kinder gebraucht hätten. Natürlich behaupten ihre Mütter das Gegenteil, was aus ihrer Sicht auch stimmen mag. Ich habe noch keine Mutter kennengelernt, die nicht ihr Bestes versucht und alles, was in ihren Kräften liegt, für ihre Kinder tut. Es ist jedoch ein großer Unterschied, die gute Absicht zu haben und sich viel Mühe zu geben oder das eigene Kind ins Herz zu schließen, in seinen Stimmungen mitzuschwingen, seine Bedürfnisse intuitiv zu erspüren und es an den eigenen Körper wie in den sicheren Hafen jederzeit heranzulassen, wenn es das braucht. Diese Fähigkeit ist mit gutem Willen alleine nicht zu erlangen.

Wir gehen dann zusammen mit diesen Frauen in ihre Kindheit zurück und spüren nach, welche Qualität der Mutterliebe sie tatsächlich erfahren haben. Wir enttarnen so manche Lügen und Familienanekdoten und versuchen an das Entscheidende heranzukommen – wie *die Frau* sich als Kind gefühlt hat, nicht was Erwachsene über sie erzählt haben. Und woher wissen wir, dass wir die Wahrheit herausgefunden haben? Weil es irgendwann klick macht, weil es Sinn ergibt, weil es sich für die Frau richtig anfühlt und vieles erklärt. Es ist ein Aha-Effekt, und die Wahrheit ordnet die chaotischen Puzzleteile zu einem kompletten, stimmigen Bild – einem Bild der Einsamkeit, der Vernachlässigung, der Verzweiflung und Lieblosigkeit.

Werden sie traurig? Ja, aber nicht auf Dauer, sondern nur für kurze Zeit. Diese Trauer ist wichtig und notwendig als lange ausstehender Tribut für den alten Schmerz. Nur so kann er gelindert werden und allmählich nachlassen. Nach einer kurzen und intensiven Phase der Trauer wirken die Frauen sichtlich entspannter und zuversichtlicher, weil sie endlich verstehen, *warum* sie nicht lieben konnten. Und erstaunlicherweise kommt die Fähigkeit zu lieben wieder zu ihnen zurück, als wäre der Eisblock, in dem ihr Herz eingeschlossen war, endlich weggeschmolzen.

Im Umgang mit ihren Babys werden sie empfindsamer und liebevoller. Sie schenken den Wünschen des Kindes spontan mehr Aufmerksamkeit und scheren sich weniger um Konventionen in Sachen Kindererziehung. Etwas Subtiles bewegt sich in ihrem Inneren, und ihr Augenmerk wendet sich zu den Appellen des Kleinen, die sie ganz selbstverständlich beantworten. Wenn sie bei der ersten Sitzung mit dem Baby zum Beispiel noch die Brust verweigert haben, aus welchem Grund auch immer, öffnen sie schon bei der zweiten Sitzung ganz entspannt und selbstverständlich den Blusenknopf und legen das Kind an, ohne jeglichen Hintergedanken, ob es jetzt darf oder soll. Es geschieht nicht etwa auf meine Anweisung hin. Die gebe ich ohnehin nicht. Es geschieht natürlich, aus einem inneren Impuls als Antwort auf den Ruf des Kindes. Erst jetzt können sie ihn wirklich hören und erwidern. Bis dahin waren sie nur ein verspanntes Knäuel aus Schmerzen, taub und kalt.

Eine Mutter, die sich ihrer Kindheitsverletzungen bewusst ist, wird ihrem Kind gegenüber empfindsamer und sensibler. Sie begreift, dass die »störenden« und »lästigen« Äußerungen des Kindes in Wirklichkeit nur Versuche sind, ihr zu sagen, dass es sie braucht. Eine Mutter, die kein Bewusstsein für sich selbst erlangt hat, wird dagegen versuchen, dieses Verlangen nach Liebe als lästiges Verhalten zu unterbinden oder, schlimmer noch, zu bestrafen. Es liegt daran, dass uns der Appell nach Liebe eines Kindes daran erinnert, wie wir vergeblich nach Liebe gerufen haben und immer noch rufen. Das Verlangen des Kindes wird unerträglich und tut im Inneren weh. Die einzige Möglichkeit, den Schmerz nicht zu spüren, ist, jegliche Empfindsamkeit einzufrieren, damals wie heute.

Ein Beispiel dazu: Zwei Mütter bringen ihre Kleinkinder in den Kindergarten. Die beiden Kinder haben es schwer, sich an der Tür von der Mutter zu trennen. Die erste Mutter, die sich ihres verletzten inneren Kindes nicht bewusst ist, wird etwas sagen wie: »Nun stell dich nicht so an. Du wirst hier sicher viel Spaß haben«, und lässt das Kind weinend zurück. Die andere Mutter, die sich ihrer kindlichen Wunden bewusst ist, wird mit der Situation nicht so leicht fertig, da sie mit ihrem Kind mitfühlt. Vielleicht nimmt sie es noch mal in den Arm, verliert womöglich selbst eine Träne und sagt in etwa Folgendes: »Ich weiß, dass du traurig bist und am liebsten bei mir bleiben möchtest. Ich würde auch am liebsten mit dir zusammenbleiben. Aber ich muss für unsere Familie sorgen und zur Arbeit gehen, daher müssen wir uns für ein paar Stunden trennen. Ich denke an dich und freue mich darauf, bald wieder bei dir zu sein.« Vielleicht wird sie das Kind ebenfalls weinend zurücklassen müssen, und ein Außenstehender, der nur mit den Augen sieht, würde keinen großen Unterschied zwischen den beiden Müttern feststellen. Aber im ersten Fall bleibt die Mutter von der Seele ihres Kindes meilenweit entfernt, und das Kind bleibt nicht nur ohne Mama, sondern auch seelisch allein. Im zweiten Fall fühlt die Mutter mit, teilt das Leid des Kindes, macht es dadurch ein wenig kleiner und lässt ihr Kind seelisch nicht allein. Für die seelische Realität der Kinder sind die beiden Erfahrungen diametral verschieden, denn Einsamkeit wird durch die Abwesenheit von Menschen ausgelöst, die uns verstehen. Ein Kind, mit dem man mitfühlt, ist nicht allein, auch wenn seine Mutter eine Weile nicht bei ihm ist.

Beim Abholen wollen beide Kinder auf den Arm genommen und getragen werden, da sie die Mutter vermisst haben und nun ganz nah bei ihr sein wollen. Die zweite Mutter begreift das und gewährt dem Kind die Nähe, die es braucht, auch wenn sie selbst nach dem Arbeitstag ziemlich erschöpft ist. Die erste Mutter wird das Kind dagegen mit Argumenten zum Laufen zwingen wie »Du bist schon groß genug, um selber zu laufen«, was die seelische Realität des Kindes nicht im Geringsten berührt. Schon viel zu oft habe ich weinende Kinder an der Kindergartentür gesehen und Mütter, die ihnen weglaufend den Rücken kehren, während sie ihnen über die Schulter zurufen, sie sollten endlich mitkommen. Diese Kinder bleiben auch nach dem Abholen seelisch allein.

Die Fähigkeit zu lieben ist kein Akt des guten Willens. Sie ist nicht selbstverständlich da, wenn wir nicht geliebt worden sind. Was wir uns auch vornehmen und welche Ideale wir verfolgen: Jede gute Absicht verschwindet angesichts des akuten Verlangens unseres realen Kindes im Nu, und wir können dieses Verlangen einfach nicht erwidern. Die Fähigkeit zu lieben kommt erst zurück, wenn wir uns unserer eigenen seelischen Verletzungen bewusst werden. Erst dann lockert sich allmählich die innere Starre, die unsere Seele im Kindesalter stecken bleiben ließ. Sicher ist es eine bittere Enttäuschung zu begreifen, dass die Mama nicht kommt, wie lange wir auch rufen, weil sie einfach nicht kann. Aber jetzt, da wir selbst erwachsen geworden sind, ist es an der Zeit, nicht mehr nach der Mama zu rufen, sondern zu versuchen, uns selbst zu helfen.

Doch zunächst es ist wichtig, die erlebte Verzweiflung ernst zu nehmen und ihr die nötige Beachtung zu schenken. Wenn wir das alte Leid kleinreden, indem wir sagen: »Was war, ist vorbei und kann nicht mehr rückgängig gemacht werden«, dann sperren wir dieses alte Leid wieder im seelischen Keller ein und heilen dadurch keine Wunden. Wir müssen mit dem Kind fühlen, das wir einmal gewesen sind. Die Seele kennt keine Zeit, und deshalb ist das Kind in uns heute noch traurig und allein. Wir müssen uns selbst in den Arm nehmen und das Kind in uns weinen lassen, bis die ganze Traurigkeit sichtbar wird. Wir müssen unserem inneren Kind den Trost und die Liebe geben, auf die es seit so langer Zeit schon wartet.

Der zentrale Punkt der Verwandlung ist also immer, sich seiner alten seelischen Verletzungen bewusst zu werden. Sie mögen vielleicht noch nicht vollständig geheilt sein und noch schmerzen, aber allein die Aufmerksamkeit, die wir ihnen schenken, hat eine magische Wirkung. Wir merken sofort, dass die Nähe zu unserem eigenen Kind nicht mehr wehtut, sondern heilt. Der Schmerz hat den richtigen Ort gefunden und steht nicht mehr zwischen uns und unserem Kind. Das gibt uns die Möglichkeit, die Kette der Lieblosigkeit, die seit Generationen bestand, zu unterbrechen und unserem eigenen Kind das zu geben, was wir selbst nicht bekommen haben. Wenn wir unserem Baby um seiner selbst willen Liebe geben, geben wir währenddessen auch unserem inneren Kind die fehlende Liebe und heilen dadurch unsere eigene, alte Verletztheit. Hier schließt sich der Kreis von Geben und Nehmen. Die Liebe verschwindet nicht, sondern sie kommt zu uns zurück.

Meditation: Die Bedürftigkeit des Kindes in uns wahrnehmen

Nach einer kurzen Entspannung mit geschlossenen Augen geh wieder zu deiner frühesten Erinnerung zurück und tauche erneut in diese Situation ein. Vielleicht erkennst du schon mehr Details und kannst die Gefühlslage des Kindes besser einschätzen.

Nimm diesmal bewusst die Bedürftigkeit des Kindes wahr. Erkenne seine Nöte. Was möchte dieses Kind so sehr? Ist es seelisch allein? Ist es verlassen? Ist es unverstanden, oder wurde es zurechtgewiesen? Muss es sich mit aller Kraft anpassen? Erkenne, dass alles, was das Kind fühlt, wahr und absolut berechtigt ist. Mach dir Notizen oder Zeichnungen.

Auf der Suche nach dem Ursprung des menschlichen Leidens

Wie im Samenkorn der ganze Baum bereits enthalten ist, so wohnt dem Beginn unseres Lebensweges seine gesamte Entwicklung inne. Alle Anfänge sind so zauberhaft wie schicksalsträchtig, weil wir in ihnen die mögliche Entfaltung des Ganzen bereits vorausahnen. Das macht Anfänge zur Projektionsfläche unserer Fantasien. Es ergeht vielen Eltern so, dass wir angesichts des neuen Menschenbürgers ins Träumen geraten, was aus diesem Winzling später alles werden kann. Wir glauben, bestimmte Anlagen bereits zu erkennen, und sagen heiter: »Na, mit dieser Stimme wirst du bestimmt ein Sänger«, oder: »Diese Augen werden noch Herzen brechen.« Und es ist vielleicht etwas Wahres dran. Doch aus einem Samenkorn kann nur dann ein Baum werden, wenn er auf fruchtbaren Boden fällt. Bei Weitem nicht jedes Samenkorn wächst tatsächlich zu einem Baum heran. Und so können auch wir Menschen unser auf die Welt mitgebrachtes Potenzial nur dann entfalten, wenn unsere Umgebung dies erlaubt. Am Anfang unseres Lebens werden viele Weichen gestellt.

Es ist erstaunlich, dass alle Kinder, die in den unterschiedlichsten Winkeln der Erde, in allen sozialen Schichten und Kulturen auf die Welt kommen, genau das Gleiche erwarten – geliebt zu werden. Die Natur oder der Schöpfer hat es so gewollt. Liebe gehört zwingend zur Bauweise der Gattung Mensch. Wenn wir uns jedoch unter Erwachsenen umschauen, scheinen wir unserer Bauweise nicht mehr zu entsprechen.

Wir Erwachsenen sind süchtig, depressiv, oberflächlich, manipulativ, machtbesessen, unausgefüllt, nörgelnd und unzufrieden. Wir wissen nicht, was wir wollen und was unsere Berufung ist. Das Herz zeigt uns nicht den Weg, und das Bauchgefühl bleibt stumm. Wir richten uns lieber nach Mehrheitsmeinungen als nach unserer inneren Stimme. Wir stehen auf Kriegsfuß mit dem eigenen Körper; seine Symptome und Äußerungen sind uns ein Rätsel. Wir rennen im Hamsterrad des Alltags oder den neuesten Dingen hinterher. Wie kommt es, dass aus Neugeborenen mit intakter Fähigkeit zu lieben diese hässlichen Erwachsenen werden?

Was genau ist da schiefgelaufen? Was ist der Ausgangspunkt dieser unglücklichen Verwandlung? Der Moment, in dem wir das Licht der Welt erblicken und der erste Atemzug unsere Lunge erfüllt, ist gleichzeitig der Moment einer großen Ernüchterung, da die Begrüßungsrituale in der modernen Geburtshilfe wenig zimperlich sind. Medizinische Routinen haben Vorrang vor der Geborgenheit des Neugeborenen. Und so ist die abrupte Trennung vom Körper der Mutter das traumatischste Erlebnis für die Kleinen, weil der mütterliche Körper für sie der einzige vertraute und schützende Lebensort ist.

Man muss kein Experte sein, um zu wissen, was ein Baby braucht. Wenn wir ein Neugeborenes anschauen, was ist der Platz, an dem es nach der Geburt vollkommen friedlich ist? Natürlich in den Armen seiner Mutter und an ihrer Brust. Am Anfang seines Lebens braucht das Kind nur die Mama – die Wärme ihres Körpers, den Geruch ihrer Haut, den Geschmack ihrer Milch und ihren liebevollen Blick. Nicht mehr und nicht weniger.

Für uns moderne, verkopfte Menschen, die ihre natürlichen Instinkte verloren haben, erscheint diese Formel zu einfach und deshalb unerträglich. Wir Mütter ertragen die ständige

Nähe zum Kind nicht. Sie schneidet uns die Luft zum Atmen ab und treibt uns regelrecht in die Flucht. Es liegt daran, dass uns das Verlangen des Kindes unbewusst daran erinnert, was uns selbst verwehrt geblieben ist und was uns immer noch fehlt. Das, was unser Kind von uns will, ist genau das, was unser inneres Kind vermisst – die Mutter, ihre Nähe, ihre Präsenz, ihre Liebe und ihre Fürsorge. Beide Kinder – das Kind in uns und das Kind in unserem Arm – schreien nach der Mutter, und es entsteht ein ungleicher Kampf zwischen dem realen neugeborenen Kind und unserem bedürftigen inneren Kind. Aber wer gewinnt diesen Kampf? Wer kommt zuerst? Das Fatale ist, dass sich unser inneres Kind immer durchsetzen will und geschickt alle guten Absichten des Verstandes aushebelt, sodass wir dem Neugeborenen nicht die Liebe geben können, die es braucht. Das egozentrische Kind in uns, das sich selbst retten will, sabotiert jedes gute Vorhaben des Erwachsenen. Ein seelisches Kind im Körper und mit den Ressourcen eines Erwachsenen kann zum echten Monstrum werden, das alles um sich herum zerstören kann.

Welche Folgen hat das für das Neugeborene? Jede noch so kleine Geste der Missachtung seitens der Mutter widerspricht der natürlichen Voreinstellung des Kindes auf Liebe und führt dazu, dass es Lieblosigkeit erfährt. Und diese Lieblosigkeit fühlt sich für das Neugeborene gewaltsam an, da sie sich gegen seine Natur richtet. Ganz besonders die Trennung vom Körper der Mutter ist wie ein Sturz in die Schutzlosigkeit, die zu dem bleibenden Gefühl führt, die Welt sei ein schutzloser Ort, an dem man ums Überleben kämpfen muss.

Die Entwicklung des Kindes verändert sich unter diesen wesensfeindlichen Bedingungen zwangsläufig. Die naturgemäße Entfaltung der einzigartigen Persönlichkeit aus sich heraus wird ausgebremst zugunsten eines Kampfes gegen die feindselige Umgebung. Die Kräfte richten sich dann vor allem darauf aus zu überleben. Der Mensch wird so zum Überlebenden seiner Umstände.

Aus Selbstschutz wird der natürliche Wunsch nach Liebe mehr und mehr verdrängt, das heißt nicht mehr wahrgenommen und abgekoppelt, damit das Verwehren der Liebe nicht zu sehr schmerzt. Gefühle werden eingefroren, und es kommt zu einer gefühlsmäßigen Starre, die sich oft im versteiften Körper des Kindes zeigt. Die innere Stimme verstummt allmählich, und so entfernen wir uns schon im frühen Alter von uns selbst – von unseren angeborenen Bedürfnissen und unserer wahren liebevollen Natur. Die noch vorhandenen Kräfte werden darauf gerichtet, eine Überlebensstrategie zu entwickeln. Diese kann sehr unterschiedlich ausfallen, entsprechend der körperlichen Beschaffenheit (dem Energielevel, der Reaktionsgeschwindigkeit, der Kraft oder der Passivität) und der einzigartigen Persönlichkeit jedes Kindes: Für das eine Kind ist es eine gewisse Rastlosigkeit auf der ständigen Suche nach dem Körper der Mutter. Für das andere sind es Gehorsam und die stille Hoffnung, eines Tages Liebe zu erlangen, wenn man nur so unproblematisch wie möglich ist. So wachsen Kinder heran, die scheinbar nichts wollen, die keine Wünsche äußern und keinen Kontakt eingehen. Überlebensstrategien gibt es fast so viele wie Menschen; wir kommen später noch ausführlicher darauf zu sprechen. Was uns allen jedoch anhaftet, sind die Oberflächlichkeit im Umgang miteinander und die Unfähigkeit, tiefe innige Beziehungen einzugehen. Wir wüssten nicht, wie. Unsere Seele ähnelt einem Dauerfrostboden unter einer dünnen Decke vorgespielter Freundlichkeit. Wir sind erstarrt in unserem Inneren und gefühllos für die Appelle unserer Kinder nach Liebe. So kommt es zu einer traurigen Wiederholung von Generation zu Generation: Wir wurden unserer Kindlichkeit beraubt, und heute tun wir das Gleiche unseren eigenen Kindern an. Gute Absichten hin oder her.

Aber wir lieben unsere Kinder doch vom ganzen Herzen, mögen Sie beim Lesen innerlich protestieren. Natürlich lieben wir sie. Wie kann man diese kleinen Engel auch nicht lieben? Unsere Eltern haben uns auch auf ihre Weise geliebt und taten trotzdem furchtbare Dinge, nicht aus Bösartigkeit, sondern aus Liebe zu uns. Deswegen taten uns diese Dinge aber nicht weniger weh. Das ist genau die Krux an der Sache: *Die Liebe in den Händen eines »blinden« Menschen bekommt eine höchst zerstörerische Kraft.*

Diese allgemeinen Annäherungen an den Ursprung des menschlichen Leidens zeigen zunächst nur, wie wichtig der Anfang unseres Lebensweges für seine weitere Entwicklung ist, für die Entfaltung unserer einzigartigen Persönlichkeit und des auf die Erde mitgebrachten Potenzials. In späteren Kapiteln möchte ich Sie dazu einladen, sich auf die Suche nach dem persönlichen Samenkorn des Leidens zu machen. Vielleicht entdecken Sie Zeilen, die Ihrem eigenen Leben verblüffend ähnlich sind. Durch Fragen und Meditationen können wir zum Hinterfragen der eingefahrenen Ansichten angeleitet werden. Jeder findet seinen Weg. Aber zunächst gehen wir an seinen Anfang – zurück zur Stunde null.

Reflexion: Das Samenkorn meines Lebens

Schau dir deine Kindheitsfotos an. Was von dem, was du heute erlebst, kannst du auf ihnen bereits erkennen? Welche Entwicklungen haben damals angefangen und dauern bis heute an? Welche deiner schönen Seiten hast du zurückstecken müssen? Was hätte aus diesem kleinen Kind für ein Mensch werden können, wenn er in einer liebevollen Umgebung aufgewachsen wäre? Stell dir diesen wundervollen Menschen vor und sei sicher, dass er in dir steckt.

Teil II

Ein Kind kommt auf die Welt

Geburt in einer maskulinen Welt

Es gibt viele Hinweise darauf, dass das seelische Leben schon lange vor unserer Geburt beginnt. Bereits im Mutterleib erleben wir Dinge mit, die der Mutter widerfahren. Wir spüren ihre Einstellung zur Schwangerschaft, ihre Freude oder ihre Ablehnung uns gegenüber, ihren Stress oder ihre Trauer.

Im Mutterleib sind wir eins mit der Mutter – seelisch wie körperlich. Die symbiotische Zweisamkeit verändert sich im Laufe der Schwangerschaft: Am Anfang erleben wir das paradiesische Schweben in der Schwerelosigkeit des Fruchtwassers, den Zustand des Nirwanas und des Einsseins mit allem (den viele Yogis mit jahrelanger Praxis zu erreichen versuchen). Am Ende der Schwangerschaft erfahren wir die Enge und den intensiven taktilen Kontakt mit der Mutter, der sich im Verlauf der Geburt extrem zuspitzt und mit der Erlösung in den Luftraum endet. Die seelische Verbundenheit wird auch nach der Geburt nicht auf einen Schlag verschwinden, sondern noch über Jahre hinweg bestehen und sich in ihrer Art mit der Zeit verändern.

Bereits im Mutterleib geschehen uns also Dinge, und wir kommen mit einem gewissen Erfahrungsschatz auf die Welt – von möglichen Erfahrungen aus früheren Leben einmal abgesehen. Dennoch erleben wir die vorgeburtlichen Befindlichkeiten jenseits der Welt der Polarität, das heißt abseits unserer konkreten Welt, in der wir so gerne in Schwarz und Weiß malen. Die Geburt ist der Übergang vom Jenseits zum Diesseits, und deshalb möchte ich die Geburt als den Ausgangspunkt des menschlichen Werdens ansehen – so, wie wir unsere Geburt erlebt haben, wie unsere Kinder ihre Geburt erlebt haben und wie wir die Geburt unserer Kinder erlebt haben.

Vitaler Rhythmus der Geburt. Die Physiologie

Die Geburt ist, wie so ziemlich alle vitalen Prozesse, eine rhythmische Aktivität. Physiologisch gesehen, ist sie eine Abfolge von sensiblen hormonellen Prozessen, die ineinandergreifen und extrem störanfällig sind. Wie auf einer Kugelbahn mit ihren auf den Millimeter genau abgestimmten Elementen kann die Ereigniskette leicht aus der Bahn geraten, wenn sie gestört wird. Die Geburt beginnt, wenn am Ende der Schwangerschaft das für den Geburtsbeginn notwendige Oxytocin vom Kind in seinem Organismus in der Plazenta (die größtenteils zum Kind gehört) produziert wird. Das Kind gibt also den Startschuss für die Geburt, wenn es dafür bereit ist. Es stimuliert den Gebärmutterhals durch seine aktiven Bewegungen, und so kommt es zunächst zu unregelmäßigen, vorbereitenden Wehen.

Damit die Geburt in die aktive Phase mit ihren regelmäßigen effektiven Kontraktionen übergeht, braucht es einen weiteren Anstieg der Oxytocin-Produktion. Dieser wird durch den rhythmischen Wehenschmerz angeregt, der immer wieder ansteigt und abebbt. Die Frau erlebt den Schmerz als akuten Stress, auf den sie mit einer Ausschüttung von Stresshormonen wie Adrenalin reagiert. Diese provozieren, wenn sie in Spitzen ausgeschüttet werden, als Gegenreaktion eine weitere Oxytocin-Produktion und gleichzeitig die Ausschüttung von Endorphinen, die schmerzlindernd wirken. So kommt die Kontraktionstätigkeit mehr und mehr in Gang. Parallel dazu steigt die Schmerztoleranz bei der Mutter und dem Kind.

In diesem Rhythmus verläuft die Geburtsentwicklung im Idealfall, wenn sich Wehen und Entspannungspausen immer wieder abwechseln. Die Wehe zieht die Gebärmutter zusammen, um das Kind nach außen zu befördern. Sie ist die austreibende Kraft – der Motor, der die Geburt ankurbelt. Die Pause zwischen den Wehen lockert und öffnet das Gewebe der Mutter. Sie sorgt für den Eröffnungsprozess, um das Kind hinauszulassen. In der Pause können sich Mutter und Kindes wieder kurz entspannen. Beide werden mit Endorphinen versorgt und so auf die nächste Wehe vorbereitet. Der Stoß des Kindes gibt den Impuls für die neue Kontraktion mit Akutstress, die wiederum in die nächste Pause übergeht. Es entsteht die Rhythmik der Geburt.

Wenn die Stresshormone jedoch nicht in Spitzen, sondern dauerhaft ausgeschüttet werden, hemmen sie die Oxytocin-Produktion, statt sie anzuregen. Die Geburt wird dadurch gebremst, die Vorgeburtsphase wird verlängert, ohne in aktive Geburtstätigkeit überzugehen. Das führt zu einer vorzeitigen Erschöpfung der Mutter. Bei vielen Geburtsstillständen ohne ausreichende Muttermundöffnung steht die Gebärende unter Dauerstress und kann sich nicht entspannen. Daher ist die Entspannung in den Wehenpausen unbedingt notwendig für das hormonelle Gleichgewicht und den natürlichen Geburtsverlauf. Die Endorphine, die in der Pause bei der Mutter ausgeschüttet werden, wirken dem Schmerzempfinden entgegen. Durch das Fruchtwasser gelangen Endorphine auch zum Baby und schützen es vor einem Geburtstrauma.

Es sind zwei Arten von Kräften, die während der Geburt im Gleichgewicht und im ständigen Wechsel wirken müssen – das Austreiben und das Hinauslassen. Sowohl die Kraft als auch die Hingabe gehören bei der Geburt dazu. Die Kraft brauchen Mutter und Kind für den Durchbruch. Die Hingabe für Weichheit, Öffnung und Loslassen. Es ist wie ein Fluss, der ungeheuer stark und geschmeidig zugleich ist. Auch einen Fluss kann man weder beschleunigen noch stoppen, man kann lediglich mit ihm mitgehen. Und so führt eine Schieflage der Kräfte in jeder Richtung zu Problemen: Ohne Hingabe wird die Kraft zum Krampf. Und ohne Stärke wird die Hingabe zur Resignation.

Wir modernen Frauen haben Probleme mit beiden Polen. Die kraftvolle Energie fließt aus dem Urprinzip der Aggression (von lat. *aggredi* = herangehen, vorstoßen, vordringen, angreifen). Aggression ist in ihrem ursprünglichen Sinne also nichts anderes als Entschlossenheit, Mut, Tatkraft und Tatendrang, Offensive und auch Lebenslust. Jedes erwachene Leben, ob in einer Knospe oder in einem Ei, durchbricht die Grenzen, sprießt nach außen und braucht dafür Aggression. So speist sich auch die Fähigkeit, Dinge in Angriff zu nehmen, aus diesem Urprinzip.

Leider sehen wir heute in der Aggression aber kulturell bedingt nur die negativen Seiten und verbinden sie ausschließlich mit Brutalität und Gewalt. Dadurch verwehren wir dem gesamten Urprinzip seine Daseinsberechtigung. Wir sind lieber nett und gehorsam, machen keine Probleme und wollen niemanden verärgern, statt in die Offensive zu gehen. Daher trauen wir uns während der Geburt nicht, laut zu stöhnen oder zu schreien, um unsere wilde animalische Energie freizusetzen. Mit dem Verstummen löschen wir aber unsere größte Energiequelle gerade dann, wenn wir sie am meisten brauchen. Das Resultat einer unterdrückten Aggression während der Geburt sind ineffektive und zu lange Wehen, spastische Kontraktionen ohne Muttermunderöffnung, unproduktiver Schmerz und ein Ausbleiben der Entspannungsphasen. Die vorzeitige Erschöpfung ist vorprogrammiert.

Manche Kliniken werben um Patientinnen mit dem Versprechen einer sanften Geburt. Dieses Versprechen führt vor allem

Erstgebärende in die Irre. Mit Bildern von Geburten in Wannen mit warmem Wasser im Kopf stellen sie sich eine wellnessähnliche Prozedur vor, die keinerlei Anstrengung kostet. Leider kann ein Kind aus dem Körper der Mutter aber nicht hinausschweben. Das erlauben die Größenverhältnisse des Kindes und des Geburtskanals einfach nicht. Eine Geburt ist immer mit einer Überwindung von Enge verbunden, die zwingend Kraft erfordert. Mit falschen Erwartungen im Kopf werden die angehenden Mütter dann von der Stärke ihrer Wehen und den Schmerzen völlig überrascht und verlangen rasch nach einer Epiduralanästhesie. Sanfter wird die Geburt dadurch vor allem für die Geburtshelfer, weil die Gebärende dadurch leise und gefügig wird.

Entschlossene Frauen, die unerwünschte Eingriffe in der Klinik ausschließen wollen, glauben, sie brauchten nur auf der Hut zu sein und rechtzeitig einzugreifen. Diese Einstellung kann man jedoch mit einer Situation vergleichen, in der man während des Intimverkehrs auf einen wichtigen Telefonanruf wartet. Leicht nachvollziehbar, dass wir uns im Zustand ständiger Anspannung nicht hingeben, nicht fallen lassen und nicht entspannen können. Es ist kaum möglich, in einer solchen Situation weich, locker und weit zu werden, um dem Kind den Weg durch den Geburtskanal zu erleichtern.

Hingabe gelingt uns mit einer solchen Einstellung genauso wenig wie Kraftentfaltung. Hingabe ist die völlige Akzeptanz dessen, was ist, ohne es werten oder verändern zu wollen. Sie ist der Gegensatz von Kontrolle, die uns vom Verstand getriebenen Menschen doch lieber ist. In Wirklichkeit geht es bei der Geburt gerade darum, die Kontrolle aufzugeben und uns mit den höheren Kräften der Natur zu verbinden, jenseits aller Kultur und Zivilisation. Unser weiser Körper hilft uns bei dieser Aufgabe, indem er durch die Endorphin-Produktion die

Tätigkeit des Großhirns hemmt und so das rationale Denken herunterregelt. Tiefere, ältere und animalischere Teile des Gehirnes steuern den Geburtsprozess und versetzen die Gebärende in einen Zustand tiefer Trance. Aber dieser schützende Zustand ist sehr störanfällig. Man kann ihn leicht zerstören, z. B. durch grelles Licht, indem man mit der Frau viel und laut spricht, sie zu Gesprächen auffordert, viele Anweisungen gibt oder sie nicht in Ruhe lässt. Manches Fachpersonal verbucht es sogar als Erfolg, die Frau aus ihrer »Sprachlosigkeit zu befreien«. Getrimmt auf alles Rationale und Nüchterne, wissen wir mit einem veränderten Bewusstseinszustand nicht umzugehen – und das ist fatal für die Geburtssituation.

Hier wird offensichtlich, dass die volle Verantwortung für den Geburtsverlauf nicht bei der Gebärenden allein liegt. Zu viele Faktoren können die sensiblen und störanfälligen hormonellen Prozesse aus dem Gleichgewicht bringen, zum Beispiel unfreundlicher, unsensibler, liebloser Umgang mit der Frau, empfundene Schutzlosigkeit, mangelnde Unterstützung, fremde Umgebung, Einsamkeit oder Kälte. Bei einer künstlichen Einleitung der Geburt bedingt die eine Intervention bereits die nächste: Es entsteht eine Abwärtsspirale, die so gut wie gar keine Chance auf einen harmonischen Geburtsverlauf mehr übrig lässt.

Wenn die Geburt sich dem Ende zuneigt und die Spannung durch den Schmerz ihren Höhepunkt erreicht, bereitet sich der Körper auf die Entladung vor. Unwillkürliche Kontraktionen beginnen. Zuerst zittert der ganze Körper, dann kommt der Pressvorgang in der Beckenbodenmuskulatur zustande. Durch den Druck des kindlichen Kopfes in der Scheide entsteht ein brennender Ring, und es kommt zur Entladung der angestauten Energie in Form unwillkürlicher Kontraktionen und langer Ausatmungen bis zur Geburt des Kindes. Mit der

Nachgeburt der Plazenta ist die Geburt abgeschlossen. Wenn der Schmerz ausgeklungen ist, sind die Mutter und das Kind angefüllt mit Glückshormonen. Die Mutter empfindet tiefe Befriedigung und verliebt sich in ihr Kind. Bei dem Baby findet das sogenannte Imprinting statt – das erste und für immer prägende Kennenlernen seiner Mutter. So viel an dieser Stelle zur Physiologie der Geburt. Leider dürfen nur sehr wenige von uns die Geburt in ihrer idealtypischen Form erleben.

Geburtsschmerz – Fluch und Segen. Warum der Schmerz für das positive Geburtserlebnis wichtig ist

Starke Schmerzen sind oft das Erste, woran wir in Verbindung mit einer Geburt denken. Sie sind gefürchtet und geächtet, und die wenigsten können sich vorstellen, wie man den Schmerzen überhaupt etwas Positives abgewinnen kann. Der biblischen Erzählung nach wurde Eva für ihr wissbegieriges Verhalten mit der Bürde bestraft, ihre Kinder unter Schmerzen gebären zu müssen. Sie wurde aus dem Paradies verbannt. Ist der Geburtsschmerz wirklich die weibliche Strafe, die die moderne Medizin mit der Epiduralanästhesie auszutricksen lernte? Sind die Gebärenden durch den Fortschritt erlöst, weil keine mehr leiden muss?

Wir Frauen, die den Geburtsschmerz erlebt haben, sind uns alle einig, dass es keinen in seiner Intensität vergleichbaren Schmerz gibt. Ihn kann man jedoch mit anderen Schmerzen nicht wirklich vergleichen. Anders als pathologischer Schmerz, der bei einer Erkrankung oder Verletzung auf eine gestörte Funktion im Organismus hinweist und einen Signalcharakter hat, ist der Geburtsschmerz nicht ungesund. Da die Geburt ein natürlicher physiologischer Vorgang ist, erscheint der Schmerz zunächst paradox. Aber auch hier lenkt er unsere Aufmerksamkeit hin zum zentralen Geschehen im Körper. Sicherlich entsteht der Schmerz zum Teil aus der Tatsache, dass der Körper an seine Grenzen geht, sich sehr weit öffnen oder manchmal sogar reißen muss, um das Kind herauszulassen. Doch er ist nicht nur eine Folge des Geburtsvorgangs, sondern sein wichtiger Begleiter.

Der Schmerz bewirkt etwas Wichtiges während der Geburt: Er verändert den Bewusstseinszustand der Gebärenden insofern, als er sie aus der rationalen Welt des Verstandes hinaustransportiert. Konzentriert auf den Schmerz, schottet sie sich nach außen ab. Es entsteht der bereits erwähnte tranceähnliche Zustand. Raum und Zeit hören auf zu existieren, es öffnet sich ein Kanal, sie verbindet sich mit dem Universum und wird mit ihm eins. Die Aura einer Gebärenden müsste für denjenigen, der sie sehen kann, in allen Farben erstrahlen. (Ich erinnere mich daran, wie mein Lebenspartner mich gebannt anstarrte, während ich die Wehen meiner ersten Geburt veratmete. Er konnte seine weit geöffneten Augen nicht von mir abwenden, als hätte er mich in einem völlig neuen Licht gesehen.) Der Schmerz ist in Wirklichkeit unser Freund, er nimmt uns an die Hand und führt uns sanft weg von der Welt der Rationalität hin zur vollen Hingabe, zur eigenen Mitte. Dahin, wo das Kind ist.

Nicht der Schmerz an sich ist das Problem, sondern die Geburtsumstände. In einer Geburtssituation, in der wir uns nicht wohlfühlen, wird der Schmerz unerträglich, wenn uns keine vertraute Person zur Seite steht, wenn wir eingeschüchtert oder bevormundet werden, wenn wir wie eine anonyme Nummer behandelt werden und niemand unsere Gefühle beachtet. Der Schmerz wird schlimm, wenn wir in demütigender Rückenlage liegen müssen und uns durch den Anschluss an einen Wehenschreiber nicht frei bewegen können, um instinktiv eine schmerzlindernde Position zu finden. Das Empfinden von Schmerzen verstärkt sich durch die Angst, die uns lähmt. Wir schlucken das Leid herunter, wagen es nicht, Wünsche auszusprechen, um das Personal nicht zu verärgern, und tun schließlich, was von uns erwartet wird. Dann wird der Schmerz zur Qual. Wir wollen nur, dass der Albtraum so schnell wie möglich vorbei ist, und betteln um die Anästhesie. Der gleiche Schmerz wäre in liebevoller, geschützter Umgebung ganz anders zu ertragen. Hier führte er nicht zur Verzweiflung, sondern zur Mobilisierung aller Kräfte.

Der Schmerz verbindet uns aber auch mit dem Kind. Er lenkt unsere Aufmerksamkeit weg von der äußeren Umgebung hin zu unserer inneren Essenz. Es entsteht so etwas wie eine Blase um uns herum, als würden wir selbst im Fruchtwasser schwimmen – die Geräusche verstummen, das Licht bleibt draußen hinter den geschlossenen Augenlidern. Es ist der Moment, bei uns selbst anzukommen. Der Schmerz zwingt uns, die Kontrolle aufzugeben, die Masken fallen zu lassen und uns von gelernten Vorstellungen über Richtig oder Falsch zu verabschieden. Keine Situation ist so ehrlich wie die Geburt, die unsere wahre Natur offenbart. Vielleicht haben wir von einer romantischen Geburt mit Musik und Duftkerzen geträumt, und die Realität überrascht uns unter toughen Umständen. Oder wir dachten, wir haben immer alles im Griff, und merken nun, dass es Kräfte gibt, die stärker sind als unser Wille.

Die Abschottung von der äußeren Welt ist die perfekte Chance, sich mit dem Baby zu verbinden und die Geburt als einen gemeinsamen Übergang in ein neues Zusammensein zu meistern. Hormonell gesehen ist die Geburt bereits eine Teamarbeit. Das Baby und die Mutter tauschen ständig Hormone aus. Das Baby sendet der Mutter Oxytocin, um die Geburt in Gang zu bringen, die Mutter gibt dem Baby Endorphine und schützt es so vor einem Geburtstrauma. Die Vorfreude auf das baldige Kennenlernen macht aus dem unwillkommenen Schmerz einen Motor der Bewegung zueinander.

Damit ist klar, dass eine Schmerzbetäubung durch die Epiduralanästhesie die Geburt physiologisch wie seelisch verändert. Im konkreten Moment mag sie wie eine ersehnte Erleichterung empfunden werden, doch ohne den Schmerz gibt es keine Endorphine. Durch fehlende Endorphine fällt die Schmerzlinderung für das Baby komplett aus. Durch die passive Haltung in der Rückenlage (die Beine werden ja mit betäubt) bekommt das Baby keine Hilfestellung durch die Schwerkraft bei seiner Bewegung nach draußen. Der spontane Pressvorgang wird unmöglich. Hilfsmittel wie Saugglocke oder Dammschnitt werden notwendig und können zu mehr Verletzungen bei der Mutter und dem Kind führen.

Die Geburt wird auf diese Weise aber auch seelisch anders erlebt. Die Gebärende ist nicht mehr die Protagonistin ihrer Geburt, sondern eine passive Beobachterin. Die Abschottung durch den Schmerz findet nicht statt, die Frau bleibt geistig voll da und kann sich mit den Anwesenden normal unterhalten, als wäre sie in einer banalen Alltagssituation. Für die Geburtshelfer ist das bequem, doch die Geburt verliert dadurch ihren Zauber und ihre vorbereitende Funktion für das kommende Leben als Mutter. Zurück bleibt ein schaler Nachgeschmack der Enttäuschung bis hin zu Schuldgefühlen. Wir überspringen unsere eigene Geburt als Mutter. Wir geben den Schmerz ab, mit ihm aber auch den Genuss der Grenzüberschreitung, der Hingabe, der Verbindung mit dem Universum und der berauschenden Erleichterung am Ende. Der berühmte Cocktail aus Glückshormonen wird nicht serviert. Auch der

Triumph der Bewältigung vielleicht der schwersten physischen Aufgabe im Leben einer Frau bleibt aus. Haben wir danach wirklich gewonnen?

Eine natürliche Geburt verändert unsere Vorstellung vom Schmerz grundsätzlich, aber auch die von unseren verborgenen Kräften. Wir lernen, dass wir in Wirklichkeit viel mehr aushalten und bewegen können, als wir uns zugetraut haben. Wenn wir uns geschützt und geschätzt fühlen, verbinden wir uns mit unserer wilden natürlichen Seite; wir werden geschmeidig und stark wie Löwinnen. Wenn wir uns frei bewegen können, nehmen wir instinktiv eine schonende, schmerzlindernde Haltung an, die den Druck und den Widerstand verringert. Wenn wir einen guten Atemrhythmus finden, versorgen wir uns und das Baby mit viel Sauerstoff. Das Tönen entspannt den Muttermund, da die beiden Münder physiologisch miteinander verbunden sind. Wenn wir in den Pausen Ruhe und Entspannung finden, schütten wir genug Endorphine aus, die unsere Schmerztoleranz erhöhen. Wenn wir uns nicht gegen den Schmerz sperren, sondern ihn annehmen und loslassen, können wir ihn sogar genießen. Und wenn wir an unsere Grenzen kommen, wenn die Welt aufhört zu existieren, sagen wir häufig: »Ich sterbe.« Der Urschrei erschallt wie der Urknall. Dann ist der Moment der vollen Hingabe gekommen, der Moment, in dem das Baby geboren wird und mit ihm auch die Mutter.

Eingreifen und Manipulieren während der Geburt ist zur banalen Routine geworden

Die Geburtshilfe ist in der Medizin eine noch relativ junge Disziplin, und ihre Behauptungsversuche sind nicht zu verkennen. Ein beeindruckendes Arsenal an technischen Möglichkeiten zusammen mit der (manchmal übermäßigen) Hilfsbereitschaft des Fachpersonals lässt fast keine Geburt ohne Eingriffe verlaufen. Aber auch ohne explizite medizinische Interventionen, durch einfaches Überwachen der Geburt per Wehenschreiber wird diese wesentlich beeinträchtigt, da so die Bewegungsfreiheit der Gebärenden eingeschränkt wird. Ganz abgesehen von ungünstigen psychologischen Einflüssen einer klinischen Umgebung und eines unpersönlichen Umgangs mit der angehenden Mutter. Sie wird nämlich nur in ihren körperlichen Aspekten wahrgenommen, und die Geburt wird als rein körperliche Prozedur gesehen und als solche behandelt. Mit dem seelischen Erleben einer Geburt ist die Schulmedizin nicht vertraut.

Auch wenn die überwiegende Zahl aller Geburten in Deutschland aus »Sicherheitsgründen« in Krankenhäusern stattfindet, sind diese Einrichtungen ein eher ungünstiger Ort für eine Geburt, und zwar wegen des Interessenkonflikts zwischen der angehenden Mutter und der medizinischen Institution. Die höchste Priorität jeder Geburtsstation ist es nicht, dass die Frau eine schöne Geburt erlebt. Die höchste Priorität eines Krankenhauses ist es vielmehr, sich vor möglichen Schadenersatzforderungen abzusichern. So ist die Realität. Das führt zur Risikoberechnung und Komplikationsvorbeugung. Wenn zum Beispiel die Wahrscheinlichkeit besteht, dass bei einer von hundert Frauen eine bestimmte Komplikation auftritt, werden bei allen hundert Frauen vorbeugende Maßnahmen getroffen, auch wenn diese selbst oft zu Komplikationen führen. Man handelt nach statistischer Wahrscheinlichkeit, nicht nach den realen Gegebenheiten jeder einzigartigen Situation.

Als Schäden werden im Übrigen nur körperliche Verletzungen eingestuft. Gab es schon jemals in der Geschichte Entschädigungen für eine seelische Traumatisierung während der Geburt bei körperlich unversehrter Mutter und Kind? Ich kenne keine. Ich kenne dagegen viele Frauen, die mit ihren Klagen über den emotionalen Missbrauch während der Geburt nicht ernst genommen werden. Sie werden als hysterisch oder unreif abgetan, oder es wird ihnen unterstellt, dass sie selbst an ihrer Misere schuld sind.

Doch bevor wir vorschnell die ganze Schuld auf die Ärzte schieben, gestehen wir uns ehrlicherweise ein, dass wir eine magische Ehrfurcht vor Menschen in weißen Kitteln haben und gleichzeitig ein geringes Selbstvertrauen in unsere Kräfte, ein Kind auf die Welt zu bringen. Wir übergeben freiwillig beim Betreten einer medizinischen Einrichtung die gesamte Verantwortung für die Geburt in die Hände des Fachpersonals und begeben uns in die passive Rolle einer Patientin. Wir hören nicht mehr auf unseren Körper und auf unsere Gefühle und verlassen uns blind auf das vermeintliche Fachwissen der allmächtigen Mediziner. Fatalerweise sind das aber oft Männer, die von dem seelischen Geschehen bei einer gebärenden Frau nicht die geringste Ahnung haben.

Die männliche Energie, die natürlich nicht nur Männern anhaftet, sondern der gesamten modernen Schulmedizin, ist in ihrer Natur aktiv, sie drängt zum Einwirken und zum Eingreifen, während bei einer guten Geburtsbegleitung Geduld und passives Warten viel hilfreicher wären. Bei einem Prozess, der so störanfällig und sensibel ist wie eine Geburt, führt jede Manipulation zwangsläufig zu Problemen. Ein Eingriff zieht den nächsten nach sich.

Eine typische Kette der Maßnahmen sieht in etwa so aus: Die in der Fachliteratur beschriebene Schwangerschaftsdauer von vierzig plus minus zwei Wochen wird in seltensten Fällen eingehalten. Kaum ein Arzt ist bereit, bis zu zwei Wochen nach dem errechneten Geburtstermin darauf zu warten, dass die Geburt spontan anfängt. Meistens werden Gründe gesucht, die Geburt schon früher einzuleiten. Es wird künstliches Oxytocin verabreicht. Es löst zwar Wehen aus, bringt die Geburt aber aus dem Fluss. Da der Impuls zum Geburtsanfang nicht vom Baby ausging, ist es für die Geburt noch nicht bereit. Das ist ein bisschen, als würde man an den Haaren ziehen, damit sie schneller wachsen. Es kommt eher dazu, dass man sie ausreißt.

Die Wehentätigkeit gerät aus ihrem natürlichen Rhythmus. Entweder werden die Wehen zu stark und zu schmerzhaft bei gleichzeitig ungeöffnetem Muttermund, oder die Geburt stockt über mehrere Tage in der Vorgeburtsphase, was zur extremen Erschöpfung der Frau führt, bevor die Geburt überhaupt in die aktive Phase übergeht. Gegen den unerträglichen Schmerz wird dann eine PDA verabreicht. Die Frau bleibt in der passiven, für die Geburt ungünstigen Rückenlage. Zu starke oder zu lange Wehen erschöpfen nicht nur die Mutter, sondern auch das Kind. Die Herztöne sinken unter die Toleranzgrenze. Dann wird ein Notkaiserschnitt durchgeführt, manchmal mit Vollnarkose. Das Aufwachen aus der Narkose gleicht dem Aufwachen mit einem schweren Kater. In diesem Zustand wird das Baby kennengelernt – geistig benebelt und mit Schmerzen im ganzen Körper. Kaum wird die Mutter in der Lage sein, sich nach der OP um das Baby zu kümmern. Oft kommt das Baby unreif oder erschöpft zur Welt. Dann wird die Intensivstation sein erster Aufenthaltsort und nicht die

Arme der Mutter, wo es hingehört. Ein sehr dramatischer und traumatisierender Start für die beiden, den man mit ein wenig Geduld und Einfühlungsvermögen sehr oft vermeiden könnte.

Ein wirkungsvolles Instrument in den Händen der Ärzte ist die Angst der Mutter um ihr Baby. Das Einschüchtern gelingt also sehr leicht. Wenn auch nur ein leichter Zweifel am Wohl des Kindes ausgesprochen wird, ist die Mutter zu allem bereit. Sie begibt sich in die Hände der Ärzte und überlässt ihnen die volle Gewalt über den weiteren Verlauf der Geburt. Sie selbst bleibt nur eine passive Beobachterin des Dramas. Am Ende tröstet sie sich mit dem Gedanken, dass das Baby gesund ist. Das sei ja schließlich die Hauptsache.

Es ist sehr schwer, im Krankenhaus selbstbestimmt zu gebären, da wir alle einen Glauben an die allmächtige Medizin in uns tragen. Wir fügen uns eher der vermeintlichen Kompetenz der Ärzte, als dass wir auf unserem Körper hören – und noch weniger auf unsere Seele. Ärzte nutzen diese Machtposition aus und bevormunden die Gebärende. Es ist ein echter Missbrauch von Macht, wenn Ärzte Entscheidungen treffen, die in ihrem Sinne sind und nicht im Sinne von Mutter und Kind. Um unter diesen Umständen selbstbestimmt zu gebären, müsste die Gebärende für sich kämpfen – laut ihre Wünsche vertreten und darauf bestehen, dass sie gehört und respektiert werden. Das ist aber während der Geburt unmöglich. Denken wir nur an die wichtigen Entspannungsphasen, an das Loslassen, an die Notwendigkeit, im Fluss zu bleiben, sich abzuschotten und nach innen zu wenden. Wenn man auf der Hut sein muss, bleibt man in der Außenwelt gefangen.

Zeitdruck ist ein weiteres fatales Instrument gegen die natürliche Geburt. Es ist unverständlich, warum wir uns so beeilen müssen und die letzten Tage der Schwangerschaft eigentlich nur mit den Wehen auslösenden Maßnahmen beschäftigt sind. Oft stellen ungeduldige Ärzte während der Eröffnungsphase den Frauen ein Ultimatum: Wenn sie in der genannten Zeit nicht ausreichend geöffnet sind, wird »nachgeholfen«. Damit bewirken sie das Gegenteil. Der Zeitdruck – genau wie die Angst – wirkt dem Loslassen entgegen. Der Zeitdruck verkrampft, bringt die Geburt ins Stocken und endet oft mit dem letzten, die Geburt abbrechenden Eingriff: dem Kaiserschnitt.

Es gibt natürlich extreme Situationen, die Gefahr für das Leben der Mutter oder des Kindes darstellen, und wir sind dankbar für technische Möglichkeiten, die Leben retten. Es ist nur alarmierend, wie viele unnötige, selbst fabrizierte Kaiserschnitte und andere Verletzungen durchgeführt werden, die Mütter und Kinder traumatisieren. Und es ist empörend, wie ignorant mit dem weiblichen Körper und mit der weiblichen Seele umgegangen wird.

Viele Krankenhäuser bieten Nachbesprechungen an, die der Frau helfen sollen, die Geburt besser zu verarbeiten. Doch auch diese vermeintlich gütige Veranstaltung – oft durchgeführt vom Chefarzt, der bei der Geburt nicht einmal anwesend war – dient in Wirklichkeit der Institution und nicht der Frau. Die Eingriffe werden lediglich mit ihrer medizinischen Notwendigkeit gerechtfertigt. An der Richtigkeit der Maßnahmen lässt man keinen Zweifel aufkommen. Die Enttäuschung der jungen Mutter wird nur noch größer. Rechthaberei verhärtet die Fronten. Dabei wollten Frauen nur gehört und beachtet werden. Ein Bedauern der traumatischen Geburt und etwas mehr Mitgefühl würden Annährung bedeuten und sogar manche Klagen ersparen. Aber die befürchtete Schadenersatzforderung lässt dies nicht zu. So bleibt die Mutter auch nach der Geburt mit ihrem Leid unverstanden und allein.

Kyras Geburt: Feilschen um die Zeit

Kyras Schwangerschaft verlief recht unbeschwert, und je näher sie sich dem Ende zuneigte, je größer wurde Kyras Vorfreude auf ihr Töchterchen. Kyra hatte Vertrauen in sich und ihren Körper, dass er die Geburt instinktiv zu meistern weiß, und strahlte Gelassenheit und Zuversicht aus. Den errechneten Entbindungstermin sah sie nicht als fixes Datum, sondern sie vertraute eher darauf, dass ihr Baby dann kommen würde, wenn es so weit sei.

Dann war der lang ersehnte Tag gekommen, doch die Geburt kündigte sich noch nicht an. Von jetzt an wurden fast täglich Untersuchungen durchgeführt. Alles war in Ordnung, dem Baby ging es gut, und es waren keinerlei Komplikationen absehbar. Dennoch wurde ihre Ärztin immer ungeduldiger. Es sei ja nun an der Zeit, dass das Baby komme. (Als hätte man es mit dem Baby vorher vertraglich festgehalten und jetzt wäre die Zeit gekommen, die Verbindlichkeiten einzuhalten.) Ihrer Meinung nach würde bei längerem Warten ein »medizinisches Risiko« auftreten, das sie aber nicht näher erklärte oder begründete. Kyras Gelassenheit kam immer mehr ins Schwanken. Nach einer Woche wurde ihr das Ultimatum gestellt: Wenn sich in den nächsten zwei Tagen nichts tue, sollte die Geburt eingeleitet werden. Kyra fühlte sich von jetzt an ohnmächtig. Ihr Vertrauen in den natürlichen Lauf der Dinge wollte sie nicht aufgeben. Auf der anderen Seite wollte sie genauso wenig ihr Baby in Gefahr bringen, auch wenn diese zu dem Zeitpunkt nur hypothetisch existierte. Sie war traurig, dass ihr Baby nicht mehr selbst entscheiden durfte, wann und wie es kommen sollte. Die »Frau Doktor« hatte die Zügel an sich gerissen und behielt sie von da an auch fest in der Hand.

Als die zwei Tage vorbei waren und die Geburt immer noch nicht angefangen hatte, wurde der Druck erhöht, woraufhin

Kyra widerwillig einwilligte. Die Wehen wurden mit Gel ausgelöst. Allmählich begannen die Kontraktionen, doch sie blieben über lange Zeit unregelmäßig und uneffektiv. Der Muttermund öffnete sich nur langsam. Es folgten weitere Einleitungsversuche und weitere ineffektive Wehen. Fast zwei Tage verbrachte Kyra in den Wehen. Ihre Erschöpfung und Verzweiflung wuchsen stetig. Zwischendurch wurde versucht, den Muttermund mechanisch zu dehnen, was Kyra als sehr schmerzhaft empfand. Doch auch diese Prozedur nutzte wenig. Die Ärztin kam zu dem Schluss, dass eine weitere Erschöpfung für das Kind und die Mutter gefährlich wären, und legte einen Kaiserschnitt nahe. Für Kyra brach eine Welt zusammen. Sie war so sehr auf den natürlichen Weg eingestellt und konnte nicht verstehen, warum die Geburt zum Problem wurde. Was hatte sie nur falsch gemacht?

Nach einem erneuten Teamwechsel im Krankenhaus schöpfte Kyra wieder Hoffnung – eine neue Hebamme kam mit frischer Energie herein und war motiviert, Kyra zu helfen, natürlich zu gebären. Die Ärztin billigte den beiden zwei Stunden Zeit zu! Zusammen probierten sie verschiedene Geburtspositionen aus, kreisten mit dem Gymnastikball, versuchten Akkupunktur und Homöopathie. Danach untersuchte die Ärztin sie erneut und verkündete, dass das alles nichts gebracht habe. Die Zeit sei nun aufgebraucht. Um siebzehn Uhr (pünktlich kurz vor Feierabend) sollte ein Kaiserschnitt durchgeführt werden. Kyra konnte gar nicht mehr aufhören zu weinen. Ihr Partner und die Hebammen schauten nur hilflos zu. Den Rest nahm sie wie durch den Schleier wahr: Anästhesist, OP-Vorbereitungen, Vorhang, dann ihre Tochter vor ihrem Gesicht. Nach der kurzen Begegnung folgte die Trennung vom Töchterchen, das die ersten Tage auf der Neugeborenen-Intensivstation verbringen musste.

Heute bezeichnet Kyra die Beziehung zu ihrer Tochter als liebevoll und intim, doch sie blickt immer noch mit Traurigkeit auf den Tag der Geburt zurück und kann bei dem Gedanken daran die Tränen nicht zurückhalten. Es quält sie die Frage, was sie hätte anders machen können, um den Start ihrer Tochter ins Leben nicht so verletzend zu erleben. Es bleibt das Gefühl der Machtlosigkeit zurück. Sie begreift bis heute nicht, welchen Kräften sie ausgeliefert war. Untröstlich vermisst sie den intensiven Moment der natürlichen Geburt, das bewusste Wahrnehmen der Ankunft ihrer Tochter und die erste prägende Zeit zu zweit, in Ruhe und Intimität. Der Zauber des Anfangs war zerstört. Vor lauter Zeitdruck und Angst hat sie aus den Augen verloren, was ihr wichtig war – den natürlichen Weg.

Was es bedeutet, eine Geburt zu verarbeiten

Eine Geburt kann niemand unbeteiligt miterleben. Die Wucht dieses Ereignisses ist so gewaltig, dass sie alle Anwesenden in einem Strudel der Emotionen mitreißt und sie tief berührt. Wenn wir Zeuge werden, wie ein Kind zur Welt kommt, werden Kinder präsent, die wir selbst hatten, Kinder, die wir nicht bekommen konnten, Kinder, die wir uns gewünscht haben, auch Kinder, die wir selber einmal waren. Unsere eigene Geburt ist nicht vergessen, sie ist nur unbewusst, bleibt aber für immer ein uns prägendes Ereignis. Vielleicht verspüren wir einen Druck in der Brust, das Herz schlägt schneller, oder uns kommen die Tränen. Hier entladen sich viele Kräfte – leider zum Teil auch destruktive. Das unverarbeitete Trauma der eigenen Geburt macht in jeder Geburtssituation erneut auf sich aufmerksam. Leider arbeiten im Kreißsaal viele Menschen, die selbst Opfer unglücklicher Geburtsumstände waren und diese, einem unbewussten Drang folgend, immer wieder aufsuchen bzw. sich wie magisch davon angezogen fühlen.

Deshalb geschehen im Kreißsaal viel mehr Grenzüberschreitungen als während banaler Operationen, beispielsweise einer Blinddarmoperation. Wenn die Themen Geborenwerden, Kinderkriegen oder Kinderwunsch für uns mit seelischem Leid verbunden sind – auch wenn nur unbewusst –, dann drängt der Schmerz in uns nach außen und schadet ungewollt anderen. Nach dem Motto: Wenn es mir so schlecht geht, müssen andere auch leiden. Das geschieht natürlich ungewollt und ohne Absicht. Insgeheim entlastet es uns jedoch zu sehen, dass wir nicht die Einzigen sind, die leiden. So werden unschuldige Frauen zu Opfern emotionaler Härte während der Geburt, gerade dann, wenn sie besonders schutzlos sind, sich nicht wehren können und voll und ganz auf liebevolle Unterstützung angewiesen wären.

Das hohe Potenzial von Grenzverletzungen im Kreißsaal hat besonders bei den erstgebärenden Frauen ein leichtes Spiel, die wie schon oben beschrieben recht unbedarft an die Geburt herangehen. Wir kennen unseren weiblichen Körper kaum, durch die Gefühllosigkeit im frühen Alter ist er wie kalt geworden, fast gefühllos, sehr angespannt und fremd. Die Extrembelastung während der Geburt bringt ihn in diesem desolaten Zustand beinahe zum Kollabieren.

Auf die Geburt sind wir denkbar schlecht vorbereitet, und dabei geht es nicht um die Informationen zur Physiologie der Geburt, die uns Vorbereitungskurse vermitteln. Ich meine viel mehr die emotionale Einstellung auf den Vulkanausbruch der Kraft, auf diese Grenzen überschreitende, uns für immer verändernde Erfahrung. Die Vorstellungen von einer Geburt können oft nicht realitätsfremder sein. »Ich lege mich auf den

Rücken und bekomme dann mein Kind überreicht«, so beschrieb mir eine Schwangere ihre Vorstellung von der bevorstehenden Geburt. Aber woher soll sie es auch besser wissen? Der natürliche Informationsfluss von den weisen Frauen zu den jungen Müttern ist heute versiegt. Oder hat eine von uns schon mal von ihrer Mutter einen wahrhaften, ehrlichen und emotionalen Bericht darüber gehört, wie sie uns zur Welt gebracht hat? Frei von Beschönigung, einfach aus der Tiefe der Seele, detailreich und intim? Ich glaube, kaum. Die meisten haben nur ein Paar knappe Sätze gehört: »Alles war gut«, und nicht viel mehr als das. Woher sollen wir also wissen, was auf uns zukommt?

Daher wird tragischerweise die erste Geburt oft zum missglückten Testlauf mit schlimmen Folgen für Mutter und Kind. Die betroffenen Frauen gehen unterschiedlich damit um. Einige schlagen den Rechtsweg ein und erreichen damit in der Regel wenig, da Krankenhäuser, wie schon erwähnt, rechtlich gut abgesichert sind. Andere Frauen wählen unbewusst den Weg der emotionalen Distanzierung von den schmerzhaften Erfahrungen. Je mehr Missbrauch sie erlebt haben, desto mehr distanzieren sich sich von der Geburt und verdrängen sie.

Was bedeutet das? Wenn der Verlauf der Geburt radikal anders war als erwartet, wenn wir zum Beispiel darauf eingestellt waren, eine natürliche Geburt zu erleben, und es mit einem Kaiserschnitt endete, dann ist die Enttäuschung immens. Vielleicht machen sich Schuldgefühle oder ein Gefühl persönlichen Versagens breit. Oder wir machen uns Vorwürfe, eigene Wünsche dem Fachpersonal gegenüber nicht offensiv genug vertreten zu haben. Wir schämen uns für unsere Gutgläubigkeit und Naivität. Wenn die Chance auf das erste Kennenlernen des Babys in Intimität und Ruhe, mit Hautkontakt, Anlegen an die Brust und dem ersten liebevollen Kontakt für immer verspielt ist, dann sind Enttäuschung und Trauer so groß, dass man sie nicht aushalten kann und am liebsten vergessen will.

Oft werden Argumente zurechtgelegt, die den unglücklichen Geburtsverlauf rechtfertigen und weitere Fragen der Angehörigen im Keim ersticken. Tief im Inneren spürt die Frau zwar, dass die Rechtfertigung nicht der Wahrheit entspricht: Aber mit der Lüge zu leben scheint zunächst einfacher als voller Wut, Verzweiflung oder Trauer.

Wir tendieren dazu, selbst zu glauben, dass Ereignisse nicht anders verlaufen konnten, weil dies oder jenes nicht in Ordnung war. Keiner wird sich mit uns auf eine Diskussion einlassen wollen, ob die um den Hals gewickelte Nabelschnur, ein zu schmaler Geburtskanal oder ein zu großes Kind an sich ausreichende Gründe für einen Kaiserschnitt sind. Eher stoßen wir mit unserer Geschichte auf Solidarität und Zustimmung, die uns guttun und uns recht geben. Mit der Zeit glauben wir selbst daran. Die vorgeschobenen Argumente ersparen uns die schmerzhafte Auseinandersetzung mit den Geburtsumständen, verschonen uns vor der Einsicht, dass wir die Verantwortung abgegeben und andere über uns haben entscheiden lassen. Sie erübrigen außerdem die Erkenntnis, dass die Lebenseinstellung, eigene Wünsche zurückzustecken und das zu tun, was von uns erwartet wird, diesmal verhängnisvolle Folgen hatte.

Die seelische Distanzierung mag für den Moment entlasten, doch langfristig vermag sie die seelischen Verletzungen nicht zu heilen, weil sie die Verarbeitung der Geburt unmöglich macht. Ohne diese besteht jedoch die Gefahr der Wiederholung bei der nächsten Geburt.

Manchmal reicht die Vermeidungsstrategie so weit, dass man an eine weitere Geburt nicht einmal mehr denken kann. Es bleibt bei einem Kind. Oder wenn man doch noch einmal schwanger wird, beschließt man von vornherein einen geplanten Kaiserschnitt, um die Tortur diesmal sicher auszuschließen. Das ist jedoch ein Schritt zurück und nicht nach vorn. Denn jede Frau kann natürlich gebären, wenn sie liebevoll unterstützt wird, wenn sie ihr Herz öffnet und ihren Körper lieb gewinnt. Und ich kenne mittlerweile viele Frauen, die nach zum Teil mehrfachem Kaiserschnitt natürlich gebären konnten.

Für eine nachhaltige Besserung ist es unumgänglich, die Geburt zu verarbeiten. Eine Geburt zu verarbeiten bedeutet zu verstehen, was geschehen ist – sowohl die eigene Rolle als auch den fremden Einfluss auf den Geburtsverlauf. Beide Kräfte finden auf mysteriöse Art und Weise zueinander und ergeben für jede Frau und ihr Leben einen verborgenen Sinn. Deswegen ist jede Geburt so einzigartig wie jede Frau, die ein Kind zur Welt bringt. Vielleicht gelingt es uns sogar zu sehen, dass die Geburt, die wir erlebt hatten, mit unserer bisherigen Biografie schicksalhaft zusammenhängt.

Eine Geburt zu verarbeiten bedeutet nicht, sie schönzureden, zu verdrängen oder sich so weit mit ihr abzufinden, dass es nicht mehr wehtut. Eine Geburt zu verarbeiten bedeutet vielmehr, die Blockade zu überwinden, um weiterleben zu können, das Geschehene als etwas Eigenes anzunehmen – als eine wichtige Passage in der persönlichen Lebensbiografie, als eine Schramme, die nun einmal bleibt und die eine Geschichte erzählt. Denn uns passiert nichts, was nicht zu uns gehört.

Es ist wichtig, die Wut zuzulassen und sich die Zeit der Trauer zu gewähren. Der Schmerz will immer gesehen und beachtet werden. Das ist seine Natur. Manchmal bleibt nach einer unglücklich verlaufenen Geburt ein lebenslanges Schuldgefühl dem Kind gegenüber zurück, weil wir ihm keinen besseren Start ins Leben ermöglichen konnten. Das ist eine seelische Narbe, die neben den körperlichen Narben zu unserem

Lebensweg dazugehört und seine Stolpersteine dokumentiert. Doch jeder Fluss kann nach dem steinigen Gebirge in ein ruhiges Tal finden, wenn er weiterfließt, wenn er sich nicht zu sehr verzweigt, sondern all seine Rinnsale zusammenhält.

Jede Geburt kann liebevoll begleitet werden

Früher, bevor die moderne Geburtshilfe unter der männlichen Leitung Mitte des 19. Jahrhunderts den Kreißsaal eroberte, leisteten die sogenannten weisen Frauen den Gebärenden Unterstützung. Es waren Frauen mit einem Minimum an medizinischem Fachwissen, aber viel Erfahrung. Sie leisteten seelischen Beistand und begleiteten Frauen liebevoll durch die Geburt. Geburten fanden zu Hause statt, im privaten Rahmen und in familiärer Umgebung. Geburt war eine Familienangelegenheit. Tragischerweise führten Komplikationen in einigen Fällen zum fatalen Ausgang für Mutter und/oder Kind. Heutige technische Möglichkeiten bringen die Sterblichkeit während und kurz nach der Geburt auf ihr absolutes Minimum. Die Kehrseite der Technologisierung der Geburt ist jedoch der Verlust ihrer Intimität und der Menschlichkeit.

Die emotionale Intensität einer Geburt erfordert bei den Begleitenden viel Fingerspitzengefühl, Einfühlungsvermögen und menschliche Reife. Nicht jeder ist in der Lage, mit dieser extremen Situation fertigzuwerden. Da bringen die modernen ausgefeilten technologischen Möglichkeiten eine willkommene Gelegenheit, sich auf die körperlichen, messbaren und vermeintlich kontrollierbaren Aspekte der Geburt zu konzentrieren. So wird heute kaum noch eine Geburt ihrem natürlichen Lauf überlassen. Stattdessen wird gezählt und gemessen, untersucht und überwacht, eingeleitet oder gehemmt, betäubt, geschnitten und genäht.

Wir könnten Geburten anders behandeln, wenn wir die Sicht auf sie verändern: Wenn wir die Geburt nicht nur als körperlichen Akt abwickeln, sondern die seelischen Komponente dieses Ereignisses wieder kennenlernen und wertschätzen. Ob Arzt, Hebamme oder Doula, der Lebenspartner oder eine gute Freundin – alle, die bei einer Geburt anwesend sind, dürfen nicht vergessen, dass sie ein persönliches und sehr intimes Ereignis im Leben einer Frau ist. Die Geburt ist die Kulmination ihrer weiblichen Natur, sie ist ein Teil ihrer Sexualität.

Die Analogie zwischen Geburt und Liebesakt ist nicht weit hergeholt. Viele haben schon mal von dem Mythos der orgastischen Geburt gehört, auch wenn nur die wenigsten sie tatsächlich erleben. Auch wenn wir vom Orgasmus Lichtjahre entfernt sind, ist der Triumph, die Befriedigung und die Ekstase nach der Geburt überwältigend, als Frau diesen Quantensprung gemacht zu haben und nun Mutter geworden zu sein.

Jede Frau kann ihre Sexualität frei ausleben, wenn sie sich geschützt und respektiert fühlt, wenn sie nicht nur als Körper konsumiert, sondern als einzigartige Persönlichkeit wahrgenommen und geschätzt wird. Sie kann sich fallen lassen, sich hingeben, die Zeit vergessen und im Fluss sein, wenn sie sich geliebt und angenommen fühlt. Dagegen wird ein Intimverkehr, der mit Zwang oder Angst verbunden ist, zur Qual, auch wenn es sich rein körperlich gesehen um den gleichen Vorgang handeln mag. Die Frau lässt es über sich ergehen, die Zähne und den (Mutter-)Mund zusammenziehend, bis es endlich vorbei ist. Wie beim Liebesakt gibt es auch bei der Geburt keine Maßstäbe. Ob sie lange dauert oder kurz, laut ist oder leise, zum Termin kommt oder ihn verfehlt: Eine Geburt ist so, wie sie ist, sie gehört zu der Frau, die sie erlebt. Es ist auch ihre Geburt als Mutter.

Es darf kein Zeitdruck entstehen, auch nicht im Vorfeld der Geburt. Eher soll das Vertrauen in ihre gebärende Kraft geweckt werden, in die Weisheit ihres Körpers und die Richtigkeit ihrer Gefühle. Die Frau sollte in ihrer Autonomie gestärkt werden. Zu keinem Zeitpunkt darf der Mutter Angst gemacht werden, schon gar nicht als Druckmittel. Es darf keine Autorität angewandt oder gar missbraucht werden. Die Frau muss immer die Führung behalten: als Protagonistin ihrer Geburt, nicht als passive Beobachterin.

Der Umgang mit ihr muss persönlich und liebevoll sein. Daher ist es wichtig, die Frau persönlich zu kennen – ihre Vorgeschichte, die aktuelle Lebenssituation, ihren Charakter und ihre Persönlichkeit. Sie muss mit dem Vornamen angesprochen werden. Idealerweise besteht bereits eine positive Beziehung zwischen der Mutter und der betreuenden Person. Eine Beziehung bedeutet liebevolle Zuwendung und Offenbarung persönlicher Lebensumstände, nicht nur die Abwicklung formeller Untersuchungstermine. So wie sich die Geburt entfaltet, ergibt es Sinn für diese einzigartige Frau.

Während der Geburt sollte sie mit echtem Interesse umsorgt werden. Wir können sie leise fragen: Fühlst du dich wohl? Was brauchst du? Stört dich etwas? Was kann ich für dich tun? Gibt es etwas, was ich noch wissen muss? Hast du Schmerzen? Hast du es bequem? Wer kümmert sich um deine älteren Kinder? Lebt deine Familie in der Nähe? Wer wird dir nach der Geburt helfen?

Natürlich sollten wir sie nicht mit zu vielen Fragen auf einmal überschütten. Der durch die Schmerzen veränderte Bewusstseinszustand muss respektiert und gehütet werden. Man darf ihn nicht zerbrechen, da er die Gebärende schützt. Er mag

Außenstehenden befremdlich vorkommen und die Kommunikation mit der angehenden Mutter erschweren, aber eigentlich nur, wenn wir es nicht gewohnt sind, in dem subtilen Universum außerhalb der konkreten Welt des Verstandes zu navigieren. Wir müssen nicht alles verbal erfahren, sondern unsere Augen eher für nonverbale Äußerungen und Gefühlslagen öffnen. Unsere Vorstellungen von Richtig und Falsch können wir getrost hinter uns lassen. Wenn eine Frau ihr Kind auf eine Art zur Welt bringen will, die uns eher unüblich erscheint, sollten wir sie auf keinen Fall daran hindern. Es ist schön, wenn sie auf ihre innere Stimme hört und nicht auf unsere Anweisungen wartet. So können wir dieser Frau den intimen Akt der Begegnung mit sich selbst ermöglichen. Egal, wie schwer oder schmerzhaft die reale Geburt jeder Frau auch sein mag, wenn sie mit liebevoller Unterstützung angegangen wird, kann die Mutter sie mit Kraft, Mut und Hingabe und als erfüllend erleben.

Ich erinnere mich an eine Hebamme im Krankenhaus meiner ersten Geburt, deren Namen ich leider nicht erfahren habe. Sie tat nicht viel und sprach wenig, aber sie fühlte mit, das konnte ich deutlich spüren und an ihrem Blick erkennen. Ich lag, wie in Krankenhäusern üblich, unbeweglich auf einem gynäkologischen Stuhl, angebunden an den Wehenschreiber. Sie streichelte ab und zu meinen Fuß. Diese kleine Geste bewirkte für kurze Zeit wundersame Schmerzlinderung. Ich glaube, mein ganzer Körper war überempfindlich, jede Pore verlangte nach Liebe, und ich mag mir gar nicht ausmalen, wie die Geburt verlaufen wäre, wenn dieser Wunsch erfüllt worden wäre.

Nachforschung:
Mehr über die eigene Geburt erfahren

Erforsche, wo und wie du zur Welt gekommen bist. Wenn du kannst, frag deine Mutter so detailliert wie möglich, wie die Geburt verlaufen ist. Wie war die genaue Entwicklung der Geburt? Gab es Komplikationen oder unerwartete Wendungen? Wie hat sie die Geburt erlebt? Wer stand ihr zur Seite? Wie fühlte sie sich behandelt? Wie war die erste Mutter-Kind-Begegnung? Gibt es Familienlegenden darüber, unter welchem »Stern« du geboren wurdest?

Der Übergang zu einem neuen Lebensabschnitt

Viele Frauen berichten, dass die Geburt des ersten Kindes ihr Leben in zwei Teile geteilt hat – ein Davor und ein Danach. Für die Schwangeren erscheint die Geburt als ein ersehntes Ende – das Ende der Reifung des Babys im Mutterleibs, Ende der Schwangerschaftsbeschwerden, gar Erlösung von ihnen, Ende der Last des Übergewichts auf den Knochen, Ende des Wartens, der letzten Vorbereitungen und der süßen Träumerei. Nach der Geburt realisieren wir plötzlich, dass diese erst der Anfang war – der Anfang einer lebenslangen Reise durch das wundersame Land der Mutterschaft. Doch zunächst einmal ist die Geburt der Anfang vom Wochenbett.

Die seelischen Befindlichkeiten einer Schwangeren und einer jungen Mutter im Wochenbett sind diametral verschieden. Schwangerschaft und Wochenbett sind wie zwei Parallelwelten, die sich kaum berühren – wie Fantasie und Wirklichkeit, Licht und Schatten. Daher ist es so schwer, mit Schwangeren über das Leben nach der Geburt zu sprechen, um sie emotional auf ihre Mutterschaft vorzubereiten. Alles, was man beschreibt, bleibt Theorie. Die rosarote Brille lässt die künftige Mutterschaft wie eine Mischung aus in Frauenmagazinen dargestellten »Super-Mamis« und süß-romantischen Puppenspielen aus der eigenen Kindheit erscheinen. Diese Vorstellung ist nicht verwunderlich, denn Schwangere werden in den Medien und in den Geburtsvorbereitungskursen von der Wahrheit verschont, in der gut gemeinten Absicht, ihnen keine Angst vor der Geburt und dem Wochenbett machen zu wollen. Die Rückbesinnung auf sich selbst, auf die weibliche Natur und die Sexualität findet nicht statt. Umso mehr werden sie dann nach der Geburt von der Realität überrollt und sind entsprechend überfordert.

Nach der Geburt bleibt die Frau nur scheinbar der gleiche Mensch. Nichts ist für sie, wie es war. Die subtile, für das Auge schwer wahrnehmbare Veränderung geschieht vor allem in unserem Herzen. Weil eine Geburt viel mehr ist als ein rein körperlicher Akt, der mit den Wehen anfängt und mit dem Herauskommen von Kind und Plazenta endet. Es passiert viel mehr als das, was die Augen sehen können: Es ist eine Verwandlung vom »Einssein« zum »Zweisein«, und ihre Auswirkung auf uns ist immens. Aus einem Körper werden zwei, aus einem Menschen werden zwei, aus einer Seele werden mit der Zeit auch zwei. Die Seele braucht längere Zeit, um da anzukommen, wo der Körper unmittelbar nach der Geburt bereits ist – in der spürbaren Trennung. Es kommt zur seelischen

Neuorientierung. Die neu geborene mütterliche Seele ist am Anfang noch orientierungslos und überempfindlich. Die alte Identität löst sich auf, die neue muss sich erst finden. Ein seelisches Vakuum entsteht, die Stunde null. Wie der kurze Moment des Stillstands, wenn das Pendel seine Bewegungsrichtung ändert. Wie die Pause zwischen dem Ein- und Ausatmen. Hier reichen sich die Gegensätze die Hand und berühren sich auf magische Weise.

Auch der Tod gehört zum Leben. Kurz bevor das Baby den Körper der Mutter verlässt, erleben wir ihn spürbar nah. Niemand muss tatsächlich sterben, und doch fühlt es sich an, als wäre das Tor zum Jenseits in greifbarer Nähe. Einige Frauen sprechen es sogar aus. Wenn sie an die Grenzen ihrer Kraft kommen und das Gefühl haben, am Ende zu sein, schreien sie heraus: »Ich sterbe!« Tatsächlich, um als Mutter geboren zu werden, müssen einige Teile der alten Persönlichkeit sterben: die wilde, ungezähmte Verführerin verschwindet (zumindest für einige Zeit), die mutige Kriegerin legt ihre Waffen nieder, um der warmen, weichen und nährenden Mutter Platz zu machen.

Sowohl der Tod als auch die Geburt sind magische Übergänge. Beim Tod gehen wir von dieser Welt in das Jenseits. Bei der Geburt ist die Richtung umgekehrt – das Baby kommt in dieser Welt an. Interessanterweise geht die christliche Tradition davon aus, dass die Seele nach dem Tod vierzig Tage braucht, um im Himmel anzukommen. Auch hier ist die Verzögerung des Ankommens der Seele im Vergleich zum Körper also beschrieben.

Das Baby übernimmt nach der Geburt gewissermaßen die Rolle eines Botschafters aus dem Jenseits. Durch seine noch wenig »kultivierte« menschliche Art ist es mit dem Jenseits viel mehr verbunden als mit der uns vertrauten konkreten Welt in Raum und Zeit. Das Neugeborene erscheint uns tatsächlich wie nicht von dieser Welt, so verschlüsselt kommen uns seine Äußerungen am Anfang vor.

Damit das Baby geboren werden kann, öffnet sich der Geburtskanal der Mutter. Doch noch ein anderer Kanal öffnet sich gleichzeitig – ein Kanal in der Seele, der uns mit etwas Größerem verbindet. Der Körper der Mutter muss sich extrem weit öffnen, zu einem gewissen Grad sogar reißen. Auch die Seele reißt während dieser Grenzerfahrung. Durch den seelischen Riss und den geöffneten Kanal kommen Seiten der Mutterseele zum Vorschein, die sie selbst bisher nicht gekannt, gesehen oder beachtet hatte – ihr seelischer Schatten. Das Kind bringt ihn mit sich nach draußen. Es ist im tiefsten Inneren der Mutter herangewachsen. Während der gesamten Schwangerschaft war es ununterbrochen mit ihr verbunden – es wurde von ihr getragen, gewärmt, geschützt und geschaukelt; es hörte ihren Herzschlag, ihre Verdauungsgeräusche und ihre Stimme; die Versorgung durch die Nabelschnur war permanent gewährleistet. Das Baby hat auch Stimmungen der Mutter miterlebt, ihre Sorgen und ihre Glücksmomente – alle ihre Emotionen wie seine eigenen. Es ist seelisch mit der Mutter genauso stark verbunden wie körperlich. Wenn es durch die Geburt nach außen kommt, bringt es ein Stück von der Seele seiner Mutter zum Vorschein. Für die Mutter wird die Begegnung damit ein lebenslanger Schatz und eine Herausforderung zugleich sein.

Der Übergang von der Schwangerschaft zum Wochenbett geschieht durch die Geburt. Sie ist der Transit von einem Lebensabschnitt zum anderen. Wir gehen wie durch einen Tunnel zwischen zwei Welten. Und so, wie wir am Ende des Tunnels angekommen sind, so starten wir auch ins Wochenbett:

entweder körperlich zerstört, seelisch betäubt, physisch und emotional missbraucht – oder gestärkt, erhellt, befreit, wie neugeboren und gewachsen, im Fluss.

Erfahrungsbericht zur Geburtsverarbeitung

Schreib so detailliert wie möglich auf, wie du die Geburt deines Kindes erlebt hast. Dazu gehören die Kette der Ereignisse, die körperlichen Befindlichkeiten und dein seelisches Erleben der Geburt, aber auch, wie du die Umgebung und die Begleitpersonen erlebt hast, sowie deren Umgang mit dir. Lies deine Geburtsbeschreibung noch einmal durch. Fallen dir Stellen auf, an denen die Stimmung gekippt ist oder sich der Geburtsverlauf stark geändert hat? Was genau passierte in diesen Momenten? Welche Einflüsse kamen von außen, wie war deine Reaktion darauf? Erkennst du bestimmte Verhaltens- und Beziehungsmuster aus deinem bisherigen Leben wieder? Wann und mit wem hast du bereits ähnliche Ereignisse erlebt? Hier kommen deine bedeutsamen Themen zum Vorschein. Mach dir Notizen.

Wenn du während der Geburt einen Blackout erlebt hast und dir Teile des Geschehens fehlen, wenn dir die Gedanken an die Geburt sehr viel Schmerz bereiten, wenn du viel weinen musst oder Atemnot erlebst, such dir bitte unbedingt professionelle Hilfe.

Ich will hier eine persönliche Geschichte von mir erzählen, die mich bis heute traurig stimmt. Kurz nach der Geburt meiner ersten Tochter im Krankenhaus haben mir die Ärzte erklärt, dass sie eine weitere Untersuchung vom Kinderarzt bräuchte, weil sie etwas Fruchtwasser in der Lunge hatte und leicht röchelte. Völlig unvorbereitet auf diese Wendung und besorgt um mein Baby, ließ ich mir meine Tochter bedenkenlos aus dem Arm nehmen. Später erfuhr ich, dass das Fruchtwasser ganz natürlich von alleine aus der Lunge wieder rausgeht und man in den meisten Fällen nichts unternehmen muss. Doch damals wusste ich das nicht, und da sie in der Nacht geboren war, verbrachte sie die neun langen Stunden bis zum nächsten Morgen auf der Neugeborenenstation. Es tut mir bis heute leid zu wissen, dass sie da alleine war. Ich habe Schuldgefühle und die fehlenden ersten Stunden zu zweit schmerzen mich. Damals habe ich aber kein natürliches Verlangen gespürt, bei ihr bleiben zu wollen und zumindest zu fragen, ob ich mit zur Untersuchung kommen darf. Es kam mir nicht einmal in den Sinn, weil ich selbst zu der Generation gehöre, die nach der Geburt eine ganze Woche alleine mit anderen Babys verbringen musste.

Die Einsicht kam erst später, im Wochenbett, als meine Tochter die verlorenen Bindungsinstinkte in mir wieder zum Leben erweckte. Von der Trennung nach der Geburt habe ich ihr natürlich erzählt. Wenn ich traurig bin, dann tröstet sie mich mit den Worten: »Ach Mama, sei nicht traurig, das hat mir nichts ausgemacht.« Doch ich beobachte, dass sie anfängt zu weinen, wenn sie in Geschichten Situationen erlebt, in denen das Kind von der Mutter getrennt wird. Solche Szenen treffen sie sichtlich stärker als ihre zwei Schwestern. Daran merke ich, dass es ihr sehr wohl etwas ausgemacht hat. Ich war begnadet mit zwei erfüllenden Hausgeburten danach, ohne

Trennungen oder Komplikationen, doch die verlorenen gemeinsamen Stunden nach der ersten Geburt kann uns nichts und niemand ersetzen.

Wochenbett – die tiefen Gewässer

Das Wochenbett versetzt uns in eine Welt, von der wir früher nichts ahnten. Alles uns bisher Bekannte – konkret, rational und greifbar – rückt plötzlich in den Hintergrund. Die neue Welt – subtil und gefühlsbetont – erscheint wie aus dem Nichts und ist mit herkömmlichen Maßstäben nicht zu begreifen. In dieser Zeit im Wochenbett fühlen wir uns wie benommen und stehen scheinbar neben uns. Das, was uns früher wichtig war, geht jetzt an uns vorbei. Andere Dinge berühren uns dagegen schmerzhaft tief. Wir sind in einer Parallelwelt angekommen. Hier gibt es dunkle Räume, subtile Wahrnehmungen, viel Intuition und dumpfe, undefinierbare Empfindungen, die schwer in Worte zu fassen sind. Doch nichts fühlt sich realer an als das.

Es ist sehr schwer, all das in Begriffen der konkreten Welt zu beschreiben. Das Wochenbett ist eine spezielle Zeit, die dem technischen Leben von heute diametral entgegengesetzt ist. Um sie zu verstehen, müssen wir in das Schattenreich unseres Unbewussten hinabsteigen, versuchen zu lernen, eine Weile auf das grelle Licht zu verzichten, und uns mit der Dunkelheit anfreunden.

Obwohl sie schon immer da gewesen ist, haben wir diese Welt bisher nicht registriert, weil uns die Antennen dafür fehlten. Wir können nur Dinge wahrnehmen, mit deren Wellenfrequenz wir in Resonanz schwingen. Im Grunde ist es ähnlich wie bei den Informationswellen im Luftraum: Es strömen unterschiedlichste Wellenfrequenzen durch die Luft, und nur mit einem geeigneten Gerät können wir einen Teil von ihnen empfangen. Ein Radiogerät kann zum Beispiel keine Fernsehwellen empfangen und darstellen – und umgekehrt. Wellen, die wir nicht empfangen können, hören deshalb aber nicht auf zu existieren, sie bleiben für uns nur unzugänglich. Die Geburt öffnet unsere Seele, stellt sie auf eine neue Wellenfrequenz ein. Und so erschließt sich für uns im Wochenbett plötzlich eine andere Dimension des Seins.

Wenn sich Frauen nach einer gewissen Zeit an ihr Wochenbett erinnern, haben sie das Gefühl, sie waren nicht dieselbe Person wie sonst. Einige haben im Rückblick das Empfinden, dass sie wie von bösen Geistern besessen waren. Sie taten Dinge, die sie heute nicht verstehen und nicht tun würden. Ihr Verhalten war unvernünftig, ihre Gefühle waren konfus, verwirrend, schmerzhaft. Diese Frauen haben nicht einmal geahnt, was für ein Mensch neben der ihnen bekannten Person in ihrem Inneren noch lebt.

Den Startpunkt des Wochenbetts bildet die Geburt, so wie sie war – in den meisten Fällen manipuliert, in ihrem natürlichen Fluss unterbrochen, nicht im Einklang mit der weiblichen Natur und mit fest verschlossenen Augen hinter sich gebracht. Und so starten wir ins Wochenbett – entfernt von uns selbst und mit wenig Bewusstsein dessen, was diese Erfahrung mit uns macht. Es ist eine verschenkte Chance, denn das Wochenbett ist eine intensive Zeit – man kann sie auch als seelische Geburt bezeichnen, da die Seele wie schon erwähnt eine längere Zeit für die Veränderung nach der Geburt braucht. Das Wochenbett ist somit der seelische Übergang zum Muttersein.

Übergänge sind generell sensible Zeiten, weil sie eine Veränderung bedeuten. Und jede Veränderung zwingt uns, das feste Ufer des Bekannten hinter uns zu lassen und uns auf das Abenteuer des Unbekannten einzulassen. Für den Mut werden wir mit kostbaren Entdeckungen belohnt. Ein schönes Beispiel ist die Dämmerung – der Übergang zwischen Tag und Nacht. Diese Grauzone zwischen Hell und Dunkel verbreitet eine mystische Stimmung, das Licht wirkt sanfter, scharfe Konturen verschwimmen, feste Formen werden fließend. Die Dämmerung lässt unseren (seelischen) Schatten überdimensional groß wirken. Wie durch ein Vergrößerungsglas können wir ihn so besser studieren. Das macht die Dämmerung zur beliebten Kulisse schicksalhafter Ereignisse in der Literatur und im Film.

Ein anderer »fließender« geistiger Zustand ist der Übergang zwischen dem Wachsein und dem Schlaf. Das leichte Dösen lässt unsere rechte (emotionale) Gehirnhälfte aktiv werden. Der Intellekt wird mit seinen kritischen Barrieren und Schranken zurückgefahren, Unmögliches wird dadurch möglich. Das Gehirn produziert während dieser Zeit lange Alphawellen, die für einen kreativen Zustand verantwortlich sind und uns oft zu geistreichen Einfällen oder mancher spontanen Problemlösung verhelfen.

Wie jeder Übergang erzeugt das Wochenbett in uns einen veränderten Bewusstseinszustand. Er vergrößert das Sichtfeld unserer Wahrnehmung. Es öffnet sich ein Kanal in unserer Seele und in unserem Bewusstsein, der uns mit etwas Größerem verbindet. So kann das Wochenbett zu einer mystischen Erfahrung werden, wenn wir dies zulassen.

Doch keine Panik! Wir ziehen nur für eine begrenzte Zeit in dieses Paralleluniversum. Wir kehren wieder in die konkrete Welt zurück, aber wir vergessen diese Erfahrung nicht und nehmen so manche Schätze mit zurück. Die Unterstützung unserer Nächsten und der Mut, dem Unbekannten zu begegnen, sind für diese Abenteuerreise unentbehrlich. Wenn wir mit dem Rückhalt unserer Familie rechnen können und Mut schöpfen, unser Herz für diese Entdeckungsreise zu öffnen, kann das Wochenbett zum positiven Wendepunkt in unserem Leben werden. Wir behalten für immer das Leuchten in unserem Herzen und die erweiterte Sichtweise auf uns selbst und die Welt, die uns zu besseren und bewussteren Menschen macht.

Das unsichtbare Band zwischen Mutter und Baby

Nach der Geburt trennen sich die Körper der Mutter und des Babys, doch jenseits der sichtbaren Trennung geschieht etwas anderes: Wie durch ein unsichtbares Band bleiben Mutter und Kind auch nach der Geburt seelisch eng miteinander verbunden. Das liegt daran, dass der Körper und die Seele die Trennung mit unterschiedlicher Geschwindigkeit durchleben. Der Körper ist in Raum und Zeit verankert und funktioniert entsprechend. Mit dem Durchschneiden der Nabelschnur ist die körperliche Trennung von der Mutter vollbracht. Die seelische Abnabelung hingegen ist nicht punktuell, sondern fließend, sie verläuft graduell über einen längeren Zeitraum hinweg. Seelisch gesehen bleiben Mutter und Kind daher auch nach der Geburt noch lange Zeit ein Ganzes.

Ein Neugeborenes begreift sich selbst noch nicht als getrenntes Wesen. Es kann sich von der Mutter nicht einmal unterscheiden. Nur in Verbindung mit ihr kann es sich fühlen und nur mit ihr sein. Wir nennen diesen Zustand der engen Verbundenheit *seelische Verschmelzung* oder, etwas technischer ausgedrückt, Symbiose. Sie ist die erste und grundlegende Phase der Mutter-Kind-Beziehung, ein natürlicher Entwicklungsschritt des Menschen, der – wenn erfüllend gelebt – für die Entwicklung des Urvertrauens sorgt.

Neugeborene können überhaupt nur in Verschmelzung mit dem anderen existieren, zunächst in Verschmelzung mit der Mutter oder ihrer Ersatzperson, später nicht ganz so intensiv mit anderen Menschen oder mit Orten und Gegenständen. Ein Neugeborenes empfindet sich immer als ein Teil von etwas Größerem. Es ist wichtig, dass es sich an dem Zustand des Einsseins mit der Mutter voll und ganz sättigen kann. Wenn das der Fall ist, bleibt uns lebenslang das Gefühl der inneren Vollständigkeit und des Urvertrauens in die Welt: Egal was kommt, diese Welt wird uns tragen, genau wie unsere Mutter uns mit ihrer Präsenz und Nähe getragen und genährt hat.

Aber das, was für das Baby absolut natürlich und lebenswichtig ist, kann sich für die Mutter befremdlich anfühlen. Genau wie das Neugeborene noch nichts Eigenständiges ist, ist die Mutter im Wochenbett ebenfalls nichts Eigenständiges. Ihre Seele ist wie in zwei Körpern verteilt und äußert sich nach der Geburt nun auch im Körper ihres Babys. Das bedeutet, dass das Baby alle Emotionen der Mutter wie seine eigenen erlebt, ohne dass die Mutter etwas dafür oder dagegen tun kann. Als würden die beiden auf der gleichen Welle schaukeln oder im gleichen Wasser schwimmen. Manchmal ist es rührend sichtbar für Außenstehende, wie ähnlich die Gesichtsausdrücke der beiden sind. Einige Mütter versuchen, ihre Traurigkeit oder Aggression vor ihrem Baby zu verstecken, in dem gut gemeinten Bestreben, es davor zu schützen. Doch das ist unmöglich, denn das Baby erlebt die Gefühle der Mutter in jedem Fall mit, weil es mit ihr eins ist und weil diese Gefühle auch durch seinen Körper strömen.

Ich habe die seelische Verschmelzung im Wochenbett in vielen alltäglichen Situationen beobachtet. Wenn ich zum Beispiel aufgeregt war, tobte mein Baby ebenfalls auf Hochtouren. Manchmal war mir meine eigene Befindlichkeit gar nicht bewusst, bevor ich sie in meinem Kind gespiegelt sah. Wenn ich mein Baby zum Schlafen bringen wollte, selbst aber noch voller Energie war, schaute mich meine Tochter nur mit weit aufgerissenen Augen an und konnte ans Schlafen nicht einmal denken. Nach einer (längeren) Weile des Runterkommens merkte ich irgendwann, dass just in dem Moment, wenn mir die Augen zufielen, auch mein Baby wie von Zauberhand in den Schlaf fand. Unsere Herzen schlugen einfach im gleichen Takt.

Laura Gutman* hat den Begriff »emotionaler Fusion« geprägt. Sie spricht von der Einheit Mutter-Baby als Ganzes. Das Baby ist in dieser Zeit ein Mutter-Baby und fühlt sich nur in Verbindung mit ihr vollständig. Auch die Mutter erlebt das Gefühl, dass ihr etwas fehlt, wenn sie z. B. das Haus alleine verlässt. Sie ist im Wochenbett seelisch gesehen eine Baby-Mutter. In dieser Zeit fährt ihre Seele zweigleisig – sie ist eine erwachsene Frau und ein Kind zugleich: Ein Teil von ihr fühlt sich ein wenig so an, als wäre sie selbst ein Baby – sie ist empfindlich, emotional labil, unfähig, rational zu denken, hat »nah am Wasser gebaut«, ständig stört sie etwas. Es ist eine Phase der Regression, einer seelischen Reise zurück in einen kindlichen Zustand.

Dieses gespaltene Gefühl überrascht viele Frauen, da sie nicht darauf vorbereitet sind. In unserer von Adrenalin und Testosteron angepeitschten Kultur hat die Bewegung zurück ein schlechtes Ansehen. Außenstehende schieben es leichtfertig und bemitleidend auf »die Hormone« ab. Der regressive Zustand im Wochenbett hat aber durchaus seine natürliche Berechtigung: Er hilft der Mutter, ihr Baby intuitiv zu spüren, mit ihm empathisch mitzufühlen, seine Befindlichkeiten zu

* Laura Gutman: »Puerperios i otras exploraciones del alma femenina«

spiegeln, in seiner Frequenz – jenseits der rationalen Welt der Erwachsenen – mitzuschwingen und dadurch besser für ihr Kind zu sorgen. Als würde die Mutter die Sprache des Babys lernen, um besser mit ihm kommunizieren zu können.

Doch nicht jede junge Mutter kann sich auf das seelische Einssein mit ihrem Kind ohne Weiteres einlassen. Hier kommt es auf ihre Bereitschaft an, dem Sog des Wochenbetts zu folgen und das Abtauchen in die tiefen Gewässer der Parallelwelt mit ihrem Baby zu wagen. Das bedeutet, dass die Mutter ihrem Kind die Führung für die Alltagsgestaltung überlässt, sich nicht mit Terminen und Verpflichtungen bindet oder mit Aufgaben überfordert, sondern die Zeit vergisst und mit ihrem Baby einfach nur zusammen ist – es anschaut, sich von seinem Anblick betören lässt, der Vibration seines Atems lauscht, sich an seinem Geruch berauscht, die Nähe von Haut an Haut spürt und mit ihren Gedanken nicht woanders ist. Das funktioniert natürlich nur, wenn sie die nötige Unterstützung im Alltag bekommt. Mehr darüber sprechen wir in den Abschnitten über die Geburt der Familie.

Wenn die Mutter es zulässt, kann das Baby zum wunderbaren »Reiseführer« in die Zauberwelt des Wochenbetts werden und sie auf eine neue Wellenfrequenz einstimmen. Das Wochenbett ist ein Schattenreich, geheimnisvoll und zauberhaft zugleich. Seine Luft ist subtil, irrational, weich und dunkel. Wenn die konkrete Welt da draußen mit der maskulinen Yang-Energie durchdrungen ist, so schwingt das Wochenbett in der femininen Yin-Energie. Hier muss man nichts erreichen, keine messbaren Ergebnisse erzielen, nicht aktiv sein, sondern nur mitfühlen, mitschwingen, zusammen sein und lieben.

Daher sind alle üblichen Prozeduren im Wochenbett, die mit Zahlen hantieren und die uns leider so vertraut und unverzichtbar vorkommen – wiegen, messen oder zählen –, eher irreführend, weil sie uns wieder mit der konkreten Welt verbinden. Wir streben nach vermeintlicher Sicherheit und überhören etwas viel Wichtigeres und Schöneres, etwas, das das Babys uns vermittelt und das in keine Tabelle hineinpasst, ähnlich wie der Walgesang in der Tiefe des Ozeans sich nicht in Noten aufschreiben lässt.

Damit wir mit unserem Kind im Wochenbett mitschwingen können, ist es wichtig, so viel Zeit wie möglich mit ihm zusammen zu verbringen. Das Baby gehört zum geheimnisvollen Jenseits, und in seiner Nähe sind wir am richtigen Ort. Es ist frei von Kultur, es besitzt kein Wertesystem und keine innere Zensur, die seine Äußerungen wertet. Es hat noch kein Wissen über Gut und Böse. Es gibt seine Empfindungen ungefiltert weiter. Es benutzt noch keinen Intellekt, sehr wohl aber Gefühle und Telepathie. Das macht das Baby zum emotionalen Sprachrohr für die seelischen Tiefen der Mutter. Das Baby saugt auf und äußert vor allem die Gefühle der Mutter, die ihr selbst unbewusst sind. Alles, was sie nicht wahrhaben möchte, was sie vergessen und hinter sich lassen will, was sie beschämt oder aufregt – all das nimmt das Baby auf und spiegelt es. Und niemand ist so schonungslos im Spiegeln der seelischen Wunden wie das eigene Baby. Sein kleiner, sensibler Körper ist äußerst aufnahmefähig für alles, was die Mutter ablehnt. Es ist, als würde die Mutter ihre verwundete Seele oder ihr inneres Kind auf dem Arm tragen.

Wir können uns in die volle Symbiose »mit Haut und Haaren« nur begeben, wenn wir diese selbst erfüllend erlebt haben. Andernfalls werden wir nach Gründen und Wegen suchen, die enge Bindung mit dem Kind zu vermeiden. Und wir finden solche Gründe und Wege leicht, da die vermeintliche Autonomie in unserer Gesellschaft einen höheren Stellenwert hat als die Abhängigkeit. Nur machen wir uns paradoxerweise gerade durch die vorzeitig erzwungene Distanz von der Mutter von anderen Dingen abhängig: Es bleibt eine hungrige Seele zurück, die sich weiterhin nach Verschmelzung sehnt und diese in anderen Dingen sucht. Außerdem können wir dann schwer tiefe intime Beziehungen eingehen oder uns aus ihnen wieder lösen. Das Verhältnis zwischen der Abhängigkeit und der Autonomie bleibt gestört.

Ein Tag ohne Uhr

Versuche, einen ganzen Tag mit deinem Kind ohne Uhr zu verbringen. Leb so richtig in den Tag hinein. Gib dich dem Lauf des Tages hin, ohne dir etwas vorzunehmen. Bleib nah an deinem Kind, beobachte es, ohne ständig einzugreifen, und warte ab, was passiert. Frage dich: Was empfinde ich? Kann ich mit meinem Kind einfach nur zusammen sein? Bin ich nicht nur räumlich, sondern auch geistig dabei? Schreib alles auf.

Schreibabys – gibt es die wirklich?

Das Phänomen der seelischen Einheit von Mutter und Baby hat eine wichtige Konsequenz. Diese kommt zum Tragen, wenn das Baby problematische Verhaltensweisen zeigt – viel weint, schlecht trinkt oder nicht gedeiht. Die Konsequenz besteht darin, dass man nicht das Baby alleine behandeln kann, sondern nur mit der Mutter zusammen. Oft reicht es sogar, nur mit der Mutter zu arbeiten.

Das lästige Verhalten des Babys ist nicht das zentrale Problem an sich, sondern nur seine Art und Weise, das Problem zu kommunizieren. Das Verhalten ist seine Sprache. Wir nennen es ein Symptom. Das Problem und das Symptom sind bekanntlich nicht das Gleiche: Das Problem ist das, was passiert. Das Symptom ist das, was wir sehen können. Fieber ist zum Beispiel nur der Ausdruck eines Entzündungsprozesses im Körper. Es ist nicht die Erkrankung.

Statt das Symptom so schnell wie möglich zu beseitigen, ist es wertvoller, zunächst einmal seine Botschaft zu verstehen. Wir haben es schon gesagt: Durch die emotionale Verschmelzung mit der Mutter äußert das Baby vor allem die Gefühle der Mutter, die ihr selbst unbewusst sind. Das Symptom des Babys ist daher ein wichtiger Wegweiser zum Innenleben seiner Mutter. Wenn das Symptom beseitigt wird, verschwindet auch seine Sprache, der Ausdruck dessen, was passiert. Jedes Symptom, wie lästig es auch sein mag, ist gleichzeitig etwas Wertvolles, weil es uns eine Gelegenheit bietet, uns selbst ein wenig besser zu verstehen. Da wir unser eigenes Gesicht nicht sehen können, brauchen wir dafür immer einen Spiegel.

Leider kommt es kaum jemandem in den Sinn, die Mutter nach ihrer Befindlichkeit zu fragen, wenn sie mit ihrem Baby wegen übermäßigen Schreiens eine Beratungsstelle aufsucht. Stattdessen wird versucht, am Baby herumzumanipulieren. Oder der Mutter wird angeboten, ihr das Baby abzunehmen, worauf sie mit »um Gottes willen!« reagiert. Unverständnis kommt seitens der Beratung auf: Warum möchte sie sich nicht vom Stress erholen? Ganz einfach, weil sie nicht einfach einen Teil von sich abgeben kann. Tipps und Tricks kommen reichlich, doch sie haben wenig Erfolg. Sie lenken die Aufmerksamkeit lediglich weg von der Mutter hin zum Kind.

Statt Symptombehandlung zu betreiben, sollten wir Fragen stellen. Wenn das Baby untröstlich weint, auch während die Mutter es trägt, nährt und umhegt, auch wenn sie es an die Brust nimmt, nachdem alle seine physiologischen Bedürfnisse gestillt sind – dann bleibt nur noch die Frage, warum *der Mutter* so nach Weinen zumute ist. Wenn das Baby nicht zur Ruhe kommt, seine Mitte nicht findet, sich nicht mit der Mutter verbindet, können wir fragen, wovon sich die Mutter ständig ablenken will, was sie nicht sehen will und worum ihre Gedanken kreisen. Wenn das Baby die Brust ablehnt, kann die ehrliche Frage nur lauten – welche Seiten des Babys oder an sich selbst kann die Mutter nicht annehmen?

So betrachtet ist der etablierte Begriff des *Schreibabys* sinnlos. Wenn alle natürlichen Bedürfnisse eines gesunden Babys gestillt sind, kann es nur das Leid der Mutter herausschreien – das Leid, das sie selbst verschweigt. Manchmal macht uns das extreme Verhalten des Babys überhaupt erst bewusst, wie schlimm es mit uns steht. Wir dachten, alte Konflikte wären längst vergessen, und realisieren, dass dem noch lange nicht so ist. Das schreiende Baby zeigt in Wirklichkeit die verwundete Seele der Mutter, ihr blutendes Herz und ihr inneres Kind, das nicht aufhören kann zu weinen. Im Delirium der Müdigkeit und Verzweiflung ist es erschreckend und entlastend zugleich zu realisieren, dass dieses Baby, das mitten in der Nacht untröstlich weint, in Wirklichkeit unser eigenes Leid herausschreit.

Leider wählen nur die wenigsten Frauen diesen Weg der Erkenntnis. Die meisten finden sich mit einer oberflächlichen Erklärung und einer vermeintlichen Problemlösung ab, die oft auf Kosten des Babys geht, wie zum Beispiel, es einfach schreien zu lassen. Dann schauen wir weg von unserem eigenen Schmerz, doch dadurch verschwindet er nicht, sondern wird nur noch größer. Wenn wir dagegen den Blick nach innen wenden, entlasten wir im gleichen Augenblick das Kind von der Notwendigkeit, unseren Schmerz äußern zu müssen. Wenn wir den wahren Brandherd in unserer Seele finden, verschwindet das Symptom von allein. Das ist eine in der Therapiesituation vielfach erlebte Tatsache: Wenn das Baby bei der Therapiesitzung dabei ist, kann ich an ihm wie in einem Spiegel die Befindlichkeit der Mutter erkennen, auch wenn sich diese bemüht, das Gesicht zu wahren. Wenn wir uns einem kritischen Moment in der Lebensgeschichte der Mutter nähern und das Gefühl entsteht, dass etwas Wichtiges in der Luft liegt und noch nicht angesprochen wurde, wird das Baby unruhig und fängt an zu weinen. Das ist für mich ein wichtiges Zeichen dafür, dass wir nah am Kern des Problems angekommen sind. Wenn es uns dann gelingt, das Wichtigste auszusprechen, entlädt sich die Anspannung, das Baby beruhigt sich rasch und schläft sichtlich erleichtert ein. Das ist keine Zauberei, das ist seelische Verschmelzung.

Nach der Geburt des ersten Kindes scheiden sich die Wege der Frauen, manchmal sogar unter besten Freundinnen. Einige stellen sich Fragen, suchen nach Antworten in ihrem Inneren und nehmen die Mutterschaft als Ausgangspunkt einer Reise zu ihrem wahren Ich. Die anderen schauen weg, finden einfache Abhilfen, um über den Tag zu kommen, und verschieben, statt zu lösen. Die Entscheidung ist immer persönlich, doch sie betrifft nicht nur uns, sondern auch unsere Kinder. Sie bleiben das Sprachrohr unseres Leidens und vererben unsere ungelösten Konflikte in die nächste Generation weiter. Deshalb kommen wir als Eltern in eine ganz besondere Plicht, uns unseren seelischen Verletzungen zu stellen, sie zu studieren und zu heilen. So können wir mit unseren Kindern und mit uns selbst friedlicher leben.

Reflexion:
Worüber weint mein Baby?
Worüber weine ich?

Stell dir die Frage: Was geht in mir vor, wenn mein Baby über längere Zeit weint und ich es nicht beruhigen kann? Habe ich seine Grundbedürfnisse nach Nahrung und Nähe ausreichend gestillt?

Dann lausche in dich hinein und versuche zu erkennen: Was liegt mir in diesem Moment auf dem Herzen? Worüber würde ich selbst gerne weinen und schaffe es nicht? Welchen (alten) Schmerzen würdige ich nicht genug? Lass innere Bilder in dir aufkommen und mach dir Notizen, wenn du kannst.

Nathalie: der ausgefallene Auftritt

Nathalie kam mit ihrem vier Monate alten Sohn auf dem Arm in meine Praxis. Sie ist eine schöne und intelligente Frau mit einem ernsten Gesichtsausdruck. Der Junge wurde auffällig durch seit Kurzem auftretende Herzrhythmusstörungen. Die Ärzte bestanden darauf, den Kleinen einem Langzeit-EKG zur Verfeinerung der Diagnose zu unterziehen. Das heißt, seine Herzaktivitäten sollten vierundzwanzig Stunden lang ununterbrochen aufgezeichnet werden. Dafür müsste das Baby die ganze Zeit Elektroden und ein Aufzeichnungsgerät am Körper tragen. Schon ein kurzes Aussetzen der Aufzeichnung würde bedeuten, dass man am nächsten Tag von vorne hätte beginnen müssen.

Nathalie haderte mit sich. Die bevorstehende Untersuchung bereitete ihr Unbehagen. Sie war hin- und hergerissen zwischen der Sorge um ihr Baby und der Angst, ob das Kind das Tragen der Geräte am Körper gut verkraften würde. Klug wie sie war, beschloss sie, die Angelegenheit zunächst einmal seelisch zu durchleuchten.

Wir kommen auf ihre Lebenssituation zu sprechen. Sie erzählt, dass sie alleinerziehend und beruflich selbstständig ist und schon drei Monate nach der Geburt wieder angefangen hat zu arbeiten, um sich finanziell über Wasser zu halten. Es fällt auf, dass die Symptome des Babys gleichzeitig mit Nathalies Arbeitsaufnahme auftraten.

Ich bitte Nathalie, ihre Tätigkeit näher zu beschreiben. Sie ist Kulturjournalistin und schreibt hauptsächlich Kritiken über Theaterstücke und Premieren. Ich bitte sie zu schildern, wie sie ihre Arbeit emotional erlebt, was sie beim Anschauen der Theaterstücke und beim Schreiben darüber empfindet. Darauf berichtet sie: »Wenn meine Kritik einen Tag nach der Premiere in der Zeitung erscheint, dann ist es für mich wie mein eigener großer Auftritt. Dann bekomme ich Herzklopfen.« Überraschend für sich selbst entdeckt sie in ihrer Schilderung Parallelen zur Symptomatik ihres Sohnes.

Sie gesteht, dass es ihr Kindheitstraum gewesen sei, selbst einmal auf der Bühne zu stehen, den sie nicht verwirklichen konnte. Sie hatte Talent, aber künstlerische Berufe wurden von ihren Eltern nur belächelt. Der Intellekt genießt in ihrer Familie dagegen ein hohes Ansehen. Sie war ohnehin die Hoffnungsträgerin ihrer Mutter, die von Nathalies geistig behindertem Bruder nichts zu erwarten hatte, und so fügte sich die Tochter den Erwartungen ihrer Eltern und hängte ihren Traum an den Haken. Sie dachte, als Kritikerin ihren Seelenfrieden und eine Daseinsberechtigung gefunden zu haben. Doch jetzt, wenn sie ihren kleinen Sohn ansieht und seinem Herzchen lauscht, spürt sie deutlich die Enttäuschung des unerfüllten Traumes, die Trauer um das verschenkte Talent, aber auch die Wut, sich fremden Erwartungen gefügt zu haben und nicht ihrem Herzen gefolgt zu sein.

Die Herzrhythmusstörungen bei ihrem Sohn traten nie wieder auf, weil Nathalie die Bedeutung dieses Symptoms für sich selbst verstanden hatte. Es erinnerte sie daran, wo sie sich in Wirklichkeit viel lieber gesehen hätte – im Rampenlicht, nicht hinter den Kulissen. An ihren Lebensumständen änderte sich zunächst nichts. Es war vielmehr die innere Veränderung, die ihren Sohn von der Notwendigkeit befreite, der Mutter ihr Herzensleid spiegeln zu müssen.

Seelische Abnabelung vollzieht sich langsam und graduell

Wir haben gesehen, dass das seelische Einssein des Babys mit der Mutter die erste wichtige Stufe der Mutter-Kind-Beziehung ist, die man nicht überspringen kann. Doch wie lange dauert diese Art der Verschmelzung, und wie löst sie sich wieder auf? Die seelische Abnabelung nach der Geburt ist im Gegensatz zur körperlichen Trennung ein langsamer und gradueller Prozess, der etwa zwei Jahre dauert. Bis dahin leben Mutter und Kind seelisch untrennbar. Natürlich gibt es dabei einen großen Unterschied zwischen den chaotischen Gefühlen der ersten Tage und dem relativ geregelten Leben mit einem Kleinkind. Das Baby nabelt sich Schritt für Schritt seelisch von der Mutter ab, indem es durch seine Reifung immer mehr körperliche Autonomie gewinnt. Im Gegenzug gewinnt die Mutter ein Stück der (alten) Autonomie zurück, indem sie ihr Baby »loslässt«.

Aber zunächst einmal ist das Baby geboren, und es ist ein echter »Pflegefall«, wenn man es mit anderen Säugetierbabys vergleicht, die teilweise ja schon kurze Zeit nach der Geburt laufen können. Es gibt kein anderes Säugetier auf der Erde, das nach der Geburt so hilflos und so sehr auf die Fürsorge der Mutter oder sie ersetzender Personen angewiesen ist, vergleichbar vielleicht nur mit dem Kängurubaby, das einen Teil der Schwangerschaft im Mutterleib verbringt, noch sehr unreif zur Welt kommt und dann den zweiten Teil der Schwangerschaft außerhalb des Mutterleibs im Beutel vollzieht. Wir können den Vergleich mit dem Känguru als Faustregel nehmen und die ersten neun Lebensmonate des Babys als seine »zweite Schwangerschaft« ansehen. Das heißt, während dieser ersten neun Monate sollten wir unserem Kind genauso viel Körpernähe, Wärme, Schutz und konstante Nahrung geben, wie es im Mutterleib erfahren hat. In dieser Zeit der »außeruterinen Schwangerschaft« wirkt die emotionale Verschmelzung am stärksten.

Die Erfüllung der natürlichen Bedürfnisse des Babys nach Nahrung und Nähe ist für seine gesunde Entwicklung essenziell. Zu den Grundbedürfnissen des Neugeborenen gehört aber auch die Kommunikation. Michel Odent* stellt Kommunikation in seiner Wichtigkeit für die Entwicklung des Neugeborenen sogar noch vor die Nahrung. Zur Kommunikation gehören intensive Zeit zusammen, das Ansehen bzw. der Augenkontakt, Körperkontakt, warmes und liebevolles Ansprechen, Spiegeln der Befindlichkeiten des Babys und die Beachtung seiner Signale. Das eigentliche verbale Sprechen, so wie wir Erwachsenen es kennen, erscheint uns mit dem Baby zunächst absurd. Verbale Kommunikation unter Gleichgesinnten vermissen junge Mütter im Wochenbett oft so sehr, dass sie zu

* Michel Odent: *Primal Health*

Selbstgesprächen neigen. Ein Baby kann uns einen erwachsenen Gesprächspartner natürlich nicht ersetzen, aber wir können unserem Baby durchaus in einfachen Worten mitteilen, wie es uns geht und was uns geschieht. Es wird uns auf seine telepathische Art und Weise verstehen. Und uns hilft es enorm, eigene Gefühle in Worte zu fassen und so selbst besser zu verstehen.

In der Zeit der emotionalen Verschmelzung kann das Baby noch nicht alleine schlafen, und es sollte auch nicht dazu gezwungen werden. Das muss mit aller Deutlichkeit gesagt werden. Denn auch im Schlaf spürt das Baby die Nähe seiner Mutter, bleibt seelisch mit ihr verbunden und braucht sie, um sich vollständig zu fühlen. Da wir es gewohnt sind, nur mit den Augen zu sehen, glauben wir, dass das Baby im Schlaf nichts mitbekommt. Das ist offensichtlich falsch, da es schnell aufwacht, sobald man es ablegt. Und das ist auch nachvollziehbar, denn während der gesamten Schwangerschaft hat das Baby permanent Bewegung gespürt. Auch wenn die Mutter schlief, wurde es von ihrem Atem sanft geschaukelt. Ein kaltes, bewegungsloses Bettchen fühlt sich wie ein fremder, feindlicher und einsamer Ort an. Das Baby spürt den unterbrochenen Energiefluss, und sein gesamtes System schlägt Alarm. Das nervt die müden Mütter, die während der Schlafenszeit des Babys verständlicherweise ein wenig für sich sorgen möchten. Und so versuchen sie, es dazu zu bewegen, alleine einschlafen zu »lernen«, oder sie lassen womöglich zu, dass es sich in den Schlaf schreit. Für das Baby ist das aber pure Gewalt, da sich diese Praxis gegen seine mit der Mutter verschmolzene Natur richtet. Genauso wenig natürlich ist das Stillen nach der Uhr. Im Mutterleib wurde dem Kind über die Nabelschnur permanent Nahrung zugeführt. Und die Brust ist viel mehr als nur der Ort zum Hungerstillen. Für das Baby ist sie der Zugang zum Paradies. Wir reden mehr darüber im Kapitel übers Stillen.

Schritt für Schritt lernt das Baby, seinen Körper zu beherrschen. Zunächst das Köpfchen zu halten, es von einer Seite zur anderen zu drehen, dann, sich auf den Bauch und zurück zu drehen. Mit dem Krabbeln gelingt es dem Baby etwa mit neun Monaten, sich eigenständig fortzubewegen und dadurch die erste Unabhängigkeitsstufe von der Mutter zu erlangen. Wohlgemerkt: Die meisten Säugetierbabys können dies bereits kurz nach der Geburt. Aber das Kind lernt ja auch den aufrechten Gang. Und der ist motorisch gesehen ein ständiges Fallen und sich Sich-Abfangen. So lernen Kinder die Balance des Gehens und erweitern durch die Hochstellung des Kopfes ihren Blick auf die Welt.

Im zweiten Lebensjahr erforschen Kinder ihre nächste Umgebung und kehren zu ihrem »sicheren Hafen« – ihrer Mutter oder der Person, die sie ersetzt – immer wieder zurück. Langsam kommt schließlich auch die Rolle der Vaters als »Trenner« ins Spiel. Seine aktive männliche Energie drängt darauf, das unsichtbare Band zwischen Mutter und Kind zu durchtrennen. Dafür ist jetzt die Zeit gekommen. Der Vater wirkt der bindenden, Nähe suchenden Energie der Mutter entgegen. Er hilft dem Kind, sich von der Mutter zu lösen, indem er es in die Außenwelt führt und es dabei begleitet. Daher ist der Vater die geeignetere Begleitperson bei der Eingewöhnung im Kindergarten als die Mutter, da es dem Kind leichter fällt, sich vom Vater zu verabschieden, als von der Mutter. Ohne ihn könnten wir Mütter das Kind wahrscheinlich nie loslassen.

Ein weiterer wichtiger Schritt, der mit der wachsenden Selbstständigkeit des Kindes einhergeht, ist gekommen, wenn die Eltern als Paar wieder aktiv werden. Indem der Vater seine Frau als Partnerin für das Intimleben zurückgewinnt, hilft er auch der Mutter, ihr geliebtes Baby loszulassen. Und nicht selten werden Frauen um das zweite Lebensjahr des Kindes wieder schwanger. Jetzt sind wir wieder »offen für Neues«.

Und was mache ich, wenn ich alleinerziehend bin? In diesem Fall ist die Aufgabe der seelischen Abnabelung besonders komplex. Wir müssen andere Menschen oder Projekte suchen, die unsere Aufmerksamkeit fesseln und uns seelisch wieder in die Außenwelt »verpflanzen«. Das kann eine berufliche Umorientierung sein, eine neue Arbeit, die wir mit Leidenschaft angehen, oder eine neue Bekanntschaft, für die wir uns jetzt öffnen – etwas, was uns außerhalb der Beziehung zum Kind begeistert.

Wenn dies jedoch ausbleibt, wird die seelische Abnabelung vom Kind erschwert oder sogar unmöglich. Dann »klammern« wir uns an unser Baby und lassen es nicht los. Das schadet dem Kind, weil es keinen freien Raum für seine Entfaltung bekommt. In diesem Fall missbrauchen wir seine Nähe, weil wir es benutzen, um nicht allein zu sein.

Die Bedürfnisse des Kindes im Alter von etwa zwei Jahren sind darauf ausgerichtet, seine Autonomie zu formen und wachsen zu lassen. Wir können ihm dabei helfen, indem wir dem Kind erlauben, seine Umgebung im geschützten Rahmen zu erforschen. Leider ist unser meistgebrauchtes Wort in diesem Alter »Nein!« – ein unwirksames und jegliche Entwicklung verzögerndes Instrument. Wir Erwachsene sehen durch unsere Brille nur Schranken und Gefahren anstelle von reizvollen Entdeckungsmöglichkeiten, die immer reichlich vorhanden sind. Außerdem ist der Glauben weit verbreitet, dass wir unsere Kinder irgendwie begrenzen und bändigen müssten. »Grenzen setzen« gilt fast als die wichtigste Regel der »guten« Erziehung.

Nur erzeugt Druck bekanntlich immer auch Gegendruck. Kein Wunder daher, dass die Trotzphase schnell ihren Anfang nimmt. Und die trotzigsten Kinder gehören zu den Eltern, die am lautesten Nein schreien. Der Ärger auf beiden Seiten ist also hausgemacht. Stattdessen können wir die Interessenrichtung des Kindes erkennen und aufgreifen, die gefährlichen Teile übernehmen und dem Kind genug Raum lassen, forscherisch zu sein. Ein Beispiel: Wenn das Kind Interesse an der Blumenvase zeigt und wir nicht möchten, dass sie umkippt und das Kind verletzt, dann können wir, statt »Nein!« zu brüllen, zum Beispiel Folgendes sagen: »Schau mal, das sind Blumen, sie riechen wunderbar. Ich halte die Vase für dich fest, damit sie nicht umkippt, und du darfst an den Blumen schnuppern und sie bewundern.« So wird das Kind geschützt und gleichzeitig in seiner Entwicklung unterstützt.

Autonomie kann man aber auch nicht erzwingen, indem man das Kind einfach allein lässt oder ihm die Nähe verweigert. Dadurch untergraben wir lediglich sein Vertrauen und bewirken genau das Gegenteil: Das Kind »klammert« umso mehr.

Schließlich kommt der Tag, an dem das Kind sich zum ersten Mal mit »Ich« bezeichnet. Das ist das Zeichen dafür, dass es sich jetzt als eigenständige Person versteht. Das Ende der seelischen Verschmlezung ist damit besiegelt. Natürlich ist die Bindung zur Mutter dadurch noch lange nicht beendet. Sie bleibt weiterhin bestehen. Nur verliert sie ihre paradiesische Absolutheit und ihre Überlebenswichtigkeit. Die Bindung – ab jetzt an beide Eltern – bleibt nach wie vor die wichtige Grundlage einer gesunden autonomen Persönlichkeit. Mit dem wachsenden Alter lernt das Kind dann immer mehr Fertigkeiten und Fähigkeiten. Doch es wird noch lange dauern, bis das Kind sein Elternhaus verlässt und den Alltag eigenständig meistern kann. Die finanzielle Abhängigkeit reicht schließlich bis tief in die Zwanziger hinein, wenn das Kind kein Kind mehr ist, sondern schon eine erwachsene Person in unserer Obhut.

Diffuser seelischer Schmerz – das innere Kind erwacht

Die wenigen Tage auf der Wochenbettstation vergehen wie in einem Film, den wir von außen anschauen, ohne eine aktive Rolle darin zu spielen. Ärzte, Krankenschwestern, Besucher und Routineuntersuchungen halten uns beschäftigt und die Gefühle in Schach. Dann ist der Moment gekommen, und wir verlassen das Krankenhausgebäude, ungläubig, dass wir dieses Kind jetzt tatsächlich ganz ohne Begleitung mit nach Hause nehmen dürfen. Der Heimweg ist der Moment, in dem sich die Parallelwelten kreuzen, und wir betreten das bekannte Zuhause bereits als anderer Mensch. Die bekannte Wohnung kommt uns fremd vor, als hätte hier früher eine andere Frau gelebt.

Ein neuer Lebensabschnitt hat begonnen. Besucher, Geschenke, Blumen, Glückwünsche lassen eine rauschhafte Stimmung entstehen, seltsam nur, dass wir an ihr nicht teilhaben können. Eigentlich sollten wir uns doch am meisten freuen. In Wirklichkeit stehen wir wie neben uns.

Wenn die Aufregung der ersten Tage abflacht, breitet sich der Alltag aus und mit ihm die Ernüchterung. Eines Morgens wachen wir auf und wundern uns über seltsame Geräusche neben uns. Oh, da liegt ein Baby! Mein Baby! Und es bleibt hier für immer! Die dramatische Veränderung unseres Lebens wird uns langsam bewusst. Was für ein Schock: Es gibt kein Zurück mehr! Was wird aus mir und meinem Leben? Werde ich je wieder die Alte sein?

Das Leben da draußen zieht mit stumpfen Geräuschen an uns vorbei und interessiert uns auch nicht mehr. Die Welt der Täuschungen und Masken erscheint uns plötzlich oberflächlich und falsch. Wir weigern uns, Anrufe von Freunden entgegenzunehmen: »Sie rufen doch die alte Person an, die ich nicht mehr bin. Sie wissen nicht, wie es mir geht. Ich bin verändert, anders, nicht mehr die alte, und ich weiß nicht, was mir geschieht.«

In den ersten Tagen schauen wir unser Baby stundenlang an. Wer ist dieses unbekannte Wesen, das einer anderen Welt anzugehören scheint? Zunächst ist die Berührungsangst mit seinem kleinen zerbrechlichen Körper groß. Die Erfahrung im Puppenspielen können wir nicht wirklich anwenden, und von der zuckersüßen Träumerei aus der Schwangerschaftszeit ist nichts mehr übrig. Wir fühlen uns schmerzhaft tief berührt von der Hilflosigkeit des Neugeborenen, seinem flehenden Blick und dem winzigen Körper. Es ist beängstigend, wie viel Macht wir über sein Leben haben. Und wie viel Verantwortung. Wir fühlen uns ohnmächtig angesichts dieser Aufgabe: Werden wir es wirklich schaffen, dieses Baby großzuziehen? Vielleicht empfinden wir Druck in der Brust oder ein ziehendes Gefühl im ganzen Körper. Uns ist ständig nach Weinen zumute, ohne einen sichtbaren Grund zu haben. Freude, Stolz, Liebe, Ohnmacht, Angst, Gereiztheit und extreme Sensibilität wechseln sich ständig ab. Wir fühlen uns, als wären wir verrückt geworden.

Nachdem unser Partner seinen Urlaub beendet hat und wieder zur Arbeit geht, überkommt uns lähmende Einsamkeit. Ganze Tage verbringen wir, ohne ein Wort zu sprechen. Aber auch umgeben von Menschen fühlen wir uns einsam, weil niemand weiß, wie es uns wirklich geht und wir es nicht einmal erklären könnten.

Alltag und Eintönigkeit breiten sich aus. Jeder Tag scheint wie der andere, und es kommt nichts weiter vor außer Wickeln und Stillen, Stillen und Wickeln. Das schrille Weinen des Babys durchschneidet die Stille dann wie ein scharfes Messer und versetzt uns in Panik. Vielleicht sind wir sauer oder aggressiv auf unser Kind, weil mit ihm unser altes Leben wie weggewischt wurde. Wann können wir endlich wieder ausschlafen, nichts tun, abends weggehen, uns verabreden? Ist das alles für immer weg?

Diese Gefühlskulisse ist vor allem für das erste Kind charakteristisch. Sie erinnert uns daran, dass das Mutterwerden eine existenzielle Krise ist, die eine dramatische Veränderung des Lebens markiert. Eine Krise zeichnet sich ab, wenn der gewohnte Fahrplan durch den Alltag nicht mehr gefahren werden kann, wenn die bekannten Lebensstrategien nicht mehr tragen und die alte Persönlichkeit nicht unverändert existieren kann. Krisen mischen die Karten neu und bringen Bewegung in starre Muster. Die alte seelische Struktur bricht in sich zusammen und entlässt den seelischen Schatten nach außen. Wie auch ein Vulkanausbruch die heiße Lava aus dem Inneren der Erde nach außen befördert und das zum Vorschein bringt, was wir sonst nie sehen und vielleicht nicht einmal ahnen würden.

Die heiße Lava der schmerzenden Seele entwischt unseren »geistigen Eingeweiden« und offenbart etwas, was uns bis dato unbekannt war: Teile von uns, die wir nicht anerkennen, die wir nicht als eigene ansehen wollen, die wir verdrängen und viel lieber an anderen bemängeln. Alles, was nicht zu uns passt, was uns widerstrebt, was wir vergessen und nicht einsehen wollen, all das kommt im Wochenbett zum Vorschein, ob wir wollen oder nicht.

Das ist der Grund, warum wir uns im Wochenbett so »durch den Wind« fühlen. Die Geburt hat eben die Kraft, nicht nur unseren Körper zu öffnen, um das Baby herauszulassen: Auch unsere Seele öffnet sich weit. Im Wochenbett liegt die Seele blank, und all die schmerzhaften Erfahrungen, die wir vergessen zu haben glaubten, machen wieder auf sich aufmerksam. Wir spüren einen diffusen seelischen Schmerz, den wir nicht lokalisieren und nicht in Worte fassen können, den wir nicht einmal verstehen, der uns irritiert und uns ein schlechtes Gewissen macht. Er macht uns verrückt. So war das nicht geplant.

Wir scheuen die Nähe zum Kind, weil sie uns wehtut, indem sie alte Wunden aufreißt. Das Bild der glücklichen Kindheit, an das wir vielleicht bisher geglaubt hatten, löst sich auf. Es bleiben viele Fragen: Wie ging es mir in Wirklichkeit als Baby? Wie wurde ich behandelt? Wie kann ich das herausfinden? Wir können ein Gespräch mit unserer Mutter suchen. Jetzt, da wir selber Mutter geworden sind, können wir sie viel genauer fragen und ihre Antworten besser nachvollziehen. Wir können versuchen zu verstehen, warum sie so oder so gehandelt hat. Auch ihre Erfahrung als junge Mutter wird das Ergebnis dessen sein, was sie selbst als Kind von ihrer Mutter erfahren hat. Es ist eine Kette von Generation zu Generation.

Im Wochenbett öffnet sich die Tür zum Keller unseres seelischen Zuhauses, und darin sitzt das innere Kind – verlassen und allein. Jetzt schallt sein Weinen bis ins Erdgeschoss, es hallt in leeren Räumen und wird unerträglich. Es gibt zwei Möglichkeiten, damit umzugehen. Die eine ist, zu dem Kind hinzugehen, es in den Arm zu nehmen und zu trösten. Die andere ist, alle Türen zu verschließen, zusätzlichen Schallschutz aufzubauen und für Ablenkung zu sorgen, damit man das Weinen nicht länger ertragen muss.

Die Begegnung mit dem inneren Kind erleben alle Frauen im Wochenbett. Sie ist unausweichlich, nur die Art dieser Begegnung unterscheidet sich von Frau zu Frau. Je vertrauter wir mit unserem Innenleben sind, je offener wir mit dem Unbekannten umgehen, je liebevoller unsere Kindheit war, desto sanfter wird die Begegnung mit dem inneren Kind ausfallen. Je verschlossener wir jedoch unserem seelischen Schatten gegenüberstehen, je herabschauender wir im Allgemeinen gegenüber allem »Schwammigen« eingestellt sind, je mehr Bestätigung für das Ego wir aus der Außenwelt beziehen, je mehr wir uns vom Innenleben distanzieren, je liebloser unsere Kindheit war, desto schmerzhafter wird die Begegnung mit dem inneren Kind im Wochenbett sein. Spätestens jetzt wissen wir, wie es um uns in Wirklichkeit bestellt ist.

Lily: selbstlose Loyalität

Lilys Mann hatte mich aufgesucht. Seine Frau sei apathisch und könne sich nicht um ihr vier Monate altes Baby kümmern. Nach Absprache machte ich mich auf zu einem Hausbesuch.

Ich fand eine junge Frau mit mädchenhaftem Erscheinungsbild und um Hilfe flehendem Blick. Durch ihr Lächeln schimmerte tiefste Traurigkeit. Sie erlebte offenbar eine brutale Begegnung mit ihrem Schatten und war wie weggetreten.

Lily ist darüber besorgt, dass ihre Tochter seit einigen Wochen nicht mehr an Gewicht zunimmt. Es stellt sich heraus, dass das Baby nur alle vier Stunden an die Brust genommen wird. Dabei schreit es fast nur, ohne richtig zu trinken, und danach wird es wieder abgelegt. Ihre Tochter sieht unterernährt aus. Ihre Lebensfunktionen scheinen auf Sparflamme zu laufen. Sie verbringt viele Stunden am Tag im Schlaf. Auf meine Frage, warum sie ihre Tochter nicht öfter stillen würde, schildert Lily, dass ihre Mutter sie im gleichen Duktus versorgt habe. Das sei die richtige Methode, die ja, wie man sehe, gut funktioniert habe. Ich erkläre ihr, dass ein Baby, das nicht zunimmt, dringend mehr Nahrung braucht – mehr Muttermilch, mehr Nähe, mehr Körperkontakt und mehr Liebe. Lily erwidert, dass sie das alles nicht aufbringen kann, und erzählt mir ihre Geschichte.

Als ihre Mutter Lily zur Welt gebracht hatte, war sie ebenfalls seelisch am Ende. Aus Erzählungen weiß Lily, dass ihre Mutter antriebslos und geistig abwesend war und Lily ebenfalls schlecht versorgen konnte. Lily war als Kind zu klein und zu schwach für den Altersdurchschnitt und behielt eine zierliche Statur bis ins Erwachsenenalter.

Lily beschreibt ihre Mutter als eine starke, dominante Person, die für jede Situation eine passende Lösung weiß. »Wenn wir ein Problem hatten, dann kam sie und löste es.« Das klingt zunächst nach Unterstützung, doch es stellt sich heraus, dass nur die Lösung der Mutter perfekt war. Die Kinder hatten keine Chance, etwas Eigenes zu entwickeln. Sie wurden klein und abhängig gehalten von der übermächtigen, alles bestimmenden Managerin. Die Welt musste so aussehen, wie die Mutter sie sich vorstellte. Andere Ansichten hatten darin keinen Platz und keine Daseinsberechtigung. Andernfalls drohte knallharter Liebesentzug. (Wobei es wohlgemerkt gar keine echte Liebe gab, nur die Selbstsucht der »Problemlöserin«.)

Die vorherrschende Stimmung ihrer Kindheit beschreibt Lily als grundlose Traurigkeit. »Manchmal hörte ich stundenlang Musik und war nur traurig, einfach so.« Ich erkläre ihr, dass es sehr wohl einen Grund für ihre Traurigkeit gab, er war für sie nur unbewusst. Der Grund ist die Einsamkeit, keine Anteilnahme an ihren Gefühlen, kein Trost und keine Liebe. Lily möchte es nicht wahrhaben und beschützt ihre Mutter. Sie hält an dem positiven Bild fest, beschreibt ihre Mutter als eine Frau, die immer wusste, was gut für ihre Kinder war. »Sie meinte es ja nur gut mit uns.« Ich versichere ihr, dass wir nicht an den guten Absichten ihrer Mutter zweifeln, sondern nur herausfinden wollen, wie es Lily wirklich dabei ging, Absichten hin oder her.

Lily suchte nach Liebe in ihrer Kindheit, wo sie konnte. Das führte dazu, dass sie zum Opfer sexuellen Missbrauchs wurde. Dafür gab sie sich selbst die Schuld und teilte ihr Leid mit niemandem, bis zum Tag unseres Treffens. Das Ausmaß ihrer Einsamkeit war wirklich immens. Bemerkenswert waren auch die innere Starre, Verdrängung und Verleugnung ihres Leidens. Meine Spiegelung ihrer Erfahrungen führte nicht zur Einsicht. Sie bestand darauf, dass ihre Kindheit schön war und ihre Mutter alles richtig gemacht hatte.

Die Berufswahl fiel Lily schwer. Das ist nicht verwunderlich, da sie nie ihre eigenen Interessen verfolgen durfte. Statt nach innen zu lauschen, war ihr Blick nur auf die Mutter gerichtet. Ihr fehlten der innere Kompass und die innere Stimme. Als die Schule zu Ende war, wusste Lily nichts mit sich anzufangen. Sie studierte schließlich Betriebswirtschaft und ging dann in die Versicherungsbranche. »Ich dachte, dann werde ich eben wie meine Mama. Sie sah immer so schick aus in ihrem Kostüm.«

Zunächst war das Berufsleben mit seinen Dienstreisen durch Europa eine willkommene Ablenkung für Lily. Sie genoss die hübschen Seiten des Lebens, die ihr keinen seelischen Großeinsatz abverlangten. Als dann jedoch das Baby da war, brach für Lily plötzlich die Welt zusammen, da die Mutterschaft sie wieder mit ihrem Innenleben und mit ihren verdrängten Schmerzen konfrontierte. Je mehr verdrängt wird, desto größer wächst der seelische Schatten und desto brutaler ist die Begegnung mit ihm.

Im Umgang mit ihrer Tochter folgt Lily minutiös dem Vorbild ihrer Mutter. Sie leugnet seine zerstörerische Wirkung. Mehr noch, sie versucht geradezu zu beweisen, dass ihre Mutter alles richtig gemacht hat. Mit dem Wiederholen ihres Verhaltens möchte Lily ihrer Mutter Bestätigung und Liebe geben, in der Hoffnung, im Gegenzug ihre Mutterliebe zu bekommen – eine alte Hoffnung, die leider nicht in Erfüllung gehen kann, da echte Mutterliebe bedingungslos ist. Man muss nichts dafür tun. Wenn Lily einen anderen Umgang mit ihrer Tochter pflegen würde, würde es Kritik am Verhalten ihrer Mutter oder gar Verrat bedeuten. Und das bringt Lily nicht übers Herz. Dafür ist sie sogar bereit, ihre eigene Tochter zu opfern.

Gleichzeitig erwartet Lilys Mutter, dass Lily in ihrer Mutterschaft den gleichen Weg geht wie sie, und übt unverblümt Druck aus. Das ist emotionaler Missbrauch: Wenn Eltern starre Ansichten haben, an die sie blind glauben, die sie nie hinterfragen und nur anhand ihrer Kinder bestätigen wollen, dann benutzen sie ihre Kinder für eigene Zwecke. Sie verwehren ihnen die eigene Entwicklung, die Eigenständigkeit, das Folgen der inneren Stimme. Sie machen aus ihnen wehrlose Diener des eigenen Egos. Die Mutter hatte es auch dringend nötig, um ihren eigenen Schatten zum Schweigen zu bringen. Der aufmerksame Leser hat die Schattenseite der Mutter bereits entdeckt – ihre Ohnmacht, die Kehrseite der Dominanz. Die Ohnmacht zeigte sich deutlich in ihrem Wochenbett und in ihrer apathischen Tochter.

Leider konnte ich Lily nicht helfen. Ihr Widerstand und die Verleugnung waren zu stark. In ihrer Seele ist sie das kleine hilflose Mädchen geblieben, das die Mutter nicht verärgern will. Sie ging anschließend zusammen mit ihrer Tochter in stationäre Behandlung in eine Klinik. Auch da fühlte sie sich nicht besser. Man kann zumindest davon ausgehen, dass das Baby in der Klinik ausreichend ernährt wurde, nur konnte die Kette der Gewalt in der Familie zu dem Zeitpunkt noch nicht unterbrochen werden.

Reflexion:
Mein Verhältnis zu meiner Mutter

Frage dich: Wie ist mein Verhältnis zu meiner Mutter? Bereitet mir ihre Nähe Freude, oder stellt sie eine zusätzliche Belastung dar? Kann ich immer mit ihrer Hilfe rechnen, oder muss ich mich eher um sie kümmern? Falls die Mutter nicht mehr lebt oder nicht präsent ist, welches Bild von ihr trage ich in meinem Herzen? Welche Ähnlichkeiten mit ihr habe ich (erst im Wochenbett oder danach) entdeckt? Erkenne ich das Beziehungsmuster mit ihr auch in anderen Beziehungen?

Leere Gefäße können nichts geben

Im Wochenbett kommt es zur Kollision zwischen den Erwartungen der Mutter und den Forderungen des Babys. Das Verlangen des Babys nach Nähe erscheint fast übermäßig groß, sodass wir anfangen, an seiner Normalität zu zweifeln, und es zu mäßigen versuchen.

Wie bereits beschrieben, begegnen wir der Mutterschaft belastet mit falschen Vorstellungen und verzerrten Erwartungen vom zukünftigen Leben mit dem Kind, die nicht zuletzt auch durch die Konsumindustrie geschürt werden. In der Schwangerschaft treffen wir praktische Vorbereitungen auf den Alltag mit dem Kind und tauchen in die Welt des Konsums ein, mit vielen idealisierten Bildern und Produktversprechungen von einer unbeschwerter Zeit nach der Geburt. Das Angebot der Produkte beeinflusst auch unsere Vorstellungen darüber, was das Kind nach der Geburt wohl brauchen wird. Bei jedem Babyausstatter sehen wir zum Beispiel ein Meer von Gitterbetten, das uns suggeriert, es wäre normal, ein Baby darin schlafen zu lassen. Und dann ist die Überraschung groß, wenn unser Kind dagegen protestiert, weil ein Gitterbett für ein Baby in Wirklichkeit ein Gefängnis der Einsamkeit ist. Ein hübscher Betthimmel ändert daran nichts. Süß sieht es nur im Katalog für Erwachsene aus. Die meisten Beistellbettchen dienen ebenfalls nur als Bettbegrenzung und bleiben leer, weil das Baby auch im Schlaf den direkten Körperkontakt mit der Mutter sucht. Wir Erwachsenen scheuen die Nähe zum Baby. Viele Produkte bedienen diese Angst und zielen auf die Separation – Einzelbettchen, Rüttelstühle, Kinderwagen. Wir gewinnen durch sie einen sicheren Abstand zum Kind. Die breite Produktpalette ist daher nur ein Ergebnis der Wunschvorstellungen der Erwachsenen, der Kultur und der Gesellschaft, in der sie leben. Sie geht an den realen Bedürfnissen des Babys vorbei. Es ist eine Irreführung zukünftiger Eltern, ganz zu schweigen von falschen Investitionen.

So werden wir mit unserem Baby konfrontiert – unvorbereitet und in die Irre geführt. Wir wissen furchtbar wenig darüber, was es wirklich braucht. Dabei wäre das leicht zu wissen, wenn wir nur daran denken, dass das Baby mit den Erwartungen auf die Welt kommt, die gleiche Lebensqualität vorzufinden, die es im Mutterleib erfahren hat: ständigen Körperkontakt, ständige Bewegung, ständige Nahrungszufuhr, ständigen Schutz, ständige Wärme und ständige Mutterpräsenz. Das klingt einfach und einleuchtend, doch es ist unglaublich schwer zu realisieren.

Unser Baby zeigt uns, was es braucht, wenn wir nur auf seine Äußerungen achten. Doch wir verschließen die Augen und glauben lieber der Industrie oder vermeintlichen Fachleuten. Wir schalten unsere persönlichen und kulturellen Vorurteile darüber ein, was einem Baby zusteht und was nicht. Wir vergleichen unser Kind mit anderen Babys. Wir achten darauf, was andere Mütter tun. Wir sind besorgt, was unsere Verwandten und Freunde sagen. Natürlich haben diese immer gut gemeinte Ratschläge parat, die für sie hilfreich gewesen sein mögen, die aber nicht allgemeingültig sind.

Der Grund, warum wir lieber auf andere hören als auf das reale Baby in unserem Arm, ist unsere Unfähigkeit, seinen Bedürfnissen gerecht zu werden. Wir sind erschüttert darüber, wie viel uns das Baby abverlangt, und verleugnen die Natürlichkeit seiner Wünsche: Was, es will schon wieder an die Brust, wo es doch gerade erst getrunken hat? Warum fängt es an zu weinen, kaum dass ich es ablege? Nun wird es doch wohl langsam Zeit, alleine einzuschlafen, oder? Und so weiter. Wir empfinden das Verlangen des Babys als so übermäßig groß, dass wir es nicht einmal im Traum erfüllen können. Es liegt nicht annähernd in der Reichweite unserer Kapazität. Wir glauben, es kann nicht normal sein, und versuchen es irgendwie zu begrenzen. In der Realität kann es schon mal passieren, dass ein Baby zwölf Stunden oder länger an der Brust verbringt, wenn die Mutter das zulässt. So ein Baby ist aber nicht unnormal, sondern gesund, voller Lebenslust und innig mit der Mutter verbunden. Es besteht auch kein Grund, an der Qualität der Muttermilch zu zweifeln, weil die Brust das Kind nicht nur mit Milch versorgt, sondern auch mit Liebe.

Schön zu wissen, sagen Sie, aber ich bin am Ende meiner Kraft. Warum fällt es uns so schwer, dem Verlangen des Babys ohne inneren Widerstand nachzugeben? Es sind nicht Routinen wie Wickeln oder Füttern, die uns zu schaffen machen. Wenn wir über ein Minimum an Kraft und Unterstützung verfügen, werden wir in der Lage sein, das Baby sauber und satt zu halten. Was wir seelisch anstrengend finden, ist die Notwendigkeit, sich ohne Pause kümmern zu müssen und ständig zu geben, mehr zu geben und wieder zu geben, die ganze Zeit nur zu geben und sich selbst erstmals ganz zu vergessen. Wir geben jedes Mal ein Stück von uns ab, wir geben unsere ganze Energie, Liebe und Aufmerksamkeit, sodass für uns selbst gar nichts mehr übrig bleibt. Ein hohes Maß an Altruismus ist in dieser Zeit gefragt. Aber es ist schwer zu geben, wenn wir selbst wenig bekommen haben. Eine Batterie, die nicht aufgeladen ist, kann keine Energie spenden. Man kann nicht aus dem Leeren schöpfen. Es ist also nicht das Baby, das zu viel verlangt. Es sind wir, die zu wenig bekommen haben und jetzt nicht genug geben können.

Vielleicht hat uns unsere eigene Mutter erzählt, wir wären ein pflegeleichtes Baby gewesen, hätten nie Arbeit gemacht oder Probleme bereitet, vom ersten Tag an immer brav im eigenen Bettchen geschlafen und nach der Uhr getrunken. Jetzt, da wir unser eigenes Baby im Arm halten und hautnah erleben, wie viel uns dieses kleine Lebewesen abverlangt, können wir ihre Aussagen nicht mehr unkritisch hinnehmen. Ihre Behauptung kann nur bedeuten, dass wir als reales Kind mit realen

Bedürfnissen nicht wahrgenommen wurden. Sie hat nicht seelisch mit uns fusioniert. Wir wurden alleingelassen, waren unterversorgt, und so blieb unser Liebesfass leer. Erst jetzt merken wir das deutlich: wenn das schreiende Baby uns in Panik versetzt.

Es ist für alle Mütter schwer, für ihr Baby zu sorgen. Doch wenn das Kümmern um das Kind einen titanischen Kraftakt bedeutet oder zum kompletten Nervenzusammenbruch führt, dann ist das ein zuverlässiges Zeichen dafür, dass die eigenen Energiereserven leer sind. Wann werden Energiereserven aufgefüllt? In der frühen Kindheit durch die liebevolle Fürsorge unserer Mutter. Die Unterstützung der Angehörigen im Wochenbett kann leere Energiereserven teilweise kompensieren. Wir sprechen mehr darüber im Kapitel über die Geburt der Familie.

Wie gehen wir mit dem als überdimensional empfundenen Verlangen des Babys um? Entweder schauen wir weg – lassen es schreien, lassen es alleine, stellen uns selbst an die erste Stelle und erwarten von dem Kind, dass es sich an die Welt der Erwachsenen anpasst. Mit anderen Worten: Wir üben Gewalt aus.

Oder wir meinen es gut und tun alles Mögliche, bis wir auf dem Zahnfleisch gehen, weil wir aus dem Leeren schöpfen müssen. Es ist ein unglaublicher Kraftakt, der nur mit Unterstützung der Angehörigen möglich ist. Wenn unser Liebesfass prall gefüllt wäre, dann wäre das Sorgen für das Baby ein Genuss, wie gemeinsames Schweben auf Wolke sieben, umhüllt von Sanftheit und Innigkeit. In Wirklichkeit bleibt das ein Privileg der wenigsten.

Anni: ein Wunschkind mit unerwünschten Folgen

Ich wurde von einer Hebamme aufgesucht. Am Telefon erklärte sie, dass ihre Wöchnerin Anni nicht in der Lage sei, sich um ihr Baby zu kümmern, und dringend Hilfe bräuchte. Ich machte mich umgehend zum Hausbesuch auf.

Ich fand eine junge Frau mit apathischer Körperhaltung und verzweifeltem Gesichtsausdruck vor. Wie ich von ihr erfuhr, lebte sie in einer glücklichen Partnerschaft. Ein gemeinsames Kind hatten sich die beiden gewünscht und sich sehr darauf gefreut. Die Geburt verlief recht unproblematisch, das Baby kam gesund zur Welt – auf den ersten Blick die besten Voraussetzungen für das perfekte Mutterglück. Dem war aber nicht so.

Anni mag das Baby nicht um sich haben und schiebt es am liebsten in sein Bettchen ab. Wenn das Baby mit dem Schreien seine Bedürfnisse signalisiert, bekommt sie einen Tunnelblick. Starke Ablehnung überkommt sie, alles wird zu viel, sie will nur noch weglaufen. Sie kümmert sich wie ferngesteuert um das Kind, stillt es zähneknirschend und legt es schnell wieder ins Bettchen. Und wartet zitternd auf den nächsten Schrei.

Ihr Verstand funktioniert, sie macht sich Sorgen um ihr Kind. Die Emotionen sprudeln jedoch unkontrolliert in die andere, für sie selbst erschreckende Richtung. Sie kann nicht begreifen, warum sie so fühlt. Sie hat sich das Kind doch sehnlich gewünscht, die ganze Schwangerschaft hat sie sich auf ihr Baby gefreut, und plötzlich kann sie es nicht ertragen? Es ergibt keinen Sinn. Die Tatsache, dass sie es nicht verstehen kann, zerstört sie innerlich.

Ich erkläre ihr, dass die Geburt die Seele der Frau »öffnet« und alte Konflikte wiederbelebt. Ihr Empfinden im Wochenbett hängt daher mit ihrer eigenen Biografie zusammen, ganz besonders mit ihrer Kindheit. Sie muss als Kind Dinge erlebt haben, die es ihr heute schwer machen, das Baby zu lieben. Wahrscheinlich sind diese Dinge für sie noch unbewusst. Misstrauisch schaut sie mich an. Sie wisse nicht, was da groß sein sollte. Alles sei bei ihr normal. Angetrieben vom Leidensdruck, erklärt sie sich dennoch bereit, meine Fragen zu beantworten.

Wir machen uns an die Arbeit, und ich führe sie mit meinen Fragen durch ihre Lebensgeschichte. Zunächst erzählt sie, dass sie eine gute Kindheit hatte. Ihre beiden Eltern sind Ärzte, die Familie ist wohlhabend. »Es hat uns an nichts gefehlt.« Bei detaillierten Fragen zum Lebensalltag kommt sie ins Stocken. Es fehlen Erinnerungen. Ihre Kindheit ist wie ausgelöscht. Das ist oft ein Zeichen für besonders schmerzhafte Erfahrungen, die aus Schutz »vergessen« werden. Wir holen uns zur Hilfe ein Fotoalbum und schauen uns gemeinsam Bilder aus ihrer Kindheit an.

Alarmierend erscheint mir, dass Anni bei vielen Fotos unsicher ist, ob die Frau im Bild ihre Mutter ist. (Ich persönlich erkenne meine Mutter schon an ihrem kleinen Finger.) Das heißt, sie hat ein diffuses Bild von ihrer Mutter. Für Anni ist sie eine wenig vertraute Person. Das spricht für ein distanziertes Verhältnis zwischen den beiden und wenig Körperkontakt. Liebevoller Körperkontakt vermittelt Kindern Schutz und Liebe. Er ist eine essenzielle Quelle des Selbstvertrauens bei Kindern. All das fehlte bei Anni.

Nach und nach fallen ihr »Familienanekdoten« ein. Damit bezeichne ich von Eltern nacherzählte Geschichten, die eine schwere Situation zur Lachnummer machen und dadurch verharmlosen. Hier ein Beispiel: »Als ich geboren war«, berichtet Anni, »studierten meine Eltern noch an der Uni. So saß mein Vater nachts in der Küche mit mir im einen Arm und Lehrbuch im anderen«, erzählt sie mit einem Lächeln im Gesicht.

»Tagsüber war ich bei der Oma.« Auf meine Frage, wo ihre Mutter war, weiß sie keine Antwort und schweigt lange. Wahrscheinlich stellt sie sich diese Frage zum ersten Mal. Dann erzählt sie, dass sie, als sie sechs Wochen alt war, komplett in die Obhut der Oma gegeben wurde. Sie schaut ihr Baby an, das auch gerade sechs Wochen alt ist, und gesteht, selbst bei all der Ablehnung, die sie ihrem Baby gegenüber spürt, würde sie es nicht übers Herz bringen, es komplett abzugeben. Sie erkennt, wie viel emotionale Distanz dazu gehört, und wird sehr traurig. (Ich weise an dieser Stelle ausdrücklich darauf hin, dass ich nichts gegen die Beteiligung der Großeltern an der Betreuung der Kinder habe. Hier geht es nur um das subjektive Erleben von Anni.)

Wir treffen uns noch einige Male. Als die Worte emotionale Distanz, Kälte und Einsamkeit zum ersten Mal im Zusammenhang mit ihrer Kindheit fallen, fängt Anni an, sich an immer mehr zu erinnern. Auf einmal werden ihre Erfahrungen mit Worten benannt, so wie sie sie wirklich erlebt hat, nicht wie ihre Eltern sie nacherzählt haben. Das neue Bild ihrer Kindheit fühlt sich stimmig an. Zum ersten Mal ergibt ihre Traurigkeit im Wochenbett für sie Sinn. Durch ihr Baby durchlebt sie ihre eigene Kindheit noch einmal.

So bekommt Anni ein ganz anderes Bild von sich selbst, als zu Beginn unserer Treffen. Eine Erinnerung trifft sie besonders. Als Teenager riss sie für mehrere Tage von zu Hause aus und verbrachte diese Tage mehr oder weniger auf der Straße. So unerträglich muss für sie die Anfeindung zu Hause gewesen sein, und sie hatte es tatsächlich fast »vergessen«. An diesem Abend erreicht ihre Trauer den Höhepunkt. Ihr Mann steht ihr glücklicherweise zur Seite. Das Mitgefühl zu bekommen, das so lange ausstand, ist die ersehnte Entlastung, auch wenn dieses Mitgefühl nicht von der geliebten Mutter stammt.

Das Verhältnis zur ihrer Mutter verändert sich zum Besseren. Sie weiß, dass ihre Mutter aus einem strebsamen und wenig liebevollen Umfeld stammte, in dem man nicht schwach sein durfte, sondern zu funktionieren hatte. Sie ist emotional abgestumpft, um keinen Schmerz zu spüren. Annie versteht allmählich die emotionale Kälte ihrer Mutter und nimmt sie weniger persönlich. Es ist die Kette der Gefühlslosigkeit, die von Generation zu Generation weitergegeben wurde. Und jetzt ist es Zeit für Anni, diese Kette zu durchbrechen.

Von da an strahlte Anni mit jedem Treffen mehr. Ihre Gesichtsfarbe erfrischte sich, ihre Haare flossen geschmeidig um die Schultern. Beim letzten Treffen hielt sie ihr Baby die ganze Zeit im Arm und hörte nicht auf, von ihm zu schwärmen. Sie strahlte Liebe aus und bemitleidete Menschen, die dieses Mutterglück nicht erleben können. Ihr wurde klar, dass sie an diesem Schicksal nur haarscharf vorbeigeglitten war.

Nachforschung: Mein Start ins Leben

Suche ein Gespräch mit deiner Mutter und lass sie erzählen, wie sie die Geburt und das Wochenbett mit dir erlebt hat. Jetzt, wo du selbst Mutter bist, kannst du ihr genaue Fragen stellen. Falls die Mutter nicht da ist oder ein Gespräch mit ihr unmöglich ist, aus welchen anderen Quellen kannst du mehr über deinen Start ins Leben erfahren? Können Verwandte helfen? Geben Fotoalben Hinweise? Forsche nach.

Fehldiagnose Wochenbettdepression

Es wird offensichtlich, dass die junge Mutter im Wochenbett auf ihre Angehörigen verändert wirkt. Die dramatischen Veränderungen in ihrem Innenleben und die seelische Verschmelzung mit ihrem Baby schimmern nach außen durch. Dadurch wirkt die junge Mutter auf andere, als wäre sie nicht sie selbst – sie ist übersensibel, gereizt und nicht immer fröhlich. Ihre Sensibilität trifft auf Unverständnis bei den Angehörigen, besonders wenn diese nur in Schwarz-Weiß denken und mit Widersprüchlichem nicht umzugehen wissen: Wenn das Baby gesund ist, gehört es sich doch, fröhlich zu sein! Da muss man doch nicht weinen.

Angehörige sorgen sich um die Wöchnerin und glauben, sie sei nicht normal oder womöglich psychisch krank. Das Wort Wochenbettdepression hat in der letzten Zeit Schlagzeilen gemacht, nachdem das Stimmungstief nach der Geburt kein Tabu mehr ist. Es ist der einzige geläufige Begriff in unserem Vokabular (zusammen mit »Babyblues« als mildere Variante), den wir mit negativen Gefühlen im Wochenbett in Zusammenhang bringen. Nun sind wir sehr schnell dabei, eine Wochenbettdepression bei jeder Mutter zu diagnostizieren, die im Wochenbett traurig oder übersensibel ist. In den meisten Fällen ist die Mutter aber nicht krank. Vielmehr erlebt sie etwas ganz Natürliches, das die Geburt mit sich bringt – die Begegnung mit ihrem seelischen Schatten und mit ihrem inneren Kind.

Diese Begegnung mit den verborgenen Teilen des eigenen Ichs liegt in der Natur der Mutterschaft. Nach dem gefühlsmäßigen Vulkanausbruch der Geburt setzt im Wochenbett die Gegenbewegung ein – der Sog nach innen. Die Wahrnehmung verändert sich. Geräusche, Gerüche und Gefühle werden differenzierter wahrgenommen. Sie lösen etwas in uns aus, berühren uns tief und setzen innere Bilder frei. Das Zeitempfinden verändert sich auch. Gegenwart und Vergangenheit vermischen sich. Was vor langer Zeit passiert ist, wird so aktuell, als wäre es gestern geschehen.

Das Wochenbett ist wie ein tiefes Gewässer, das ruft, lockt und gleichzeitig abschreckt. Es macht neugierig auf neue Entdeckungen und schürt die Angst, den festen Boden unter den Füßen zu verlieren. Beide Gefühlsrichtungen ringen miteinander. Wir wissen, auf dem Meeresboden gibt es Schätze, aber auch Gefahren. Sicherheit gibt es am Ufer. Die Bewegungen nach vorne und nach hinten wechseln sich ab. Das ist natürlich, denn auch wenn wir einen Schritt nach vorne machen wollen, müssen wir uns zunächst ein wenig nach hinten bewegen.

Das Baby führt uns zu den tiefen Gewässern. Seine Nähe ist wichtig. Wir müssen zusammen sein, sooft wir können, um von der Reise in Fülle zu profitieren. Wenn wir längere Zeit zusammen verbringen, gehen wir in Resonanz mit ihm und begeben uns auf seine Wellenlänge, die anders ist als die der Erwachsenen. Damit wir mit unserem Baby mitschwingen können, müssen wir bereit sein, die rationale Welt des Verstandes für eine Weile zu verlassen. Es kann sich zunächst merkwürdig anfühlen und auf Angehörige befremdlich wirken. Besonders wenn diese glauben, dass die Rationalität die einzig existierende Realität wäre, und krampfhaft versuchen, die Wöchnerin in der konkreten Welt zu verankern. Aber auch viele Mütter halten die rationale Welt für die bessere, die einzige, die Beachtung verdient. Sie verachten alles Schwammige oder »Esoterische« und versuchen mit aller Kraft, rational zu bleiben.

Wenn wir zu diesen Müttern gehören, dann verhalten wir uns im Wochenbett und in unserer Beziehung zum Baby nach gewohnten rationalen Mustern – wir wiegen und messen, leben nach der Uhr, planen und gestalten minuziös, um bloß nicht in den Strudel chaotischer Gefühle zu geraten, in die uns das Baby zu ziehen droht. Termine halten uns beschäftigt und lassen den Gefühlen keinen Raum. Und doch kann uns unerwartet eine einfache Frage von Angehörigen oder Freunden aus der Fassung bringen. Diese Reaktion zeugt vom seelischen Kampf zwischen innen und außen, zwischen Licht und dem Schatten, zwischen Gefühlen und Verstand.

Wenn uns ein geregeltes Erscheinungsbild schon immer wichtig war, versuchen wir auch nach der Geburt, die perfekte Fassade aufrechtzuerhalten. Doch das kostet uns viel Anstrengung. Jetzt sind Kräfte im Spiel, die wir nicht kontrollieren können. Die Spannung wächst vom Tag zu Tag. Und dann, in einem Moment, wenn uns die Alles-ist-gut-Fassade besonders wichtig wird – zum Beispiel während des Besuchs der Schwiegereltern, die vielleicht ebenfalls auf Äußerlichkeiten bedacht sind, zwischen Kaffee und Kuchen, vor den Augen aller Anwesenden –, wird der Druck unerträglich groß, sodass die Fassade zu bröckeln beginnt. Bis wir dem Druck nicht mehr standhalten und alle Masken fallen. Ein Wasserfall an Tränen bricht aus uns heraus, wischt die Schminke weg und lässt den Besuch in Windeseile verschwinden.

Mit anderen Worten: Wie vor der Geburt zu sein ist unmöglich. Das würde bedeuten, Teile von uns zu verleugnen. Wie früher sein zu wollen gleicht dem Versuch, nur mit einem Bein weiterlaufen zu wollen. Krisen erlauben uns, neue Seiten von uns zu entdecken und zu integrieren. Es ist eine Bereicherung, die Vervollständigung unseres Ichs und daher eine Chance für persönliches Wachstum. Was wir brauchen, ist liebevolle Unterstützung, um auf die Reise zu gehen, um uns auf die neuen Lebensumstände einzulassen und uns fallen zu lassen. Wir brauchen die Erlaubnis, die gesamte Bandbreite unserer Gefühle ausleben zu dürfen. Damit wir uns verändern können.

Tränen bedeuten daher nicht zwangsläufig eine Depression, sondern eine alte Traurigkeit, die lange unbewusst war und endlich ihren Ausdruck findet. Eine echte Depression zeichnet sich durch tiefe Apathie, Handlungsstarre, empfundene Ausweglosigkeit und ein durchgehendes Gefühlstief aus, das keine hellen Phasen mehr zulässt. Damit eine echte Depression im Wochenbett ausbricht, muss es bereits vor der Geburt ernsthafte depressive Phasen gegeben haben, eine als extrem traumatisch erlebte Geburt vorliegen oder schwerer Missbrauch vor oder während der Geburt. In den meisten Fällen erleben Wöchnerinnen »lediglich« die Begegnung mit ihrer Vergangenheit.

Die Fehldiagnose Wochenbettdepression macht aus der vitalen und wichtigen Lebenskrise der Mutter eine Krankheit – diese Pathologisierung darf nicht sein. Und der Umgang mit Krankheiten ist in der westlichen Kultur distanziert, das heißt, wir betrachten Krankheiten als etwas von außen Kommendes, etwas, das nicht zu uns gehört. Die Bezeichnung »Erkrankung« entzieht den Gefühlen ihre Zugehörigkeit zu der Frau, die sie erlebt. Sie nimmt ihr die Verantwortung, als wäre sie von der Krankheit wie von einem plötzlichen Regenschauer erwischt worden, der nichts mir ihr zu tun hat. Daraus resultiert die Behandlungserwartung, an der sie nicht beteiligt ist, nach dem Motto: »Macht ihr mal, dass es weggeht.«

Die Begegnung mit dem seelischen Schatten ist jedoch eine Begegnung mit sich selbst. Sie ist eine Möglichkeit, sich zu vervollständigen, ehrlicher und facettenreicher zu werden. Viele Frauen entdecken nach der Geburt neue Talente oder greifen Tätigkeiten auf, die sie als Kinder geliebt haben. Viele kehren nie wieder an ihren alten Arbeitsplatz zurück, sondern finden endlich ihre wahre Berufung.

»Jedem Anfang wohnt ein Zauber inne, der uns beschützt und der uns hilft zu leben«, hat Hermann Hesse einmal geschrieben. Das Wochenbett kann diese zauberhafte Zeit sein, wenn wir nur zulassen, dass es so ist.

Behandlung mit Psychopharmaka kann die Seele nicht heilen

Eine alarmierende Praxis zeichnet sich ab: die Behandlung der Wöchnerinnen mit Psychopharmaka. Junge Mütter berichten, dass sie auf ihrer Suche nach Hilfe im Wochenbett in Kliniken leichtfertig Medikamente verschrieben bekommen, ohne dass ihnen Fragen zur Vorgeschichte gestellt wurden. Dieses Vorgehen erstaunt sogar die Betroffenen, weil sie spüren, dass es nicht die Lösung sein kann.

Manchmal wird die Behandlung mit Psychopharmaka von eigenen Angehörigen nahegelegt. Wenn die Mutter nach der Geburt nicht rasch wieder funktioniert, wenn ihre Stimmung schwankt und sie kein Mutterglück ausstrahlt, dann schürt das die Verunsicherung der Familienmitglieder. Sie erwarten, dass sie der gleiche Mensch bleibt, der sie vor der Geburt war. Ihre Veränderung beunruhigt, da sie die gewohnten Beziehungsmuster in der Familie infrage stellt. Eine Mutter, die ihrem seelischen Schatten begegnet, zwingt alle in ihrer Umgebung dazu, sich ebenfalls ihrem eigenen Schatten zu stellen. Das kann eine Zerreißprobe für die Familie werden, denn nicht jeder ist dazu bereit.

So entsteht zu Hause mitunter ein nervenzehrender Kampf – zwischen dem Alten und dem Neuen, zwischen der Veränderung und dem Verharren, zwischen Aufklärung und Verleugnung. Im schlimmsten Fall, wenn der Widerstand der Angehörigen zu groß ist, wird die junge Mutter für krank erklärt und mit der schon erwähnten Wochenbettdepression stigmatisiert. Eine schnelle »Lösung« des Problems liegt auf der Hand – Psychopharmaka. Das Rezept fliegt leichtfertig über den Tisch des Psychiaters, die Wöchnerin wird ruhiggestellt, und alle atmen erleichtert auf.

Natürlich werden Frauen nicht zwangsbehandelt. Es ist auch die eigene Verunsicherung, die uns dazu bewegt, die Familienmitglieder nicht verärgern zu wollen und doch lieber alles beim Alten zu lassen. Hier hat die fehlende Unterstützung und die Unwissenheit der Angehörigen eine verheerende Wirkung. Aus Angst vor Ablehnung und Isolation stimmen wir der Behandlung zu.

Welche Wirkung hat nun aber die Behandlung der Mutter im Wochenbett mit Psychopharmaka? Diese starken Medikamente schalten die unbewussten Regungen der Seele aus. Sie klemmen den Draht zur subtilen Parallelwelt der Emotionen ab und machen sie inexistent. Die Begegnung mit dem seelischen Schatten findet nicht statt. Dies situiert die Mutter wieder in der konkreten Welt und lässt sie wie vorher erscheinen – geordnet, kontrolliert und fröhlich, zur Beruhigung aller Angehörigen. Sie kann wieder funktionieren. Die Frau weint nicht mehr, der Alltag kehrt zur »Normalität« zurück. Nur, mit dem Ausbleiben der Schmerzen und Tränen verliert sich auch deren heilsame Wirkung. Wo keine Aufarbeitung stattfindet, da gibt es auch keine Veränderung und kein persönliches Wachstum. Alles bleibt wie gehabt.

Die Kosten des vermeintlichen Friedens sind sehr hoch: Wir entfernen uns vom eigenen Kind – dem Wesen, das uns, wie wir immer behaupten, am wichtigsten ist. Die Lust, mit seiner

Wellenfrequenz zu schwingen, verschwindet. Wir sind zwar in der Lage, es zu versorgen, aber wir verlieren die Fähigkeit, uns emotional mit unserem Baby zu verbinden, mit ihm seelisch zu verschmelzen und es intuitiv zu spüren. Das Stillen bricht ab, und mit ihm gehen die körperliche Nähe, das Zusammensein jenseits von Raum und Zeit, die Innigkeit, die Sanftmut und die süße Verschmelzung verloren.

Psychopharmaka erschweren die psychotherapeutische Aufarbeitung oder machen sie komplett unmöglich. In stationären Kliniken werden zwar Versuche praktiziert, mit medikamentös behandelten Frauen psychotherapeutisch zu arbeiten, aber dies können nur Bemühungen sein, die auf der Ebene des Funktionierens im Alltag bleiben. Der Zugang zum seelischen Schatten mit seinen Verletzungen des inneren Kindes bleibt verwehrt. Damit können die schmerzvollen Erfahrungen nicht aufgearbeitet und nicht angenommen werden. Wir mögen zwar mithilfe von Psychopharmaka über die dunkelsten Tage des Wochenbetts hinwegkommen, unsere seelische Konflikte werden aber geduldig auf die nächste Krise warten und sich dann wieder zeigen. So findet nur eine Aufschiebung des Problems statt, eine wirkliche Lösung wird nicht herbeigeführt.

Erleben Väter das Gleiche?

Wir alle kennen Geschichten von Vätern, die mit ihren schwangeren Frauen aus Solidarität oder durch eine mysteriöse Verbindung zunehmen. Manche Eltern lassen ironische Fotos von sich aufnehmen, auf denen sich der Babybauch der Mutter und der Bierbauch des Vaters gegenüberstehen. Die Ähnlichkeit der Bäuche wirkt verblüffend. Was ist dran an diesen Angleichungen? Was erlebt der Vater, während seine Frau einen gewaltigen seelischen »Trip« durchmacht? Wird er in den Sog der tiefen Gewässer des Wochenbetts mit hineingezogen, bleibt er ein unbeteiligter Beobachter, oder fühlt er sich von den Veränderungen seiner Frau sogar abgeschreckt?

Bei während der Geburt anwesenden Vätern lässt sich eine erhöhte Oxytocin-Konzentration nachweisen. Das Hormon der Liebe vermehrt sich also auch im männlichen Körper, obwohl der Vater den Geburtsschmerz nicht empfindet, sondern »nur« mit seiner Frau mitfühlt.

Auch während des Wochenbetts produzieren Väter weniger Testosteron und mehr Oxytocin. Sie entwickeln dadurch mehr weibliche Energie und dämpfen ihre männliche Libido. Das kommt ihren Frauen sehr entgegen, denn ihre Libido ist im Wochenbett fast ausschließlich auf das Baby fixiert. Sie sind nicht verfügbar für Sex wie früher im Sinne von heißer Verführung, spontaner Eroberung oder energischen Bewegungen. Eventuelle Geburtsverletzungen belasten sie noch, und lustvolle Empfindungen spielen sich jetzt im Bereich der Brüste ab.

Es empfiehlt sich daher, das Intimleben des Paares während des Wochenbetts zu »feminisieren«, das heißt, sanfter und ruhiger zu gestalten. Ausgedehntes Liebkosen und viele Streicheleinheiten füllen das Liebesfass und die Energiereserven der Mutter wieder auf. Penetration ist in dieser Lebensphase dagegen eher überflüssig. Sex sollte jetzt darauf ausgerichtet sein, im geschützten Rahmen zärtlich zueinander zu sein. Er soll heilen und nicht verletzen, Energie geben, statt sie zu verbrauchen. Diese Umpolung des Intimlebens kann eine Bereicherung für das Paar werden. Vor allem kann sie dem Mann erlauben, sich selbst in neuen Qualitäten kennenzulernen und seinen weiblichen Seiten mehr Raum zu geben.

Trotz dieser Annäherung liegt der krasse Unterschied zwischen der Mutter und dem Vater auf der Hand. Der Körper des Vaters bleibt unverändert und unversehrt mit dazugehörigem konstantem Spiegelbild und dem bekannten Kleiderschrank. Der Körper seiner Frau dagegen durchlebt Höhen und Tiefen – eine starke hormonelle Veränderung durch die Schwangerschaft, ein geschwächtes Immunsystems, um den Embryo nicht abzustoßen, dramatische Gewichtszunahme in kurzer Zeit, Bewegungseinschränkungen im Alltag, eventuelle Schwangerschaftsbeschwerden oder Geburtsverletzungen und die Grenzerfahrung der Geburt.

Diese körperlichen Veränderungen hinterlassen ihre Spuren natürlich auch in der Seele. Einige Frauen fühlen sich mit dem Babybauch schön und vielleicht zum ersten Mal im Leben so richtig weiblich. Sie tragen ihren Bauch mit Stolz und genießen ihre Rundungen. Andere dagegen fühlen sich durch die starke Gewichtszunahme unförmig und unattraktiv bis hin zu Schamgefühlen. Der Körper gerät förmlich aus den Fugen, und man kann wenig dagegen ausrichten. Die Seele dehnt sich mit. Es braucht viel seelische Elastizität, um bei dermaßen verändertem Körpergefühl immer noch bei sich selbst zu bleiben. Die Alltagsbewältigung wird zur Herausforderung. Die innere Spannung steigt zum Ende der Schwangerschaft immer mehr, bis hin zur wuchtigen Entladung während der Geburt, die einen Riss im Körper und in der Seele hinterlässt.

Väter erleben diesen Riss nicht. Ihr Körper und ihre Seele bleiben unversehrt. Auch wenn die Elternschaft für den Mann und die Frau eine neue Seite aufschlägt, wird das Vaterwerden nicht zur stärksten Lebenskrise des Mannes.

Man kann sagen: Die Erfahrung des Reißens bleibt ein Privileg der Frauen. Und sie verändert sie für immer.

Die Frau erlebt während und nach der Geburt eine intensive Begegnung mit ihrem seelischen Schatten. Diese Begegnung bleibt für den Vater nicht aus, sie gestaltet sich nur weniger brutal und eher indirekt – durch seine Frau. Wenn die Mutter ihrer Vergangenheit begegnet, so zieht das Kreise. Alle Menschen in ihrer näheren Umgebung werden davon innerlich bewegt. Auch sie werden dazu »eingeladen«, sich ihrem seelischen Schatten zu stellen. Der Vater erinnert sich vage an seine eigene Kindheit, wenn er sein Kind in den Armen hält. Die Beziehung zu seinen Eltern kommt dabei auf den Prüfstand, doch das geschieht nicht in der gleichen Intensität wie bei der Mutter.

Der Vater erlebt die bewegende Zeit seiner Frau hautnah mit, ihre Verwandlung und Verzweiflung, ihr höchstes Glück und die brennende Hölle. Nun ist seine Fähigkeit gefragt, der ganzen Bandbreite ihrer Gefühle Raum zu geben. Er soll sie nicht verurteilen und nicht auffordern, wie früher zu sein. Das kann sie nicht. Wenn er innerlich ruhig bleibt, kann ihr das Stütze sein und dabei helfen, schrittweise zur alten »Normalität« zurückzufinden.

Väter erleben den Persönlichkeitsverlust, unter dem Mütter in der ersten Zeit so sehr leiden, nicht. Sie büßen die äußeren Quellen ihrer gewohnten Identität nicht ein. Sie gehen weiter zur Arbeit, die ihnen Anerkennung gibt und zu einem positiven Selbstwertgefühl verhilft. Sie bekommen Geld am Ende des Monats – den materiellen Beweis ihrer Leistung. Während der Rund-um-die-Uhr-Einsatz der Frauen unsichtbar und unentlohnt bleibt.

Die Freundschaften und sozialen Kontakte des Mannes bleiben bestehen, da er sich nicht verändert hat und nach wie vor im Kontakt mit der Außenwelt steht. Er kann weiterhin unter Erwachsenen sein, erwachsene Gespräche führen und Dinge tun, ohne im Hinterkopf wachsam sein zu müssen oder ständig abgelenkt zu werden.

Er behält seine Freizeit – ein kostbares Gut, um das es viel Streit gibt. Frauen beneiden ihre Männer dafür, dass diese allein aus dem Haus gehen können und Zeit ganz für sich haben. Während sie sich nicht einmal erlauben können, zur Toilette zu gehen und die Tür hinter sich zu schließen. Die Freizeit gibt dem Vater die Möglichkeit, für sich selbst zu sorgen und verbrauchte Energiereserven aufzuladen, die in der ersten Zeit mit dem Kind so sehr gebraucht werden. Frauen haben diese Möglichkeit meist nicht. Und aus dem Nichts zu geben ist schwer.

Außerdem muss der Vater nicht die ganze Zeit geben, auch wenn es ihm vielleicht so vorkommt. Wir alle tun für die Familie das Maximum dessen, was in unseren Kräften steht. Die väterlichen seelischen Ressourcen werden nicht so extrem auf den Prüfstand gestellt wie die der Frau. Wenn sie stillt, stellt sie ihren Körper Tag und Nacht zur Verfügung. Sie gibt Wärme, Schutz, Energie, Kraft, Aufmerksamkeit, ihre gute Laune und ihre ganze Liebe für das Kind. Sie gibt alles, was sie vorher war, auf und muss sich komplett neu erfinden.

Der Vater behält zudem die Fähigkeit, rational zu denken. Das Gefühl, verrückt zu werden und nicht mehr zu wissen, wer er ist, bleibt ihm erspart. Er kann sich auf seine Urteilskraft jederzeit verlassen und den Alltag souverän meistern.

Und nicht zuletzt er ist ein Mann in der Männerwelt von heute. Das heißt, er lebt im Einklang mit der dominierenden maskulinen Energie, was ihm jeden Tag das Gefühl gibt, Herr der Lage zu sein.

Und das ist gut so, denn während seine Frau in die tiefen Gewässer des Wochenbetts abtaucht, soll er auf der Oberfläche bleiben und die Verbindung zur konkreten Welt halten. So entlastet er seine Frau letztlich auch.

Mutterqualitäten sind für das Auge unsichtbar

In Deutschland beobachte ich wenig Solidarität unter Müttern, umso mehr Neid, Gehässigkeit und Pöbelei. Es wird ständig verglichen: Schafft sie es besser als ich? Kann mein Kind schon mehr als ihres? Man erlebt abschätzende Blicke am Spielplatz oder neugieriges Hereinschauen in vorbeifahrende Kinderwagen. Mütter wirken irgendwie latent gereizt; es gehört nicht viel dazu, um sie auf hundertachtzig zu bringen. Harmlose Ansprachen werten sie oft als Kritik und geraten schnell in die Defensive.

In Spanien, wo ich meine erste Tochter bekommen habe, war das anders. Das Krankenhaus in meiner Nähe öffnete seine Türen für junge Mütter mit Kindern von null bis ca. zwölf Monaten für eine »Mütterwerkstatt« einmal pro Woche. Eine Hebamme namens Nuria leitete die Gruppe. Sie stand in einer ruhigen Ecke für Fragen zur Verfügung. Ein Programmangebot gab es nicht. Nurias Zauberformel hieß »mit Liebe und Geduld«. So war ihre Antwort auf die meisten an sie gerichteten Fragen oder Probleme. Ihre Art war eher mitfühlend und bemutternd, weniger sachlich beratend. Nie hat sie eine Mutter kritisiert oder verbessert.

Die Mütter schöpften daraus vor allem Selbstvertrauen. Sie unterhielten sich miteinander, stillten und spielten mit ihren Kindern. Befreit von externen Erwartungen und Kritik, fanden sie intuitiv ihren Weg in die Mutterrolle. Mir geht heute noch das Herz auf, wenn ich an Nuria und all die Mütter aus der Umgebung denke, die mir bei den ersten Schritten ins Muttersein im fremden Land so viel Halt und Unterstützung gegeben haben.

Dabei taten sie nichts Besonderes. Sie leisteten sich gegenseitig kleine Hilfen im Alltag, trafen sich zu gemeinsamen Spaziergängen, tauschten sich über Sorgen und Freuden aus und urteilten nicht. Dadurch, dass die Kinder ein leicht unterschiedliches Alter hatten, konnte man die bevorstehende Entwicklung des eigenen Babys ein wenig vorwegnehmen und sich damit trösten, dass etwaige Schwierigkeiten bald von alleine verschwinden würden. Die herzliche Unterstützung, feminine Energie, Solidarität und das Angenommenwerden ebneten mir den Weg für meine Selbstsuche als Mutter. Vielleicht war es sogar der erste Schritt zu diesem Buch.

Auch beiläufige Begegnungen mit Passanten auf der Straße oder in öffentlichen Verkehrsmitteln waren von liebevollem Mitgefühl durchdrungen. Gesellige Omas im Bus bewunderten offenkundig meine kleine Tochter und verteilten großzügig Komplimente für meine Geduld im Umgang mit ihr. Kaum eine Frau auf der Straße ignorierte mein Baby, überall gab es liebevolle Blick, rührende Bemerkungen oder spontane Hilfe, wenn ich welche brauchte. Diese kleinen liebevollen Gesten summierten sich zu einem großen Schatz – sie brachten das Beste aus mir hervor.

In Deutschland erleben wir hingegen einen Kurse-Wahn. Schon die Bezeichnung Kurs impliziert, dass man sich als Mutter und Baby eine gewisse Kompetenz aneignen kann, die einen Nutzen bringt. Der Unterton der Kurse ist pragmatisch, und man kann viele von ihnen unter dem Titel zusammenfassen: »Wie mache ich was richtig?« Diese Kurse vermitteln das Gefühl, wenn die Mutter nur alles richtig macht, dann versäumt sie nichts in der Erziehung und tut das Beste für ihr

Kind. Die Absicht mag aller Ehren wert sein. Doch die Kurse täuschen etwas vor, nämlich, dass Mutterschaft eine Ansammlung von Tricks ist, die erlernbar sind. Der Aktionismus der Kursbesuche lenkt auch von etwas ab, was für das Leben mit Kind viel wichtiger ist – nämlich von dem inneren Drama jeder einzelnen Mutter.

Das innere Drama der Mutter ist der wahre Drahtzieher in der Beziehung zwischen ihr und dem Kind. Es ist das Drama ihrer Kindheit, ihrer Beziehung zur eigenen Mutter, ihrer Stellung in der Familie, ihrer Überlebensstrategie im Familienwirrwarr und dessen, was sie getan hat, um geliebt zu werden. Kein Kurs der Welt kann einer Mutter helfen, mit diesem Drama fertigzuwerden, weil es ihr unbewusst ist. Nur mithilfe von »Spiegeln« kann sie ihr Gesicht sehen, in der Begleitung von liebevollen und ehrlichen Menschen kann sie auf die Reise gehen, mit viel Innenschau und Neugier an den Kern ihres persönlichen Dramas gelangen. Leider lassen wir uns lieber von leicht konsumierbaren Kursbezeichnungen beeindrucken und setzen auf sichtbare Erfolge. Wir lenken uns lieber mit Aktivitäten ab und machen uns vor, dass wir schon sehr viel für unser Kind tun.

Doch wenn wir einen Moment innehalten und überlegen, womit wir bei anderen Müttern angeben wollen, dann wird unser dominantes Thema spürbar. Ist es Disziplin oder Kreativität, Durchsetzungsfähigkeit oder Harmoniesucht, Großzügigkeit oder Abgrenzung, an der Spitze zu stehen oder möglichst nicht aufzufallen? Jede Mutter hat ihre Themen, die sie prägen und antreiben. Diese Themen behandeln wir auch in der Beziehung zu unserem Kind.

In der Summe lassen sich dominante Themen beobachten, die in unserer Gesellschaft weit verbreitet sind. Es ist vor allem die Tendenz, die vermeintliche Selbstständigkeit des Kindes als Erfolgsbeweis der eigenen Erziehungsstrategie zu präsentieren. Wir geben damit an, dass unser Baby schon alleine einschläft, dass es im eigenen Bettchen schläft oder sogar im eigenen Zimmer. Als wären unsere Bemühungen darauf gerichtet, uns so schnell wie möglich wieder frei zu machen, um das Leben wie früher zu genießen. Als wollen wir uns vom eigenen Kind nicht unterkriegen lassen. Und wer das schafft, ist dann zu beneiden.

Es gibt natürlich auch die Gegenbewegung, die auf Tragen, Stillen und Familienbett setzt und den engen Kontakt mit dem Kind betont. Nichts davon ist verkehrt. Es gibt nur einen Denkfehler: das Tragen, das Stillen oder das Co-Sleeping werden mit guter Mutterschaft gleichgesetzt. Und wenn man genau hinschaut, sind die Internetforen der Anhänger dieser Fraktion nicht weniger mit Problemberichten gefüllt als die Foren konventioneller Eltern. Auch dieser kinderfreundliche Umgang garantiert kein unbeschwertes Mutterglück.

Eine Mutter, die nicht stillt, ist nicht automatisch eine schlechte Mutter, wenn sie nach Gründen für diese Unfähigkeit in ihrer Seele sucht und ihre Aufarbeitung anstrebt. Vielleicht realisiert sie, dass die Heilung der seelischen Blockade mehr Zeit in Anspruch nehmen wird als die Stillzeit ihres Babys. Daher ist die Flasche für sie nur eine kleine Abhilfe. Gleichzeitig kann eine Mutter, die stillt, sehr wohl für manche ihrer Schattenseiten blind sein und ihr Kind emotional missbrauchen. Es gibt eben Äußerlichkeiten – das, was wir sehen –, und es gibt das Innenleben jeder Mutter mit ihrem Drama und der Selbstsuche, die für uns Außenstehende verborgen bleiben. In das Innenleben können wir nicht hineinschauen, und wir benutzen die Äußerlichkeiten leider zu schnell zum Urteilen. Die wahren Mutterqualitäten sind für das Auge unsichtbar. Üben wir uns also lieber in Milde.

Stillen ist Lieben

Wenn vom Stillen die Rede ist, dann denken wir meist an wertvolle Nährstoffe, ob nach Bedarf oder nach der Uhr gestillt wird oder bis zu welchem Alter ein Baby gestillt werden soll. Wir reden davon, ob es gut funktioniert oder nicht geklappt hat. Der Start in die Stillzeit auf der Wochenbettstation gestaltet sich oft chaotisch, junge Mütter bekommen von verschiedenen Betreuern widersprüchliche Anweisungen zum Anlegen und sind völlig verwirrt, wie sie nun »richtig« stillen sollen. Ob die Milch fließt, entscheidet sich jedoch nicht auf der technischen Seite des Stillens. Etwas anderes entscheidet – die Liebe.

Stillen, genau wie die Geburt, ist ein Teil der weiblichen Sexualität und mit dem Liebesakt verwandt. Bei einem wahren Akt der Liebe geht es vor allem darum, zusammen zu sein. Ihn kann man nicht bemessen oder perfektionieren, nicht bewusst gestalten oder reglementieren. Es ist nicht wichtig, in welcher Position, wie lange oder wie oft man liebt, sondern *dass* man liebt. Zwei Körper verschmelzen, bilden eine Einheit, schwingen zusammen im Rhythmus des Lebens und lassen sich von ihm tragen.

Ähnlich ist es auch beim Stillen. Die Körper der Mutter und des Babys finden zueinander, verbinden sich in Zärtlichkeit und bilden eine Einheit. Die Flüssigkeit fließt von einem Körper zum anderen, und die Liebe zueinander wächst. Nicht umsonst produziert die Mutter beim Stillen sogar größere Mengen Oxytocin als bei einem sexuellen Höhepunkt.

Wir können in Frieden stillen, wenn wir uns von Vorurteilen frei machen, die kulturellen Vorstellungen über Richtig oder Falsch hinter uns lassen und unserer wilden, ungezähmten Seite freien Lauf geben. Das Wilde und Natürliche macht uns Frauen lebendig, gesund und stark. Es verbindet uns mit der Mutter Erde, setzt ungeahnte Energien frei und bringt die Milch zum Fließen. Beim Stillen wie bei der Geburt sind wir wie wilde Säugetiere und den Katzen, Hündinnen oder Löwinnen ähnlicher als kultivierten Menschen. Wir verbringen viel Zeit entblößt. Die Haare sind ungeordnet, der Blick zu unserem Baby ist voller Zärtlichkeit und Liebe. Wir lassen unseren Köper zum sicheren Hafen werden für dieses kleine, hilflose und uns so sehr brauchende Wesen, das sich anschmiegt und an uns saugt.

Das Baby saugt nicht nur die Milch, die aus Proteinen, Vitaminen und Antikörpern besteht. Die Milch ist viel mehr als nur ein besseres Nahrungsmittel, und sie stillt nicht nur den körperlichen Hunger. Muttermilch ist auch Wärme, Süße, Verbindung, Zuspruch, Sicherheit, Kommunikation und Liebe. Es wäre unsinnig, dem Baby all das zu verweigern, weil es angeblich schon satt ist, oder aus Angst, es zu verwöhnen. Wenn das Kind nach der Brust verlangt, dann ist es ähnlich, wie wenn wir um eine Umarmung bitten. Wie fühlt sich es an, wenn der Partner sagt: »Jetzt nicht!«? Stillen ist keine Mahlzeit, sondern ein Liebesbeweis für das Baby.

An sich saugen zu lassen bedeutet, ein Stück von sich zu geben, oder mehr noch, sich vom Baby nehmen zu lassen, so viel es braucht, nicht wie es uns angemessen erscheint. Wenn eine Diskrepanz entsteht zwischen dem, was das Baby verlangt, und dem, was wir bereit sind zu geben, dann liegt es sicher nicht am übertriebenen Verlangen des Babys. Kein Baby verlangt zu viel. Seine Bedürfnisse sind natürlich und angeboren. Unsere Interpretationen sind dagegen kulturell verzerrt, und unsere Fähigkeit zu geben ist durch die fehlende Liebe im Kindesalter zerstört worden.

Das Stillen ersetzt in der ersten Zeit nach der Geburt die Nabelschnur. Die Versorgung durch die Nabelschnur im Mutterleib war permanent, und so soll auch die Versorgung durch die Brust im Wochenbett sein – permanent, wie ein Fluss, der nicht aufhört zu fließen. Beim Stillen sind wir mehr denn je ein Teil der Natur. Stillen ist keine technische, sondern eine energetische Aktivität. Die Energie kommt aus unserem Herzen, durchströmt unseren Körper und fließt mit der Milch zum Baby.

Was hilft also konkret, die Milch zum Fließen zu bringen und eine glückliche Stillbeziehung entstehen zu lassen? Zunächst – ähnlich wie beim Liebesakt – brauchen wir Zeit, Ruhe und Intimität, um uns kennenzulernen und anzunähern. Es sollen keine störenden Faktoren auftreten wie laute Geräusche, Ablenkung, Nebentätigkeiten oder neugierige Blicke. Ein Raum für zwei soll geschaffen werden, jenseits der Zeit und der konkreten Welt. Geduld ist der Schlüssel. Das Baby soll Gelegenheit haben, von unserem Körper stimuliert zu werden, durch seinen Geruch, durch die Berührung, durch die Wärme und unseren Herzschlag. All das erinnert das Kind an die Zeit im Mutterleib und hilft, sich zu öffnen.

Damit die Milch fließt, ist es wichtig, die körperliche Nähe zum Baby nicht zu unterbrechen und so oft wie möglich zusammen zu sein, auch und vor allem während des Schlafens. Die energetische Verbindung bricht im Schlaf nicht ab. Das Baby nährt sich auch im Schlaf von der mütterlichen Energie. Es streckt sein Ärmchen aus und sucht den Kontakt zu Mutter. Auch sie schläft in Anwesenheit des Babys leichter und sorgt auch nachts für es. Gemeinsames Schlafen unterstützt das Stillen und schützt das Baby vor dem plötzlichen Kindstod, weil es seine Bindung zur Mutter stärkt, ohne die es sich haltlos fühlt. Jedes Neugeborene verlangt nach Präsenz der Mutter, auch beim Schlafen – aus gutem Grund. Es ist natürlich, gesund und gibt ihm Sicherheit. Das Anlegen in der Nacht ist leicht, wenn das Baby in unmittelbarer Nähe ist. Die Mutter muss nicht aufstehen und kann weiterdösen. Alle Säugetiere tun es, nur der Mensch hat Bedenken.

Leider ist das gemeinsame Schlafen mit dem Baby stark tabuisiert in unserer auf Distanz und Autonomie getrimmten Gesellschaft. Den Eltern wird suggeriert, dass sie ihr Kind durch plötzlichen Kindstod gefährden, wenn sie ihr Baby zu sich ins Bett nehmen. Studien werden so angelegt, dass sie Ergebnisse hervorbringen, die kulturelle Vorurteile bestätigen.* Dabei ist genau das Gegenteil der Fall. Babys sterben alleine, vor Einsamkeit, an der Totenstille und Bewegungslosigkeit um sich herum. Ihre Lebenslust lässt durch die fehlende Zuwendung nach. Kein gesundes Baby stirbt plötzlich in den Armen seiner Mutter, angelegt an die Brust. Es ergibt einfach keinen Sinn. In anderen Kulturen der Welt ist gemeinsames Schlafen von Mutter und Kind selbstverständlich. Nur in den westlichen Industrieländern wollen wir nicht mit Babys schlafen. Der wahre Grund dafür ist nicht, dass es gefährlich ist, sondern dass wir die Nähe fürchten, besonders, weil wir im Schlaf wehrlos sind.

Stillen oder Nichtstillen ist keine Fähigkeit sondern eine Entscheidung. Und wie jede Entscheidung ist es eine Festlegung für eine Sache und gleichzeitig gegen eine andere. Wenn uns persönliche Freiheit immer wichtig war, dann wird es schwierig sein, sie mit dem Stillen in Einklang zu bringen, denn um stillen zu können, müssen wir auf ein autonomes Leben eine Zeit lang verzichten. Der Körper einer stillenden

* James J. McKenna, Helen L. Ball, and Lee T. Gettler: »Mother–Infant Cosleeping, Breastfeeding and Sudden Infant Death Syndrome: What Biological Anthropology Has Discovered About Normal Infant Sleep and Pediatric Sleep Medicine«, YEARBOOK OF PHYSICAL ANTHROPOLOGY 50: S.133–161 (2007)

Mutter gehört ihr nicht allein. Wir müssen uns zur Verfügung stellen, wenn das Baby es braucht, nicht wenn es uns recht ist. Und wir müssen uns wohl damit fühlen, sonst wird die Stillzeit zum Krampf, der schnell endet. Jede Mutter muss für sich entscheiden, wo ihre Prioritäten liegen. Es ist nur wichtig zu wissen, welche Konsequenzen jede Entscheidung mit sich bringt.

Seelische Sicht auf Stillprobleme

Die meisten Stillberatungsversuche richten sich auf das »technische« Bewerkstelligen des Stillens, das heißt auf die Optimierung von Anlegetechniken oder Positionen. Und bleiben daher ohne Erfolg. Unsere Fähigkeit zu stillen ist natürlich und angeboren, da wir Säugetiere sind. Wir müssen das Stillen nicht lernen, sondern uns nur daran erinnern. Jede Mutter kann stillen, wenn sie sich dazu entschließt. Wenn es zu Stillproblemen kommt, dann ist es die Seele, die im Weg steht. Wir reduzieren eine stillende Mutter bloß auf zwei Brüste, die Milch produzieren, und vergessen, dass eine stillende Mutter ein Mensch ist, der Dinge erlebt und Gefühle hat. Stillprobleme entstehen nicht in den Brüsten. Der Körper ist nur eine Projektionsfläche der Seele und macht durch seine Äußerungen die Seele sichtbar. Gefühle, die wir in uns nicht wahrhaben wollen, finden ihren Weg nach außen durch den Körper.

Stillprobleme spiegeln generell das Verhältnis der Mutter zum Nehmen und zum Geben. Das Nehmen im Sinne des Annehmens ihrer selbst und des Kindes, das Verhältnis zum eigenen Körper und zur eigenen Sexualität sowie das grundlegende Gefühl des Angenommenwerdens, das wir während der frühen Kindheit verinnerlicht haben. Das Geben im Sinne der altruistischen Fähigkeit, Wünsche des Kindes vor die eigenen Wünschen zu stellen. Die Fähigkeit zu geben ist ein Teil unserer mütterlichen Qualität.

In Stillproblemen zeigen sich versteckte Konflikte der Mutter in Bezug auf sich selbst und ihr Kind. Die Stärke der Konflikte spiegelt sich im Schweregrad der Symptome wider. Die folgenden Darstellungen einiger konkreter Stillprobleme sind nur allgemeine Umschreibungen. Die persönliche Bedeutung kann in jedem einzelnen Fall variieren. Die Beschreibung soll vor allem als Anregung dienen, sich Fragen zu stellen und über eigenes Erleben und Verhalten zu reflektieren.

Wunde Brustwarzen

Wunde Brustwarzen bekommen fast alle Mütter in den ersten Tagen der Stillzeit. Man schiebt es gewöhnlich auf die Umstellung des Gewebes. Wunde Brustwarzen entstehen, wenn das Baby nur an der Spitze der Brustwarze saugt und nicht das ganze Areal mit dem Mund umfasst. Wenn das Baby den Mund nicht weit genug öffnet, dann passt die Brustwarze nicht tief genug hinein. Das unproduktive Saugen verletzt die Brustwarze, und das beherzte »Anbeißen« mit weit geöffnetem Mund in die prall gefüllte Brust bleibt aus. Auch die Mutter scheint etwas zögerlich und bietet dem Baby nicht die ganze Brust, sondern nur ihre äußerste Spitze an, als würde sie noch eine gewisse Distanz bewahren und statt der Hand nur einen Finger ausstrecken. Dieses meist harmlose Symptom gehört zum Start der Stillzeit, wenn wir noch Berührungsängste haben und etwas unentschlossen sind. Es legt sich meist von alleine, wenn wir mehr Sicherheit gewinnen und dem Baby erlauben, aus dem Vollen zu schöpfen.

Nicht genug Milch

Obwohl es längst zum Allgemeinwissen gehört, dass die Nachfrage des Babys die Milchproduktion reguliert, höre ich immer wieder von Müttern, dass sie nicht genug Milch haben und zufüttern müssen. Hier haben wir es offenbar mit Verleugnung zu tun.

Die Brust produziert Milch, wenn ein Baby daran saugt. Wenn es mehr saugt, produziert die Brust mehr Milch, und wenn kein Baby daran saugt, bildet sich die Milch zurück. So einfach funktioniert der Mechanismus der Milchproduktion.

Was lässt uns also denken, dass die Milch nicht ausreicht? Wenn das Baby nach dem Stillen weint? Okay, was passiert, wenn wir es wieder anlegen? Wahrscheinlich wird das Baby wieder saugen oder nuckeln oder nur an der Brust sein wollen. Das ist legitim. Wir erinnern uns, dass Stillen keine Mahlzeit ist, sondern auch Nähe und Sicherheit gibt. Beim Stillen geht es nicht nur ums Trinken, sondern auch darum, zusammen zu sein. Die Milch ist die Beruhigung, die Sicherheit, die Wärme und das schöne Gefühl, bei der Mama zu sein. All das braucht das Baby genauso sehr wie die physische Nahrung.

Das heißt: Nicht die Milch ist zu knapp, sondern unsere Geduld, unsere Bereitschaft zu geben, unsere Verfügbarkeit und der Platz in unserem Herzen. Nicht genug Milch bedeutet nicht genug Liebe.

Kein Baby verlangt zu viel. Seine Bedürfnisse sind natürlich und angeboren. Wir sind dagegen durch die Kultur verzogen und durch unsere eigene Kindheit verletzt. Wenn wir nicht geben können, dann müssen wir nach Unterstützung suchen und die Heilung unserer seelischen Wunden anstreben.

Das Baby will zu oft an die Brust

Hier mischen sich das subjektive Empfinden von Zu-viel-verlangt mit den kulturellen Vorstellungen von Säuglingsernährung. Vor noch nicht allzu langer Zeit galt es als Norm, Babys nur alle vier Stunden zu füttern – aus heutiger Sicht eine Hungerration, deren Schäden wir nur schwer einschätzen können.

Heute beobachten wir, dass ein nach Bedarf gestilltes Baby durchschnittlich etwa alle zwei Stunden gefüttert werden möchte. Um ein Baby alle drei Stunden zu füttern, muss es schon »hingehalten« werden. Und mit dem Alle-4-Stunden-Plan lassen wir es eindeutig hungern.

Und was ist, wenn ein Baby jede Stunde oder öfter an die Brust möchte? An sich ist das ein positives Zeichen. Es bedeutet, dass das Baby mit uns verbunden ist. Das Kind signalisiert Lebenslust und sucht unsere Nähe. Nur, das wird uns Müttern zu viel. Wir wollen uns auch mal ausruhen und etwas Zeit für uns haben. Und genau da liegt der Hund begraben. Wir empfinden das Stillen als Arbeit – als anstrengende Arbeit. Wir stillen maschinell und ohne Seele. Wir müssen uns zusammenreißen, um das Baby an uns heranzulassen.

Die treibende Kraft zum Stillen ist hier der Verstand, der sagt, dass die Muttermilch die Gesundheit des Babys fördert. Es gelingt uns jedoch nicht, mit dem Baby zu »tanzen«, das heißt, mit ihm in Lust und Zärtlichkeit zu verschmelzen, die Zeit zu vergessen, mit ihm zusammen zu sein und seine Nähe zu genießen. Wir wollen es stattdessen so schnell wie möglich wieder »abschütteln«.

Das Baby versucht den fehlenden Kontakt zu uns wiederherzustellen, indem es sich öfter meldet. Es kämpft gegen unsere Bemühungen an, auf Distanz zu gehen. Und je unerträglicher das Stillen für uns wird, je verärgerter wir sind, desto öfter wird das Baby die Brust verlangen, weil es unsere Nähe sucht.

Leider neigen wir zur umgekehrten Reaktion. Wir entfernen uns noch mehr vom Kind. Wir versuchen es zu »erziehen«, ihm häufiges Anlegen abzugewöhnen. Wir verweigern ihm die Brust und halten es hin. Das macht die Sache noch schlimmer. Das Baby wird versuchen, mit allen Mitteln das zu bekommen, was es braucht. Und wenn es auf einem Wege nicht gelingt, dann auf einem anderen, wie zum Beispiel durch Erkranken.

Stattdessen könnten wir auf seine Signale hören und ihm das gewähren, was es verlangt – die Nähe. Wir könnten versuchen, das Stillen als einen intimen und zärtlichen Liebesakt zu erleben, uns die Zeit zu nehmen, an unserem Baby zu riechen, es zu bewundern, die Weichheit seiner Haut zu spüren, den Körperkontakt Haut an Haut zu genießen. Ohne zu drängeln und ohne zu bestimmen, sondern mit der Neugier darüber, was passiert.

Das Baby nimmt nur eine Brust an

Hier zeigt sich eine Ambivalenz der Gefühle oder Wünsche. Oft ist es ein Konflikt zwischen eigenem Wunsch und fremden Erwartungen. Ein Teil von uns möchte eigene Vorstellungen mit dem Kind verwirklichen. Ein anderer Teil empfindet Loyalität zu den Angehörigen und kann sich fremden Erwartungen nicht entziehen.

Es können auch unsere widersprüchliche Wünsche sein, die wir nicht unter einen Hut bekommen, wie zum Beispiel der Wunsch, bei dem Kind zu sein, und der Wunsch, wieder arbeiten zu gehen. Das Baby spiegelt unsere seelische Ambivalenz durch sein Verhalten wider, indem es eine Seite akzeptiert und die andere ablehnt.

Die Seitenpräferenz kann uns wertvolle Hinweise zur Bedeutung der Symptomatik liefern. Die linke Brust ist mit unserer rechten Gehirnhälfte verbunden. Sie steht für Emotionalität, Kreativität und gehört tendenziell in den Bereich der Mutter. Die rechte Brust ist mit der linken Gehirnhälfte verbunden. Sie ist für rationales Denken und Sprache zuständig. Sie gehört tendenziell in den Bereich des Vaters. Je nachdem, welche Brust das Baby annimmt oder ablehnt, können wir erkennen, was wir selbst unbewusst annehmen und was nicht.

Grundsätzlich ist es möglich, das Baby nur mit einer Brust zu ernähren. Viel wertvoller ist es jedoch für das weitere Leben als Mutter, auf die Selbstsuche zu gehen, um die Sprache des Symptoms zu verstehen.

Das Baby lehnt die Brust generell ab

Dieses Symptom widerspricht scheinbar der Natur und dem angeborenen Selbsterhaltungstrieb. Denn durch die Nahrungsverweigerung bringt sich das Baby selbst in Lebensgefahr. Physiologisch gesehen ist es ein Paradox. Bei einem gesunden Baby besteht dazu auf der Körperebene kein Grund. Die Ursache ist seelischer Natur.

Wir erinnern uns an die seelische Fusion zwischen der Mutter und dem Baby in den ersten Monaten nach der Geburt. Das Baby erlebt alle Gefühle der Mutter wie seine eigenen, weil es seelisch gesehen noch ein Teil von ihr ist. Das heißt, wenn das Baby die Brust ablehnt, stellt sich die Frage: Welche Seiten des Babys kann die Mutter nicht annehmen? Genauso berechtigt ist die Frage: Welche Teile von sich selbst kann die Mutter nicht akzeptieren? Die Ehrlichkeit ist in diesem Fall sehr schwer und die Kraft der Verdrängung groß. Es bedarf professioneller Unterstützung, um diese Gefühle bewusst zu machen und zu verarbeiten.

Das Wertvollste, was die Mutter ihrem Baby zu bieten hat – ihre Milch –, nimmt das Kind nicht an. Es dreht das Köpfchen weg und macht den Mund nicht auf. Für die Mutter ist das sehr frustrierend, und sie fühlt sich zutiefst abgelehnt. Damit legt das Kind seinen Finger genau auf den wunden Punkt seiner Mutter – die Ablehnung, womit es die Wut der Mutter auf sich richtet und sichtbar macht. Dabei kann unser Baby unser engster Verbündeter sein. Wenn wir in unserer Selbstsuche weiterkommen, erleben wir das Paradies der bedingungslosen Akzeptanz, die wir so sehr vermisst haben. Unser Baby nimmt uns so an, wie wir sind: Charaktermacken verzeiht es leicht. Ihm sind die Größe und die Form unserer Brüste egal. Unser unvollkommener Körper ist sein sicherer Hafen und der schönste Platz auf Erden. Unsere Arme tragen es, unsere Lippen küssen es. Unsere Stimme ist die schönste Musik in seinen Ohren. Es kann befreiend und heilend sein, von unserem Baby gebraucht und bedingungslos angenommen zu werden, wenn wir es zulassen.

Das Baby nimmt nicht zu

Wenn ein Baby nicht zunimmt, dann braucht es in erster Linie mehr Muttermilch. Es muss häufiger und für längere Zeit angelegt werden. Es darf kein Zweifel an der Qualität oder Menge der Muttermilch aufkommen. Bei häufiger Stimulation durch das Saugen des Babys wird mehr Milch produziert.

Doch nicht nur durch die Milch alleine gedeiht das Kind. Es lebt auch von der Kommunikation mit der Mutter, vom liebevollen Kontakt zu ihr, vom Getragenwerden, vom Liebkosen und von der Stimulation seiner Lebenslust durch die konstante Mutterpräsenz. Ihre Berührung, ihre Stimme, ihr Geruch, ihr Herzschlag und der Augenkontakt fördern die Entwicklung des Babys.

Zu den Grundbedürfnissen des Babys gehört die exklusive Zeit mit der Mutter, während der es ihre ungeteilte Aufmerksamkeit genießt. Die exklusive Zeit erlaubt dem Baby, das unsichtbare Band der seelischen Fusion mit der Mutter zu stärken und zu intensivieren. Mutter und Baby brauchen genügend Zeit für sich, in der sie ohne störende Faktoren und ohne weitere Personen zusammen sein können.

Es ist schwer, diese Bedingung umzusetzen, wenn weitere Kinder in der Familie leben, die uns ebenfalls brauchen. Doch wir müssen kein schlechtes Gewissen haben, ältere Kinder an außerhäuslichen Aktivitäten teilnehmen zu lassen, wenn sie selber Interesse daran signalisieren. Ab dem geeigneten Alter profitieren sie mehr von Erlebnissen in der Außenwelt als vom endlosen Warten auf die Mutter zu Hause, die mit dem Neugeborenen beschäftigt ist.

Milchstau

Manchmal kommt es bei einem ungünstigen Liegen auf der Seite dazu, dass die Milch durch das Saugen des Babys zwar produziert wird, es aber nicht nach außen schafft. Sie staut sich in der Brust. Diese wird groß und hart.

Schon die Symbolik dieses Symptoms spricht eine deutliche Sprache. Die Brust ist von Natur aus etwas Weiches. Sie symbolisiert Bemutterung, Fürsorge und Weichheit. Verhärtungen im Körper spiegeln generell auch seelische Härte wider. Es kann sein, dass wir uns in Bezug auf das Kind oder uns selbst auf etwas versteifen, dass wir stur und unnachgiebig sind. Möglicherweise möchten wir Härte zeigen, dem Baby etwas nicht geben oder im Kampf mit ihm nicht nachgeben. Vielleicht kommen uns bestimmte Entwicklungen des Kindes nicht gelegen, und wir möchten sie nicht unterstützen. Milchstaus gehen oft mit der schon beschriebenen Problematik einher, dass das Baby subjektiv empfunden zu oft an die Brust möchte.

Um den Stau zu lösen, müssen wir das Kind besonders oft an die betroffene Brust anlegen, um die Milch wieder in Fluss zu bringen. Das Symptom zwingt uns daher dazu, das zu tun, wogegen wir uns ursprünglich gewehrt haben. Es zwingt uns, die mentalen Schranken aufzuheben, um wieder weicher und nachgiebiger zu werden.

Brustentzündung (Mastitis)

Wenn sich der Milchstau nicht lösen kann und Keime durch kleine Hautverletzungen an der Brustwarze in den Körper eindringen, entzündet sich die Brust. Die Entzündung betrifft genau wie der Milchstau meistens nur eine Brust. Die Brust erwärmt und rötet sich. Es kommt zu Fieber. Wir empfinden Schmerzen im Bereich der Brustwarze. In besonders schweren Fällen kommt es zur Abszessbildung.

Brustentzündung ist vielleicht die schwerste Komplikation beim Stillen. Die Intensität der Beschwerden deutet auf einen starken unbewussten Konflikt hin. Dieser Konflikt betrifft nicht mehr nur das Stillen an sich, er schließt unsere ganze Person mit ein. Das wird am Symptom des Fiebers deutlich. Das Stillproblem kann nicht mehr lokal gelöst werden. Es steigt sozusagen aus der Brust aus und mobilisiert durch das Fieber unseren ganzen Organismus.

Im Begriff »Entzündung« wird der Kern des Problems sichtbar. Ein Brandherd geht in Flammen auf. Eine Spannung, die sich über längere Zeit aufgebaut hat, geht in den offenen Konflikt über. Dieser Konflikt ist uns natürlich unbewusst, sonst hätte er sich nicht durch den Körper zeigen müssen. Auf der Körperebene liegt die Analogie zum Kampf nahe: Die eingedrungenen Keime werden durch die Antikörper des Immunsystems bekämpft. Durch das Fieber beschleunigt sich der Stoffwechsel, der ganze Körper ist an der Bekämpfung des Eindringlings beteiligt. Am Brandherd bildet sich Eiter, der nach außen dringt, um die Spannung zu entladen.

Um diesen tief gehenden Konflikt bewusst zu machen, bedarf es idealerweise professioneller Hilfe. Aber wir können uns Fragen stellen, die unser Seelenleben durchleuchten: Welche Spannung halte ich nicht länger aus? Welche Konflikte versuche ich mit aller Kraft zu vermeiden? Was bringt mich seelisch zum Explodieren? Was wird mir zu viel? Was hindert mich daran, Konflikte offen zu konfrontieren? Welchen inneren Kampf führe ich gerade? Welche Rolle spielt dabei das Kind?

Alina: Das Baby lehnt die Brust ab

Alina und ihr Baby stellten mich vor ein Rätsel. Seit der Geburt weigerte sich das Neugeborene, an der Brust zu trinken. Das Baby war gesund und ohne körperliche Beeinträchtigungen auf natürliche Weise auf die Welt gekommen. An der Brust weinte es jedoch nur und unternahm keine Trinkversuche. Die ersten Tage verliefen im Kampf. Alina wollte sehnlich ihr Baby mit der Muttermilch ernähren und versuchte alles, doch es klappte nicht. Das Baby steigerte sich rein und weinte immer stärker an der Brust. Von ruhigem Kuscheln konnte nicht die Rede sein. Auch Alina war verzweifelt und wusste nicht weiter. Sie machte sich große Sorgen, weil ihr Baby stark abgenommen hatte. Die Stillberaterin in der Mütterberatungsstelle wusste auch keinen Rat und bereitete erst einmal eine Flasche mit künstlicher Babynahrung zu. Das Baby trank aus der Flasche, alle waren beruhigt. Doch Alina war unglücklich. So hatte sie sich den Anfang ihrer Mutterschaft nicht vorgestellt.

Das Verhalten ihres Babys machte physiologisch keinen Sinn. Das Baby brachte sich selbst in Lebensgefahr, sein Selbsterhaltungstrieb schien wie ausgeschaltet, denn das Saugen an der Mutterbrust ist für ein Neugeborenes überlebenswichtig. Auch wenn das Baby nun aus der Flasche trank und außer Lebensgefahr war, blieb die Frage »Warum?« unbeantwortet. Das Baby konnte ja trinken, nur nicht von der Mutterbrust.

Alina fühlte sich abgelehnt und hatte Schuldgefühle: Was hatte sie nur falsch gemacht? Ich erklärte ihr, dass es unbewusste seelische Konflikte geben müsse, die zwischen ihr und dem Baby stünden und den Fluss der Muttermilch störten. Wir machten uns auf die Suche, um herauszufinden, was das Baby seelisch daran hinderte, die Brust seiner Mutter anzunehmen.

Von außen sah alles gut aus: Alina zeigte ein liebevolles Verhalten ihrem Baby gegenüber und bot ihm viel Körpernähe an. Sie trug es im Tragetuch, schlief mit dem Baby zusammen im Familienbett und war im Umgang mit ihm aufmerksam und voller Wärme. Auch Alinas Mutter war, ihren Erzählungen zufolge, fürsorglich und liebevoll und hat Alina lange gestillt. Mütterliche Energie musste also in Fülle vorhanden sein. Etwas anderes unterbrach den Energiefluss und stand wie ein mächtiger Damm im Weg. Es fehlte ein wichtiges Informationsstück – etwas, was nicht gesagt und nicht erwähnt wurde. Nur das Baby sprach eine deutliche Sprache – umso deutlicher und lauter, je mehr der Rest es verschwieg.

Wie ein Detektiv musste ich mein Suchgebiet erweitern und Hypothesen aufstellen. Eine wichtige Hilfe, die die Suchrichtung in solchen Fällen bestimmt, ist die Gewissheit, dass das Baby dank des Phänomens der seelischen Symbiose die unbewussten Gefühle seiner Mutter spiegelt – etwas, was die Mutter selbst nicht realisiert. Wenn das Baby also die Brust seiner Mutter ablehnte, musste es etwas an dem Baby geben, was seine Mutter nicht annehmen konnte. Was könnte es sein, dachte ich mir? Und wie können wir es herausfinden, wenn es nicht mal der Mutter selbst bewusst ist? Alina sagte ja, wie jede Mutter auch, dass sie ihr Baby lieben würde, so, wie es war.

In unser erweitertes Suchfeld bezogen wir die Herkunftsfamilien mit ein. Es stellte sich heraus, dass die Familiengeschichte mütterlicherseits seit Generationen von schmerzhaften Trennungen der Eltern geprägt war, bei denen Kinder sehr leiden mussten. Bei schlimmen Streitereien der Eltern wurden Kinder mit ihrer Angst alleingelassen, ohne Schutz und Aufsicht. Sie waren die großen Verlierer dieser Trennungen. Die zweitgrößten Verlierer im Streit waren die Männer. Ihnen wurde die Schuld für jegliches Unheil in der Familie in die Schuhe geschoben. Sie wurden immer für das Leiden der Frauen und Kinder verantwortlich gemacht. Es zieht sich wie ein roter Faden durch die Generationen, dass Frauen in dieser Familie ihre Männer als minderwertig und unnütz abtun. Schon als kleines Mädchen musste sich Alina immer wieder von ihrer Mutter und Oma anhören, dass Männer im Leben nichts taugen. Und Alinas Vater? Ihn hat Alina nie kennengelernt. Schon während der Schwangerschaft haben sich Alinas Eltern getrennt, die Spuren ihres Vaters sind verwischt. Keiner weiß, wo er lebt, nicht einmal, ob er noch am Leben ist. Alina war mit dem Gefühl groß geworden, dass man den Vater nicht brauchte, um glücklich zu sein. Es sei keine Mühe wert, den Kontakt zu ihm zu suchen. Alina hatte sich damit abgefunden und lebte in dem Glauben, ihr fehle nichts. Bis zu dem Zeitpunkt, als sie Mutter wurde. Denn ihr Kind war ein Sohn, ein Junge, ein Mann, »einer von der Art« ihres Vaters und aller Männer, die in der Familie seit Generationen abgestoßen wurden.

Wir arbeiteten von nun an mit der Hypothese, dass es für Alina schwierig ist, das Geschlecht ihres Kindes zu akzeptieren.

Ich fragte Alina, wie sie vom Geschlecht ihres Kindes erfahren hatte. Sie antwortete: »Beim Ultraschall. Es war ein Schock! Ich war mir aus irgendeinem Grund sicher, dass ich ein Mädchen bekommen würde, und ich habe bis zur Geburt gehofft, dass es ein Fehler war. Doch bei der Geburt war dann die Hoffnung endgültig geplatzt. Mit der Zeit habe ich mich damit abgefunden, dass ich einen Sohn habe. Ich habe mir eingeredet, dass es so besser sei. So wird es wenigstens nicht eine weitere Frau in der Familie geben, die von unwürdigen Männern so verletzt wird wie meine Oma oder meine Mutter.« Das heißt: Das, was Alina sich »wegrationalisiert« hatte, blieb als unbewusster Konflikt in ihrem Schatten hängen. So spiegelte ihr Sohn ihr die unbewusste Ablehnung, die sie wohl allen Männern der Welt entgegenbrachte. Sie lehnte in ihrem Sohn aber vor allem ihren Vater ab, den sie nie als würdigen Vater und als einen legitimen Teil von sich selbst akzeptieren konnte. Das Väterliche in Alina durfte nicht sein, es hatte keinen Platz und keine Existenzberechtigung. Ein Teil in ihr war leer, unausgefüllt, gehemmt und verboten. Diesen Teil hielt Alina nun in ihren Armen. Und er brüllte und dockte nicht an.

Die Größe des Konflikts war immens. Er war existenziell und zentral bestimmend, wer Alina war und wie sie durchs Leben ging. Entsprechend schwer war es, diesen Konflikt in der kurzen Zeit zu lösen, damit das Stillen klappte. In Wirklichkeit war es nicht nur ein Stillproblem. Es zeigte sich nur beim Stillen besonders akut. Es betraf viel größere Bereiche ihres Lebens – ihre Beziehung zum Vater, ihre Beziehung zum Sohn und ihre Beziehung zum Lebenspartner – und alle anderen Bereiche des Lebens, die in Berührung mit männlicher Energie kommen, auch Sexualität und Beruf. Alina fielen immer mehr Hinweise dafür ein, dass ihr Umgang mit dem Männlichen gestört war – ein Zeichen für die Richtigkeit unserer Hypothese. Das Bewusstmachen des Konfliktes war der erste wichtige Schritt auf dem Weg der Besserung. Der zweite logische Schritt wäre es, den Zugang zum Vater zu finden – sowohl zur realen Person mit Ecken und Kanten, die irgendwo lebt und zu Alina gehört, als auch zum Väterlichen in Alina als unabdingbarem Teil ihrer Seele und ihrer Identität. Alina wurde bewusst, dass diese große Aufgabe ihr ganzes restliches Leben füllen könnte.

Und Alinas Lebenspartner? Ihren Partner beschrieb Alina als »grundsolide. Er würde uns niemals verlassen.« Sie lächelte dabei, da sie den Grund für ihre Partnerwahl nun selbst erkannte.

Fragen, die wir uns bei Stillproblemen stellen können

Wie ist mein Körpergefühl? Bin ich mit meinem Körper im Reinen? Wie reagiere ich auf Berührung? Wurde ich als Kind genug berührt und liebkost? Wurde ich liebevoll oder gewaltsam berührt? Bereitet mir körperliche Nähe seelische Schmerzen? Was lasse ich an mich heran, was nicht?

Was hindert den Fluss der Milch? Welche anerzogenen Vorurteile verklemmen mich? Habe ich Angst vor meiner wilden, ungezähmten Seite? Kann ich meine Sexualität frei ausleben? Was geschieht, wenn ich ihr freien Lauf gebe? Kann ich mich fallen lassen, die Zeit vergessen und mit jemandem ohne Absicht und Zweck einfach nur zusammen sein?

Wie viel kann ich geben? Fällt es mir schwer, mich um jemanden zu kümmern? Wie viel habe ich bekommen? Bekomme ich heute genug Unterstützung? Muss ich mich um zu viele Dinge kümmern, die andere übernehmen könnten? Fühle ich mich einsam?

Wie wichtig ist mir meine Selbstbestimmtheit und persönliche Freiheit? Lasse ich mich binden? Kann ich verbindlich sein? Kann ich mich festlegen? Können sich andere auf mich verlassen?

Geburt einer Familie

In heutiger Zeit ist es schon fast außergewöhnlich, wenn die Familie der jungen Eltern in der Nähe lebt und in der Zeit des Wochenbetts Hilfe leisten kann. Viele von uns leben weit von ihren Elternhäusern entfernt. Nicht selten leben junge Familien alleine in der Großstadt, zurückgezogen in ihrer kleinen Wohnung. Sie können mit keiner Hilfe rechnen und sind auf sich gestellt. Die Anonymität der Großstadt mag für junge ungebundene Menschen ein Vorteil sein, die einen Beruf lernen, ihre Hobbys ausleben oder auf der Partnersuche sind. Die gleiche Umgebung zeigt jedoch ihre Kehrseite, wenn aus einem Paar eine Familie wird.

Es braucht ein Dorf, um ein Kind großzuziehen, besagt ein Sprichwort. Das bedeutet nicht unbedingt, dass ein ganzes Dorf mit einem Kind alle Hände voll zu tun hat. Es bedeutet für mich vor allem, dass eine stabile Kette der Unterstützung aus vielen Menschen aufgebaut wird. Das Bild der Kette zeigt, dass sich nicht alle Menschen um das Kind kümmern müssen. Das tut vor allem die Mutter. Andere Menschen, wie der Partner, Großeltern oder die erweiterte Familie, sorgen wiederum für die Mutter, damit sie ihr Kind versorgen kann. Im Wochenbett brauchen wir unbedingt Unterstützung sowohl praktischer als auch emotionaler Natur, weil Mutterschaft und Elternschaft generell eine Krise ist, die man nicht alleine durchstehen kann.

Die Realität ist jedoch eine andere. Vor allem die Mütter fallen nach der Geburt in ein Loch der Einsamkeit. Ihre Freundinnen, die noch keine Kinder haben, belächeln sie, ihre Arbeitskollegen sehen sie nicht mehr, der Mann geht nach der kurzen Pause wieder zur Arbeit, und ihre Familie lebt viele Kilometer weit entfernt in einer anderen Stadt oder vielleicht sogar in einem anderen Land.

Einsamkeit ist aber eine denkbar schlechte Voraussetzung für eine erfüllende Wochenbettzeit. Man könnte nun argumentieren, dass das Baby der Mutter ständige Gesellschaft leistet. Sie ist doch nie alleine. Frauen, denen es gelingt, mit dem Baby schon sehr früh zu kommunizieren und es nicht bloß zu versorgen, sind tatsächlich besser dran. Für die meisten von uns ist der plötzliche Wechsel von der Erwachsenenwelt zur Babywelt jedoch zu krass. Die seelische Regression macht es uns leichter, uns auf die neue Wellenfrequenz einzustimmen, doch wir können uns nur fallen lassen, wenn wir sicher sind, dass ein Netz aufgespannt ist.

Wir brauchen im Wochenbett Menschen, die uns helfen, die uns Gesellschaft leisten, die das Vertrauen in unsere mütterlichen Qualitäten haben und uns seelisch unterstützen. Wir können diese intensive, fordernde und verwirrende Zeit nicht alleine durchstehen. Doch nicht die bloße Präsenz der Menschen hilft. Man kann sich auch im Menschengetümmel sehr einsam fühlen, denn Einsamkeit ist in Wirklichkeit das Gefühl, dass uns niemand versteht. Einige Menschen wollen wir im Wochenbett erst gar nicht um uns haben. Das sind Menschen, die uns kritisieren, die uns nicht akzeptieren oder uns Energie rauben, statt uns welche zu geben. Vielleicht müssen wir uns jetzt zum ersten Mal im Leben eingestehen, dass wir Hilfe brauchen und nicht mehr alleine zurechtkommen.

Was braucht eine Mutter im Wochenbett?

Der Start in die Mutterschaft ohne einen zuverlässigen inneren Leitfaden ist schwer und beängstigend. Die meisten von uns haben wenig von der eigenen Mutter darüber erfahren, worauf es beim Muttersein ankommt. Die knappen Erzählungen waren wahrscheinlich mit Vorurteilen und mit der Rechtfertigung eigener Handlungen überschattet. Zu Beginn der Mutterschaft wissen wir daher wenig über die große Bedeutung der Bindung zwischen Mutter und Kind und über die verheerende Wirkung ihrer Abwesenheit. Wir sind unbedarft, wissen wenig mit unserem Baby anzufangen, kennen seine Bedürfnisse nicht, spüren keinen instinktiven Drang, der uns leitet. Der Mutterinstinkt kommt nicht auf. Das Stillen stockt.

Früher führten die weisen Frauen – selber erfahrene Mütter – die Wöchnerin sanft in die Welt der Mutterschaft. Sie befeuerten in ihr die Quelle der femininen Energie, vermittelten das essenzielle Wissen und stärkten ihr Selbstvertrauen. Heute sind wir in alldem auf vermeintlich kompetente Ratschläge von Fachleuten angewiesen, die im Grunde nur die Werte der maskulinen Welt vertreten oder ihre persönlichen Vorurteile verbreiten. Die Schatztruhe mit der persönlichen Wahrheit jeder Mutter bleibt dabei verschlossen. Das Augenmerk richtet sich eher in Richtung Kind und auf all die zahlreichen praktischen Tipps, die man an ihm ausprobieren kann.

Im Wochenbett muss aber nicht das Baby direkt, sondern vor allem die junge Mutter unterstützt werden. Man schützt das Baby indem man die Mutter stärkt. Wenn diese genug praktische wie emotionale Unterstützung erfährt, kann sie gut für ihr Baby sorgen. Alles, was die junge Mutter gefährdet, was sie emotional destabilisiert oder verunsichert, schadet dagegen automatisch dem Kind.

Was brauchen wir also nach der Geburt und in den ersten Monaten danach?

Wir brauchen die Großzügigkeit uns umgebender Personen, die uns praktische Hilfe leisten und uns von der Notwendigkeit befreien, sich um den Lebensunterhalt und die Sauberkeit im Haus zu kümmern; die uns die Freiheit geben, in die tiefen Gewässer des Wochenbetts abzutauchen, sie zu erkunden und langsam mit ihnen vertraut zu werden.

Wir brauchen das Vertrauen in unsere mütterlichen Qualitäten seitens unserer Angehörigen. Daraus schöpfen wir Selbstvertrauen und Zuversicht, dass wir die beste Mama auf der Erde für unser Baby sind. Wir wollen nicht kritisiert oder bevormundet werden, wenn wir Entscheidungen treffen, die andere nicht nachvollziehen können. Im Wochenbett sind wir sehr sensibel. Jedes missverstandene Wort, jede ungerechte Kritik und jede überflüssige Sorge schaden letztlich unserem Baby.

Wir brauchen die liebevolle Gesellschaft einer Freundin oder einer Mutter aus der Nachbarschaft, um uns in der Einsamkeit der endlosen Tage nicht zu verlieren. Eine Gesellschaft, die uns aufmuntert, uns neue Energie schenkt und hilft, den Schlafentzug besser zu verkraften.

Wir brauchen bedingungslose Akzeptanz und den Raum für alle Gefühle, die in uns aufkommen. Wir brauchen die Erlaubnis unserer Nächsten, alles zu fühlen und alles zu äußern, ohne vorgehaltene Hand und ohne Angst, dafür bestraft oder abgelehnt zu werden.

Wir brauchen Mut, unseren neuen Seiten, die sich erst jetzt zeigen, offen zu begegnen, den Mut, uns so anzunehmen, wie wir sind, damit wir die gleiche Akzeptanz und die Liebe unserem Kind entgegenbringen können.

Wir brauchen Umarmungen, warme Worte und liebevollen Umgang unseres Partners, um uns auch mit Augenringen, zerzausten Haaren, verändertem Körper und mit dem weinenden Baby im Arm geliebt zu fühlen.

Und mehr denn je brauchen wir im Wochenbett die Verbindung zu unserer eigenen Mutter. Eine Verbindung, die uns kräftigt und unser Selbstvertrauen stärkt. Eine Verbindung, die uns den Rücken frei hält für die Reise zu unserem inneren Kind. Wir brauchen eine Mutter, die uns in den Arm nimmt und uns mit ihrem warmen Körper beschützt. Eine Mutter, deren Präsenz unaufdringlich, aber beruhigend ist. Eine Mutter, die leise spricht und nur schöne Dinge sagt. Eine Mutter, die nicht versucht, ihre eigenen Fehler als Mutter nun an ihren Enkelkindern wiedergutzumachen. Eine Mutter, die für uns unsere Lieblingsspeisen kocht und uns die Hausarbeit abnimmt. Eine Mutter, die weise und großzügig genug ist, ihre guten Ratschläge für sich zu behalten. Eine Mutter, die richtige Wörter für unsere gemischten Gefühle findet, um sie beim Namen zu nennen. Eine Mutter, die uns das Baby nur dann abnimmt, wenn wir sie darum bitten. Eine Mutter, die uns mit Liebe umhüllt und uns versichert, dass jede noch so dunkle Nacht einmal vorbei sein wird.

Der Vater muss die Mutter nicht ersetzen, aber er hat besondere Aufgaben

Es vollziehen sich derzeit große Umschwünge bezüglich der geschlechterspezifischen Rollenbilder in der modernen Gesellschaft. Während sich Frauen emanzipieren, die Arbeitswelt erobern und um Gleichberechtigung kämpfen, verwischt sich mehr und mehr auch das klassische Männerbild. Die Bandbreite der männlichen Typologie reicht vom betont maskulinen Macho bis zum metrosexuellen Mann mit androgynen Zügen.

Auch wenn es um die Kinderziehung geht, propagieren politische Parolen die Gleichberechtigung. Man bemüht sich darum, Männer näher an die Familie heranzuholen. Wir wollen die liebevollen Väter bei ihren Kindern und Frauen sehen. Kindererziehung soll nicht nur reine Frauensache sein, auch außerhalb der Familie. Der Unterton der Bewegung ist, dass Männer es schließlich genauso gut könnten, wenn die Frauen sie nur lassen würden. Auf der anderen Seite sollten sich Männer für die Aufgaben daheim nicht zu fein sein. Der Broterwerb soll natürlich nicht ganz ausfallen. Kein Wunder, dass Väter am Ende nicht wissen, wie sie es allen recht machen sollen.

Gleichberechtigung ist schön und gut. Wir dürfen sie nur nicht mit Gleich-Sein verwechseln. Natürlich haben Männer und Frauen gleiche Rechte, sie sind jedoch nicht gleich, d. h. nicht identisch in ihrer Psychologie, Physiologie und in ihrer Beziehung zum Kind, weil sie nicht geschlechtslos sind.

Wir Menschen sind wertende Wesen. Wenn etwas unterschiedlich ist, dann werten wir es als unterschiedlich gut. Das ist absurd. Weibliche und männliche Energien sind nicht gleich in ihren Qualitäten, und es braucht beide Energien mit ihren spezifischen Eigenschaften. Keine von ihnen ist besser oder schlechter, und man kann weder auf die eine noch auf die andere verzichten.

Elternschaft spielt sich nicht (nur) beim Wickeln oder Füttern ab, sie ist nicht nur das Abwickeln von Alltagsroutinen, die Männer sicherlich gleich gut beherrschen wie Frauen. Elternschaft spiegelt sich vor allem im Erleben, das heißt im unsichtbaren Bereich. Und darin unterscheiden sich Mütter und Väter in ihrer Beziehung zu Kind. Das Kind braucht beide Elternteile, jedoch nicht als identische geschlechtsneutrale Wesen, sondern mit ihren spezifischen weiblichen und männlichen Eigenschaften und Qualitäten. Sexistisch sind daran nur Vorurteile.

Einige politische Konzepte wie die Elternzeit in Deutschland suggerieren, dass es gleich ist, ob die Mutter oder der Vater nach der Geburt bei dem Baby bleibt. Der zu Hause bleibende Elternteil bekommt bezahlte Elternzeit, der andere Elternteil kann wieder arbeiten gehen. Mutter und Vater werden in ihrer Beziehung zum Kind gleichgestellt und von ihren geschlechtsspezifischen Eigenschaften befreit. Das Einzige, das bei diesem Konzept nicht gefragt wurde, ist das Baby, denn ihm ist es nicht egal, wer bei ihm bleibt.

Natürlich können wir uns in Deutschland glücklich schätzen, ein Jahr lang (oder länger) bei unserem Baby bleiben zu können und finanzielle Rückendeckung vom Staat zu erhalten. Für Milliarden von Menschen auf der Erde ist das ein unvorstellbarer Luxus. Die Gleichmachung der Eltern nach der Geburt und das Ignorieren der unterschiedlichen Gefühle der Mutter und des Vaters gehen jedoch an der seelischen Realität der jungen Familie und des Neugeborenen vorbei. Das Konzept ignoriert das Phänomen der seelischen Fusion zwischen der Mutter und dem Baby. Es ignoriert die veränderte seelische »Wellenfrequenz« der Mutter im Wochenbett, die mit der maskulinen Berufswelt in krasse Dissonanz tritt. Und es verringert die Bedeutung des Stillens. Berufliche Gleichberechtigung der Eltern ist ohne Zweifel eine große Errungenschaft. Ich wünsche mir persönlich aber mehr Wertschätzung und Verständnis in der Gesellschaft für den Beitrag *beider* Eltern als Mutter und Vater für die Familie.

Und jenseits politischer Konzepte und gesellschaftlicher Rollenbilder? Welche Aufgaben kann der Vater in der neugeborenen Familie übernehmen? Ihm kommen folgende wichtige Aufgaben zu:

Emotionale Stütze der Mutter nach der Geburt

Der frischgebackene Vater weiß oft nicht, wie er sich in der neuen Situation einbringen kann. Die junge Mutter wirkt verändert. Sie ist nicht mehr die Frau, in die er sich verliebt hat. Sie ist übersensibel und gereizt, ohne dass er die Gründe versteht. Wo ist die ganze Romantik geblieben? Ihr Blick ist nicht mehr voller Zärtlichkeit, sondern fordernd und unzufrieden.

Er möchte gerne helfen, aber wie? Soll er ihr vielleicht das Baby abnehmen, es wickeln oder baden? Das scheint sie nicht wirklich zu wollen, und sie kritisiert oft seine Art, mit dem Kind umzugehen. Der Grund dafür ist nicht, dass sie es besser kann, sondern dass sie sich vor allem emotionale Unterstützung wünscht – ein liebes Wort, eine feste Umarmung, Verständnis, Wertschätzung und Respekt für ihren Einsatz als Mutter, damit sie mehr Kraft verspürt, für ihr Kind zu sorgen.

Die Wahrheit ist, dass viele Männer mit einem Neugeborenen wenig anfangen können. Sie sind zwar berührt von seiner Winzigkeit, der innige Draht stellt sich jedoch nicht her. Männer mit hohen femininen Anteilen steigern sich dagegen in die »Mutterrolle« hinein. Sie fordern das Baby für sich, möchten mit ihm kuscheln oder ihm die Flasche geben. Im Extremfall machen sie das Baby der Mutter sogar streitig. Dadurch stören sie aber die seelische Fusion und gefährden das Stillen. Möglicherweise sind es infantile Väter, die sich unter dem Mantel des Helfens die Wärme und Reinheit des Neugeborenen einverleiben wollen.

Eins muss klargestellt werden: Das Neugeborene braucht noch keine zwei Bezugspersonen. Im ersten Lebensjahr braucht es *eine* feste Bezugsperson – die Mutter (oder eine Person, die sie ersetzt), mit der es emotional verschmelzen und seelisch eins sein kann. Es kann nur mit einer Person verschmelzen, dafür aber voll und ganz.

Der Vater muss daher die Mutter nicht ersetzen. Er muss auch nicht wie die Mutter sein. Der Vater soll die Mutter stattdessen unterstützen. Was bedeutet das konkret?

Sicherheitsnetz aufspannen

Die Mutter und das Baby bilden nach der Geburt eine Dyade – eine seelische Einheit. Die Mutter muss dafür ein Teil ihrer erwachsenen Persönlichkeit aufgeben sowie ein Stück ihrer Fähigkeit zum rationalen Denken, um sich auf die Wellenfrequenz des Babys einzustellen. Das kann sie sich nur erlauben, wenn sie sicher ist, dass ihr Partner den klaren Verstand und die sichere Verbindung zur konkreten Welt da draußen behält. Er ist wie das Sicherheitsnetz für die Dyade, in das sich die beiden fallen lassen können.

Das heißt, während die Mutter die Wellenfrequenz ändert, lebt der Mann weiter in der konkreten Welt. Er lässt seine Frau mit dem Baby in die emotionale Welt des Wochenbetts abtauchen und hält ihr dabei den Rücken frei. Er vermittelt zwischen ihr und der Außenwelt, übernimmt konkrete Aufgaben, die rationales Denken erfordern, wie zum Beispiel Behördengänge, Organisation oder Besorgungen.

Schutzraum schaffen

Der Vater kann für die Mutter-Baby-Dyade einen geschützten Raum zur Verfügung stellen und ihr die nötige Ruhe gewähren. Er kann sie vor Angriffen und Herausforderungen der äußeren Welt beschützen und soziale Urteile abprallen lassen. Er könnte zum Beispiel die Beziehung zu den Schwiegereltern und zu den Angehörigen regeln, ihre gut gemeinten Ratschläge entgegennehmen, die Verwandtenbesuche günstig für die Familie gestalten oder sie im Zweifelsfall vermeiden helfen, wenn sie der Dyade nicht guttun.

Verständnis zeigen

Der Vater muss nicht das Gleiche fühlen wie die Mutter. Er muss ihre Gefühle auch nicht verstehen. Aber er muss diese Gefühle zulassen und respektieren. Eine denkbar schlechte Reaktion wäre es für die Mutter, wenn der Vater sie kritisiert, belächelt oder niedermacht. Verheerend ist es auch, von ihr zu verlangen, dass sie sich zusammenreißt und so ist wie früher. Der Vater soll stattdessen liebevoll und verständnisvoll sein, seine Frau umarmen, ausreden oder sich ausweinen lassen. Er kann nicht mit dem Anschein wieder zur Arbeit gehen, als wäre nichts Besonderes passiert und alles wäre beim Alten. Die Veränderungen müssen wahrgenommen und honoriert werden. Und er darf nicht vergessen, seiner Frau jeden Tag zwei einfache Fragen zu stellen: Wie geht es dir? und: Was kann ich für dich tun?

Durch das Zulassen, das Beschützen und das Unterstützen der seelischen Fusion bringt er sich in die Familie ein. Nicht auf dem direkten Weg zum Baby, sondern durch die Unterstützung der Mutter bildet er eine Triade aus Mutter, Vater und Kind. Die direkte Verbindung zum Kind entsteht erst gegen Ende des zweiten Lebensjahres des Kindes, wenn er hilft, die seelische Fusion zwischen der Mutter und dem Kind wieder zu lösen.

Der Auflöser der seelischen Fusion

Das Baby wächst, entwickelt sich und gewinnt mehr und mehr Autonomie. Durch die eigenständige Fortbewegung vergrößert sich zunächst der räumliche Abstand zur Mutter. Das Baby begreift sich auch seelisch immer mehr als eigenständiges Wesen, bis es sich eines Tages – um die zwei Jahre herum – mit Ich benennt und so das Ende der seelischen Fusion signalisiert.

Dann ist die Zeit gekommen, dass sich direkte Verbindung zwischen dem Vater und dem Kind herstellt. Sie entsteht von alleine, man muss nichts dafür tun, weil es der natürliche Lauf der Dinge ist. Väter können jetzt mehr mit ihrem Kind anfangen. Diese Zeit fällt mit der Entwicklung der Sprache beim Kind zusammen. Das ermöglicht es dem Vater, konkret und verbal zu kommunizieren, was ihm mehr liegt als die intuitive und nonverbale Kommunikation mit dem Säugling. Nun stürmen die beiden in die Außenwelt – erobern Spielplätze, erleben Unternehmungen und öffnen sich für Kontakte zu anderen Menschen. In dieser Phase hilft der Vater, die enge emotionale Verbindung zwischen der Mutter und dem Kind wieder zu lösen. Ohne den Mann wäre es für die Mutter sehr viel schwieriger, das Kind loszulassen, denn die Verbindung ist weiblich und die Trennung männlich.

Die Mutter gewinnt in dieser Zeit ebenfalls einen Teil ihrer Autonomie zurück. So wie früher wird es natürlich nicht mehr sein, denn Mutterschaft ist eine lebenslange Aufgabe. Dennoch kann sie ihr Leben jetzt neu ausrichten und sich wieder beruflich engagieren.

Der Mann löst die seelische Fusion zwischen der Mutter und dem Kind auf, indem er die Frau wieder für sich einfordert. Er strahlt sichtlich aus: Jetzt möchte ich mit meiner Frau wieder alleine sein. Er gewinnt sie wieder für sich als Partnerin fürs Intimleben. Insofern ist es kein Zufall, dass die meisten Geschwister zwischen zwei und drei Jahre Altersabstand haben.

Die seelische Fusion und ihre Auflösung mithilfe des Vaters sind natürliche Prozesse und erfordern ihre Zeit. Daher ist es wichtig, der Reifung des Kindes Zeit zu lassen. Die Ablösung von der Mutter kann mit zwei Jahren geschehen, mit zweieinhalb oder gar erst um das dritte Lebensjahr herum. Sie früher zu erzwingen bringt nichts außer Frust. Im ersten Lebensjahr die Fusion zu trennen ist unmöglich oder sogar traumatisch.

Stolpersteine der Kommunikation umgehen

Viele Beziehungen geraten nach der Geburt des ersten Kindes in eine Krise, weil die Frau scheinbar verrückt geworden ist. So lautet jedenfalls die häufige Erklärung der Männer. Die Frau fordert vom Mann etwas, er tut es, sie bleibt trotzdem unzufrieden und nörgelt weiter. Man kann es ihr nicht recht machen.

Auch wenn das Wochenbett der ungünstigste Moment für Konflikte in der Beziehung ist, sind Reibereien und Missverständnisse nach der Geburt so gut wie vorprogrammiert. Das liegt zum Teil daran, dass die moderne Kernfamilie aus Mutter, Vater, Kind ein denkbar schlechtes Model des familiären Zusammenlebens ist, weil eine Mutter und ein Vater ohne jegliche familiäre Unterstützung einfach zu wenige sind, um die Belastung der neuen Situation aufzufangen. Das, was früher eine Gemeinschaft erledigt hat, lastet heute auf Schultern von zwei unerfahrenen Menschen. Die jungen Eltern navigieren orientierungslos im unbekannten Meer der Elternschaft – eine Mutter ohne inneren Leitfaden für das Muttersein inmitten der größten Krise ihres Lebens und ein Vater, der nicht weiß, wie er sich einbringen soll.

Durch besseres Kommunizieren lässt sich die Schwere der Situation zumindest ein wenig abmildern. Wirksame Kommunikation basiert auf kunstvollem Vermitteln eigener Wünsche und dem Bewusstwerden eigener Gefühle. Fangen wir mit dem Letzten an.

Wenn wir uns selbst nicht kennen und nicht verstehen, dann schreiben wir die Schuld für das eigene Leid den anderen zu. Wir leben im Glauben, dass es uns besser gehen würde, wenn der andere sich anders verhalten würde, wenn er sich ändern würde und wenn er dies oder jenes tun oder lassen würde. Doch das ist eine Illusion. Sie führt zu unfairen Vorwürfen, zu Angriffen und Gegenangriffen und zum endlosen Streit.

Alle unsere Gefühle gehören in Wirklichkeit uns, sie sind keine bloße Reaktion auf die Taten unseres Gegenübers, sondern rühren viel mehr aus alten Verletzungen oder eingefahrenen Denkmustern her. Verletzte Menschen, die sich ihrer Verletzung nicht bewusst sind, tun und sagen Dinge, die mit der Realität nichts zu tun haben, merken es aber natürlich nicht.

Wenn wir nicht wissen, was uns fehlt und was wir brauchen, dann fordern wir das Falsche. Wir fordern nicht das, was uns hilft, sondern das, was scheinbar leicht zu bekommen ist. Wenn wir zum Beispiel eine feste Umarmung brauchen, die uns innerlich wieder aufbaut, es aber nicht erkennen, dann fordern wir vom Mann, dass er das Baby wickelt oder den Müll rausbringt. Und wenn er das tut, bleibt die Unzufriedenheit, weil er nicht das getan hat, was wir eigentlich wollten. Jede noch so lieb gemeinte Bemühung verpufft.

Unbewusste Gefühle sind der Nährstoff für unfaire Vorwürfe. »Du kümmerst dich nicht um dein Kind!« meint in Wirklichkeit: »Du kümmerst dich zu wenig um mich.« Oder eher: »Ich fühle mich zu wenig umsorgt.« Die letzte Formulierung würde die eigene Bedürftigkeit entblößen und Schwäche zeigen, nicht so sein zu können wie gewollt. Die eigene Schwäche und die Bedürftigkeit bleiben bei den unfairen Vorwürfen unbewusst und sind dadurch viel schwerer zu kurieren.

Gefühle, die wir uns selbst nicht eingestehen, werden auf unsere Umgebung projiziert. Statt sich die eigene Überforderung einzugestehen, ist es leichter, den Partner in seiner Unzulänglichkeit zu kritisieren. Man fühlt sich ein wenig entlastet, wenn der andere an allem schuld ist. Nur hat die vermeintliche Entlastung eine gefährliche Kehrseite – der andere macht das nicht lange mit.

Wie kommt es dazu, dass wir nicht wissen, was wir brauchen? Die Fähigkeit, eigene Gefühle wahrzunehmen, wird in der frühen Kindheit angelegt. Unsere Mutter oder die Bezugsperson hat die wichtige Aufgabe, zwischen uns und der Außenwelt zu vermitteln. Sie benennt für uns das, was wir fühlen, und erklärt, warum es so ist. Hier kommt es auf die Sensibilität unserer Bezugsperson im Hinblick auf unsere Empfindungen an. Ist sie achtsam zu unseren Gefühlen, fasst sie diese für uns in verständlichen Worten zusammen, sodass es sich für uns stimmig anfühlt, dann lernen wir mit der Zeit, eigene Gefühle selber wahrzunehmen und einzuordnen. Wir wachsen zu sensiblen und reflektierten Erwachsenen heran. Ist die Bezugsperson stattdessen voreingenommen, voller Vorurteile und hauptsächlich auf das Einhalten von Normen und Regeln bedacht, dann werden wir mit der Zeit unseren Gefühlen immer weniger Beachtung schenken, bis wir sie eines Tages ganz ignorieren.

So realisieren wir nicht, was wir im Wochenbett wirklich brauchen. Wir verwechseln oft emotionale Unterstützung mit praktischer Hilfe. Das sind aber zwei verschiedene Dinge. Praktische Hilfe entlastet uns zwar im Haushalt, ändert jedoch wenig am seelischen Zustand. Im Wochenbett brauchen wir vor allem die emotionale Unterstützung – die Anteilnahme an unserer Verzweiflung, bedingungslose Annahme der gesamten Person, das offene Ohr für das Reden oder die Freiheit, nur zu schweigen, eine Schulter zum Ausweinen, die Wärme der menschlichen Umarmung und die Liebe trotz allem in der

Welt. Für eine Mutter, die seelisch gestärkt ist, sind die schlaflosen Nächte, das weinende Baby oder der Verlust der persönlichen Freiheit viel leichter zu ertragen. Sie bringen sie nicht zum totalen Zusammenbruch. Wenn es keine Unterstützung gibt, sieht das anders aus.

Also: Ein Bewusstmachen der eigenen Gefühle ist der erste wichtige Schritt auf dem Weg zur besseren Kommunikation mit dem Partner. Dann kommt es auf unsere Art und Weise an, in Kontakt mit dem anderen zu treten.

Die Frage lautet nur: Treten wir überhaupt in Kontakt, oder glauben wir eher, der andere sollte erkennen, was in uns vorgeht, und von alleine darauf kommen? Wollen wir ein Buch sein, das geöffnet und gelesen werden will? Auch hier äußert sich unser Wunsch, gesehen und beachtet zu werden, der vielleicht seit unserer Kindheit besteht. Dann kann unser Partner nichts dafür, und wir verlangen zu viel. Wie wäre es, wenn wir ein Radio wären, das proaktiv seine Botschaft ausbreitet? Das macht die Sache für alle einfacher.

Auch in der Kommunikation ist es wichtig, bei uns und bei unseren Gefühlen zu bleiben. Gewöhnlich schaltet der »Autopilot« jedoch die Vorwurfsmaschine ein. Eine typische Geschichte, die eine Mutter erzählt, klingt ungefähr so: »Mein Mann kommt immer zu spät von der Arbeit nach Hause. Er interessiert sich nicht dafür, wie es mir geht. Er kümmert sich zu wenig um seine Familie. Für ihn sind andere Dinge unwichtiger.« Und so weiter. Im gleichen Duktus überbringt die Mutter ihre Botschaft an ihren Mann. Wie ist seine Reaktion? Natürlich Defensive. Es bringt die beiden einander kein Stück näher, sondern verhärtet nur die Fronten.

Die gleiche Geschichte kann in erster Person erzählt werden mithilfe von Ich-Botschaften. Das heißt, die Mutter erzählt nicht, was der andere macht, sondern wie es ihr dabei geht.

Die Übersetzungsleistung ist nicht einfach. Sie erfordert das Umdenken und das Umpolen der Perspektive von den anderen auf sich selbst.

Versuchen wir einmal, uns vorzustellen, wie der gleiche Bericht aus der Sicht der Mutter wiedergegeben werden könnte. Er klingt dann ungefähr so: »Ich verbringe den ganzen Tag mit unserer neugeborenen Tochter alleine. Sie fordert viel Aufmerksamkeit. Sie möchte oft gestillt werden und fast immer auf dem Arm sein. Ich kann sie schlafend kaum ablegen, da sie sofort wieder aufwacht. Ich komme nicht dazu, den Haushalt zu erledigen oder für mich zu sorgen. Der Tag erscheint mir unendlich lang. Ich sehne mich danach, dass du endlich nach Hause kommst und mir hilfst. Ich freue mich, wenn wir uns austauschen können und dass ich auch mal duschen kann. Wenn du dich verspätest, wird jede Minute für mich unerträglich. Ich habe Angst, die Kontrolle zu verlieren. Was können wir tun?«

Diese Version klingt anders, nicht wahr? Sie erzählt eine persönliche Geschichte und macht niemanden dafür verantwortlich. Sie lädt zum Mitfühlen ein und zu einer gemeinsamen Problemlösung. Kommunikation in Ich-Botschaften verbindet uns mit unseren Gefühlen und nähert uns unserem seelischen Schatten, und da liegt, zusammen mit Schwächen und Verletzungen, die einzig wahre Version der Realität.

Reflexion: Der letzte Streit

Nimm den letzten Streit mit deinem Partner unter die Lupe. Worum ging es vordergründig und in Wirklichkeit? Wie lautete dein Vorwurf an den Partner, und was stand dahinter? Mach dir Notizen.

Übung: Ich-Botschaft

Formuliere deinen Vorwurf zur Ich-Botschaft um, z. B. statt »Du kommst immer zu spät nach Hause« lieber: »Mir hilft es, den Tag zu überstehen, wenn ich weiß, dass du bald zu Hause bist.« Wie verändert sich die Reaktion deines Partners? Mach dir Notizen.

Ein Kind macht die Elternbeziehung transparent

Beziehungen fangen üblicherweise romantisch an, indem zwei Menschen eine gewisse Anziehungskraft zueinander verspüren und sich ineinander verlieben. Der Volksmund spricht in dem Zusammenhang vom Schweben auf Wolke sieben oder von der rosaroten Brille, durch welche die Welt wie weichgezeichnet erscheint. Diese Redewendungen bringen für die Verliebtheit typische Realitätsentfremdung zum Ausdruck. Sowohl die Wolke als auch die Brille entfernen uns gewissermaßen von dem, was ist.

Tatsächlich ist die Zeit der romantischen Liebe auch die Zeit der Projektionen. Wir sehen in unserem Partner fast nur gute, das heißt von uns erwünschte Eigenschaften. Unser Partner wird zur Projektionsfläche für all das, wonach wir uns sehnen. Die Partnerwahl ist zwar unbewusst, deshalb aber nicht zufällig. Wir suchen uns unseren Partner so aus, dass er/sie Seiten auslebt, die wir in uns zwar auch spüren, aber aus irgendeinem Grund nicht verwirklichen können. Wir leben diese Seiten dann durch unseren Partner aus. (Wenn ich zum Beispiel in mir einen Drang zur Kreativität verspüre, bin aber Beamter und traue mir Kreativität ohnehin nicht zu, dann suche ich mir wahrscheinlich eine/n Partner/-in, der/die explizit kreativ ist. Durch ihn/sie fühle ich mich auch ein wenig kreativer.) Nicht umsonst spricht der Volksmund auch hier sehr treffend über unsere »bessere Hälfte«. Zwei Menschen vervollständigen sich gegenseitig quasi zu einem Ganzen. Das heißt, jeder von ihnen ist ursprünglich unvollkommen und braucht den anderen, um Vollkommenheit zu erreichen. Doch diese Vervollständigung durch den Partner ist natürlich nur eine Illusion, ein Wunschdenken oder eine erhoffte Abkürzung, die uns von der Aufgabe befreien soll, die lahmgelegten Seiten selbst auszuleben. Daher ist eine Trennung umso schmerzhafter, je mehr der Partner für uns eine Krückenfunktion erfüllt hat. In Wirklichkeit kann uns niemand diese Aufgabe abnehmen.

Wenn die Beziehung die erste Phase der Verliebtheit durchhält, entsteht so etwas wie ein unbewusster Vertrag zwischen den Partnern. Dieser Vertrag hält die Beziehung am Leben. Der Beziehungsvertrag besteht darin, dass jeder Partner etwas aus der Beziehung bekommt und etwas anderes in die Beziehung zurückgibt. Eine harmonische Beziehung ist ausbalanciert in Hinsicht auf das Nehmen und Geben beider Partner. Keiner nimmt aus der Beziehung mehr, als er hineingibt, und keiner muss »draufzahlen«.

Jede Beziehung hat einen gemeinsamen emotionalen Raum, den die Partner miteinander »bewohnen«, und einen persönlichen emotionalen Raum, den der/die Einzelne mit eigenen Interessen, Hobbys, Freundschaften und außerhäuslichen Aktivitäten füllt. Zum persönlichen emotionalen Raum gehören außerdem die Ausbildung, der eigene Beruf, die Beziehung zu Kollegen, Vereinsmitgliedschaften und so weiter. Dieser private Raum sorgt für den Selbsterhalt der Persönlichkeit der Partner sowie für ihre Weiterentwicklung. Die Ausgewogenheit zwischen den privaten und den gemeinsamen emotionalen Räumen trägt ebenfalls zur harmonischen und erfüllenden Beziehung bei.

So viel für den Moment zum Idealzustand einer Beziehung. Wir alle wissen, dass die Realität oft anders aussieht. Warum ist es aber so wichtig, über das Funktionieren der Elternbeziehung vor der Geburt zu sprechen? Weil diese Beziehung samt dem unbewussten »Beziehungsvertrag« ein Fundament für die neue Familienkonstellation bildet, die nach der Geburt entsteht. Die Geburt des ersten Kindes macht etwas in der Beziehung sichtbar, was vorher verborgen war – sozusagen das Kleingedruckte des Vertrages, das ja immer erst im Problemfall zur Geltung kommt und wichtiger wird als das Großgedruckte.

Was ändert sich nach der Geburt des ersten Kindes? Das Neugeborene bindet alle emotionalen Ressourcen der Mutter an sich, es beansprucht ihre ganze Zeit und Energie. Die Frau verliert auf einen Schlag ihre persönliche emotionale Sphäre und kann nicht mehr so für sich sorgen wie vorher. Mehr noch: Das, was sie früher ihrem Mann an Zeit, Zuwendung und Energie gegeben hat, fällt ebenfalls weg. Im gleichen Zug ist sie mehr denn je auf seine Unterstützung angewiesen, damit sie für das Baby sorgen kann. Im Idealfall stellt sich die früher beschriebene Kette der Unterstützung her: Die Mutter sorgt für das Baby, der Vater sorgt für die Mutter. So bildet sich eine Triade.

Wenn diese Unterstützungskette gut funktioniert, kann die Mutter ihrem inneren Kind und dem seelischen Schatten begegnen, ohne Angst zu haben, von dieser Begegnung überrollt zu werden. Sie kann in die emotionale Welt des Wochenbetts abtauchen, weil sie sicher ist, dass ihr Mann ihr den Rücken frei hält. Er behält die Verbindung zur konkreten Welt, damit sie es nicht zu tun braucht. Sie kann die seelische Fusion mit dem Baby eingehen, sich auf seine Wellenlänge einstimmen und sich frei fühlen, nicht mehr so konkret und rational sein zu müssen wie vorher. Sie entdeckt ihre unbekannten Seiten und erlebt sie als Bereicherung. Die Wochenbettzeit wird so zur magischen Erfahrung, die diese Frau für immer erstrahlen lässt.

Und wenn es nach der Geburt des Kindes zu Problemen in der Beziehung kommt? Die Geburt des ersten Kindes macht das unbewusste Beziehungsgeflecht der Familie sichtbar. Wenn sich die Kette der Unterstützung nicht herstellt, dann hat das seine Wurzeln in der Zeit, lange bevor das Kind geboren wurde. Wenn die Mutter keine emotionale Unterstützung erhält, kann sie in das Meer ihrer Emotionen nicht abtauchen, da sie sich verpflichtet fühlt, in der konkreten Welt zu funktionieren und das rationale Denken beizubehalten. Die einzigartige Chance, sich selbst besser zu verstehen, wird dadurch verschenkt. Das Wochenbett wird zum qualvollen Kampf zwischen der Außenwelt und dem Innenleben der Mutter. Ihre unbewussten Konflikte materialisieren sich schließlich im Körper des Kindes in Form von auffälligem Verhalten, Entwicklungsstörungen oder Krankheiten. Wir reden mehr darüber im dritten Teil des Buches.

Welche Beziehungsmuster gibt es zwischen den Eltern, und zu welchen Störungen können sie nach der Geburt des ersten Kindes führen? In meiner Praxis sind mir folgende drei Beziehungstypen in Zusammenhang mit Problemen im Wochenbett besonders oft begegnet. Ich möchte sie daher ein wenig näher beschreiben.

Der Mann als »Vaterersatz«

In dieser Beziehung hat der Mann das Sagen. Er ist dominant bis bevormundend gegenüber seiner Frau und dabei durchaus liebevoll. Er trifft alle wichtigen Entscheidungen zu Hause und gestaltet das Familienleben nach seinem Geschmack. Die Frau ist (wen wundert es?) infantil und hilflos. Sie verweilt in einer passiven Position und fügt sich freiwillig dem Willen ihres Mannes. Es ist nicht schwer zu erkennen, dass das Vorbild des Vaters bei dieser Frau die Partnerwahl bestimmt hat. Oft haben diese Frauen ihren Vater durch Tod oder Trennung der Eltern früh verloren und waren ihren infantilen Müttern schutzlos ausgeliefert. Das Vaterbild ist in ihrer Fantasie so etwas wie eine starke Schutzmauer gegen die Willkür der Außenwelt. Der Mann bedient im Gegenzug seine dominante Sexualität durch das »wehrlose« Kindsweib.

Diese Beziehung kann über lange Zeit problemlos fortgeführt werden, da beide Partner ihre Wünsche durch das Gegenüber befriedigen, ohne jegliches Bewusstsein über irgendwelche Störungen zu haben. Bis eines Tages ein Kind zur Welt kommt.

Die Frau erlebt die brutalste Begegnung mit ihrem verletzten inneren Kind, da sie eine traumatische Kindheit erlebt hat. Sie war höchstwahrscheinlich Opfer von Gewalt oder Missbrauch und besitzt wenig bis kein Bewusstsein darüber, da die Verdrängungsleistung enorm ist. Diese Frau wird nach der Geburt depressiv und versinkt in Antriebslosigkeit. Der Mann übernimmt das Versorgen des Babys. Meistens ist er auch derjenige, der psychologische Hilfe für seine Frau sucht. Doch es ist sehr schwer, ihr zu helfen, da die erlernte Passivität und Hilflosigkeit der Frau die Aufarbeitung verhindert. Sie verspürt keinerlei Eigenmotivation für eine Besserung.

Das Baby wird zwar vom Vater versorgt, doch die seelische Fusion mit der Mutter ist unmöglich, weil sie emotional nicht dazu imstande ist. Sie ist von diffusen seelischen Schmerzen wie paralysiert. Das Baby bleibt emotional allein.

Die Beziehung zwischen den Eltern zeigt jetzt ihre Kehrseite. Der dominante Mann wird mit der Sinnlosigkeit seiner Macht konfrontiert. Nun ist er machtlos angesichts der Apathie seiner Frau und der Forderungen des Babys nach Nähe. Er wünscht sich, seine Frau würde selbstständiger und aktiver sein und ihre Rolle als Mutter ergreifen. Doch das war vom Anfang an nicht so vorgesehen. Ihre Passivität und seine Dominanz, auf der die Beziehung basiert, werden zum Verhängnis – in erster Linie für das Neugeborene. Das Thema Dominanz-Passivität wird auch das Kind dieser Eltern höchstwahrscheinlich sein Leben lang begleiten.

Der Rollentausch

In dieser Beziehung sind die Rollen wie vertauscht. Der Mann ist derjenige, der die »mütterlichen« Qualitäten besitzt. Er ist weich und fürsorglich. Er ist ein aufmerksamer Gesprächspartner, ein guter Zuhörer, ein »Frauenersteher«, nimmt sich selbst zurück und wünscht sich sehnlich Kinder. Die Frau ist auf ihre Arbeit fixiert. Mit dem Berufsleben füllt sie ihren gesamten emotionalen Raum aus, sodass für ihren Mann (und das zukünftige Kind) kaum etwas übrig bleibt. Sie ist erfolgreich und verdient mehr als er, was sie zum Anlass nimmt, nach der Geburt schnell wieder arbeiten zu wollen. (Wohlgemerkt: Jede Frau darf mehr verdienen als ihr Mann. Uns geht es hier lediglich um die emotionale Realität dieses Paares.)

Es sieht ganz so aus, als würde diese Frau ihre fehlende Mütterlichkeit durch ihren Mann kompensieren und er im Gegenzug seine nicht so stark ausgeprägte Männlichkeit durch sie. Der unbewusste Vertrag dieser Beziehung besteht im Rollentausch. Jeder ist von dem schamvollen Gefühl befreit, nicht dem klassischen Geschlechterbild entsprechen zu können. Der Rollentausch kann sich aber nicht auf das Kinderkriegen ausweiten. Und eines Tages ist es dann so weit.

Die Schwangerschaft verläuft beschwerdenreich und die Geburt traumatisch, da diese Frau ihren Körper als Fremdkörper erlebt. Sie ist im Kopf verankert und stellt den Intellekt über die Gefühle und über die Körperlichkeit. Die weibliche Energie, notwendig für die Geburt und die seelische Verschmelzung mit dem Baby im Wochenbett, fehlt. Mehr noch, diese Frau empfindet Verachtung gegenüber allem »Schwammigen« und »Esoterischen«. Diese Verachtung macht es für sie im Wochenbett unmöglich, ihre Seele auf die neue emotionale Wellenfrequenz jenseits der rationalen Welt einzustimmen.

Das Wochenbett wird zu einer schweren Zeit für die Familie. Die Mutter ist seelisch immun gegenüber den Forderungen des Babys nach Nähe und Zuwendung. Sie kann sich nicht um ihr Kind kümmern und wird depressiv angesichts eigener Unfähigkeit. Auch bei ihr findet die brutale Begegnung mit dem inneren Kind statt. In ihrem seelischen Schatten ist die fehlende Liebe und die emotionale Kälte ihrer Mutter gespeichert. Höchstwahrscheinlich bekam sie nur für Leistungen einen Hauch von Beachtung. Heute weiß sie nicht mehr, wie sehr sie als Kind unter ständiger Überforderung gelitten hat. Doch diese Überforderung kommt im Wochenbett zum Vorschein, wenn die erfolgreiche Geschäftsfrau angesichts des weinenden Babys verzweifelt.

Sie ergreift die Flucht in die Arbeit, wo sie sich wieder in ihrem Element fühlt. Der Vater bleibt beim Baby. Er bringt seine ganze Energie auf, um das Baby zu versorgen, doch er kann die seelische Fusion mit der Mutter nicht ersetzen. Auch in dieser Familie ist das Baby von der Mutter emotional verlassen. Die Kette der Unterstützung ist insofern gestört, als die

Verbindung zwischen der Mutter und dem Baby fehlt. Der Verlierer dieses Modells ist wie so oft das Kind.

Der Mann als »weiteres Kind«

Bei diesem Paar sorgt die Frau emotional für den Mann. Seine seelischen Angelegenheiten nimmt sie sich zu Herzen und ist immer für ihn da. Auch im Alltag hilft sie ihrem Mann gerne: Sie überwacht seine Termine, kauft Geburtstagsgeschenke für seine Verwandten, organisiert Familienfeiern oder kümmert sich um bürokratische Angelegenheiten. Das Kümmern verlangt ihr keine besondere Anstrengung ab. Damit bringt sie ihre Liebe zu ihm zum Ausdruck. Ihre altruistische Ader ist stark ausgeprägt, das Geben erfüllt sie mit Glück.

Er ist seelisch ein »Poet« – er ist verträumt, musisch und vielleicht ein wenig realitätsfremd. Und er ist auch unreif und kann zornig, fordernd und trotzig sein wie ein zweijähriges Kind. Er lehnt sich emotional an seine Frau an. Bei ihr fühlt er sich wie unter Mamas schützendem Arm. Er bekommt emotional viel von ihr, gibt jedoch kaum etwas zurück. Das »fleißige Bienchen« fühlt sich an seiner Seite auch so schon glücklich genug. Er verleiht ihrem mühseligen Alltag allein durch seine Präsenz die ersehnte Romantik und Poesie.

Nach der Geburt wendet sich die Mutter, beflügelt vom Altruismus, dem neugeborenen Kind zu. Starke Emotionen durchströmen sie. Auch sie, wie alle Mütter, begegnet ihrem verlassenen inneren Kind. Sie war sehr früh auf sich gestellt und musste ihre Probleme mit sich ausmachen. Es war niemand da, um ihr zu helfen. Im Gegenteil, sie musste sich von klein auf um ihre infantile Mutter kümmern, ihr immer alles recht machen und durfte sie mit eigenen Problemen nicht belästigen. Sie hat für das Leben gelernt, allein zurechtzukommen.

Vielleich zum ersten Mal im Leben braucht sie nun aber im Wochenbett die Unterstützung ihres Mannes – die natürlich ausbleibt. Die Wahrheit ist, er hat sie noch nie unterstützt, es fiel bloß niemanden auf. Wie ein Déjà-vu erlebt sie ihre kindliche Hilflosigkeit wieder. Das Gefühl, alleingelassen zu werden, ist ihr sehr bekannt.

Angesichts der ausbleibenden Unterstützung kann sie sich im Wochenbett nicht fallen lassen. Sie fühlt sich nach wie vor verpflichtet, den Haushalt zu regeln oder Papierberge abzuarbeiten. Das Abtauchen in die subtile emotionale Welt des Wochenbetts kann sie sich nicht erlauben. Die Begegnung mit dem seelischen Schatten wird für sie daher eher schmerzhaft als befreiend. Sie verlangt ihr zu viel Energie ab, die sie jetzt nicht aufbringen kann.

Die Kette der Unterstützung in dieser Familie ist unterbrochen an der Stelle zwischen dem Vater und der Mutter. Der Vater unterstützt seine Frau weder im Alltag noch emotional. In besonders schlimmen Fällen beansprucht der unreife und egoistische Mann sogar, dass sich seine Frau nach wie vor um ihn kümmert wie vor der Geburt. Dieser Forderung kann keine Frau standhalten. Er stellt sie vor die Wahl: entweder ich oder das Kind. Die kümmernde und liebevolle Mutter entscheidet sich meist für das Kind, und die Beziehung läuft die Gefahr, in die Brüche zu gehen.

Nazira: der süße Zündstoff

Nazira suchte meine Hilfe auf wegen Beziehungsproblemen nach der Geburt ihrer Tochter und wegen Angstzuständen im Wochenbett. Ihre kleine Tochter von zwei Monaten war gesund und gedieh schön. Nazira fühlte sich jedoch extrem erschöpft und zutiefst unglücklich. Ihre irrationalen Ängste belasteten sie. Und die ständigen Streitereien mit ihrem Mann brachten die Beziehung in ernste Gefahr.

Ich bitte sie zunächst, die Beziehung zu ihrem Mann näher zu beschreiben. Nazira bezeichnet ihren Mann liebevoll als Lusche. »Er ist wie ein kleiner Junge, der in den Tag hineinlebt.« Man könne ihm keine ernsthaften Aufgaben zutrauen. Es wird schnell klar, wenn sie ihren Mann als Lusche bezeichnet, dann identifiziert sie sich selbst automatisch mit dem entgegengesetzten Pol – dem Pol der Stärke, Kontrolle und Dominanz. Nazira ist diejenige, die zu Hause die Hose anhat.

Doch all die maskulinen Eigenschaften von Nazira, wie ihre Effizienz oder Dominanz, mit denen sie früher glänzen konnte, wurden im Wochenbett plötzlich hinderlich. Sie torpedierten die seelische Fusion mit dem Kind, unterdrückten das Aufkommen der Gefühle und erschwerten ihr die Resonanz mit der sanften femininen Energie. Nazira hielt und hält sich krampfhaft an ihrer führenden Position zu Hause fest und bekam zunehmend panische Angst, die Kontrolle zu verlieren.

Ihr Mann legt dagegen eine große Leichtigkeit an den Tag. Er lebt spielerisch und lässt sich gern verwöhnen. Und das tat Nazira. Sie verwöhnte ihren Mann vor der Geburt des Kindes nach Herzenslust. Darin fand sie ihre Erfüllung. Die Beziehung vor der Geburt war liebevoll und verspielt wie die Beziehung zwischen Mutter und Sohn. Vor lauter Glück fiel niemandem das Ungleichgewicht auf – die fehlende Balance zwischen Nehmen und Geben. Nazira war nur die Gebende, und ihr Mann nur der Nehmende.

Erst nach der Geburt wurde dieses Ungleichgewicht zum Problem. Nazira hat wie gewohnt versucht, in der Rolle des Familienoberhaupts zu bleiben – alle Entscheidungen selbst zu treffen und den Haushalt eigenständig zu erledigen. Es kam ihr nicht in den Sinn, ein paar Aufgaben an ihren Mann zu delegieren. »Er würde doch nichts zum Ende bringen.« Leben wie gewohnt wurde allerdings unmöglich, denn ihre seelische Verfassung war jetzt eine andere. Als Wöchnerin war Nazira übersensibel, seelisch desorientiert und hilflos. Ihr Selbstbild als aktive und fähige Frau fiel plötzlich in sich zusammen. Sie erlebte Angstzustände, glaubte Geister zu sehen und fürchtete sich, allein zu Hause zu sein.

Nazira kann ihren Mann nicht mehr wie früher verwöhnen. Sie schenkt ihre ganze Energie ihrer neugeborenen Tochter. Für den Mann bleibt nichts mehr übrig. Ihm fällt dies jedoch nicht auf. Eines Tages wünscht er sich von Nazira, dass sie für ihn eine aufwendige Süßspeise zubereitet. Das ist der letzte Tropf im Fass. Nazira bricht zusammen: »Wie kann er nur so was von mir verlangen? Sieht er denn nicht, wie es mir geht?« Natürlich nicht! Ihr Mann hat noch nie gesehen, wie es Nazira geht. Das fiel in der alten Beziehung bloß nicht auf. Nazira hat nie um Hilfe gebeten. Sie kam doch selber immer bestens zurecht und hat andere noch verwöhnt.

Plötzlich stört es Nazira, dass sich ihr Mann wie ein kleiner Pascha aufführt, während sie das Kind versorgt und das Haus auf Hochglanz bringt. Sie merkt, dass ihr Mann wie ein zweites Kind für sie ist. Er begreift seinerseits nicht den Zustand seiner Frau und wundert sich über ihre Reaktion. Er weiß nichts von dem enormen Energieaufwand, den sie aufbringt. Er versteht nicht ihre Empörung, fühlt sich abgewiesen und möchte am liebsten die Flucht ergreifen.

Das Problem ist jedoch nicht erst seit gestern da, sondern hat seinen Ursprung lange vor der Geburt des Kindes und sogar, bevor sich die beiden überhaupt kannten. All diese leichten und kindischen Eigenschaften hat Nazira unbewusst in ihrem Mann gesucht, als sie auf der Partnersuche war. Genau diese Eigenschaften bestimmten ihre Partnerwahl. Sie vermisste die

Unbeschwertheit unbewusst bei sich selber. Durch ihren Mann konnte Nazira die Leichtigkeit des Seins aus der Nähe genießen, die sie selbst nicht ausleben konnte. Sie sieht ihr Leben vielmehr als eine ernste Aufgabe. Darin gibt es nichts zu lachen. Sie muss die Zügel in der Hand behalten, Entscheidungen treffen und Verantwortung übernehmen. Das war schon immer so.

Wir schauen zusammen ihre Lebensgeschichte an, um zu finden, wo die Wurzeln dieser Lebenseinstellung liegen. Nazira ist in einer großen Patchworkfamilie aufgewachsen, in der Kinder aus verschiedenen Ehen zusammenlebten. Sie kommt schnell auf ihren Vater zu sprechen und beschreibt ihn als brutalen Diktator. Keiner durfte seinem Wort widersprechen. Er hat seine Kinder geschlagen und im höheren Alter materiell ausgenutzt.

Die Mutter schaute weg. Sie hat die Tyrannei des Vaters durch Unterlassen jeglicher Widerrede zugelassen. Sie ist lieber in die Arbeit geflüchtet, als sich mit Problemen zu Hause zu befassen. Nazira musste sich seit frühester Jugend um den Haushalt und ihre jüngeren Geschwister kümmern. Mit ihren Problemen war sie auf sich allein gestellt und bekam vor allem dann Lob, wenn sie sich nicht beklagte. Durch den selbstlosen Einsatz zu Hause konnte sie sich ein wenig Anerkennung verschaffen. So formte sich allmählich ihre Lebensstrategie – schweigen und tun, was andere verlangen.

In den Gesprächen mit mir wird Nazira bewusst, wie einsam sie inmitten der Großfamilie wirklich war, die Gewalt, der sie ausgesetzt war, das Desinteresse seitens ihrer Mutter und ihr verzweifelter Versuch, sich durch das eiserne Funktionieren einen Hauch Liebe zu verschaffen. Diese Gefühle hat niemand bisher für Nazira beim Namen genannt, daher blieben sie in ihrem Unbewussten verborgen – in ihrem seelischen Schatten.

Erst nach der Geburt ihrer Tochter zeigten sie sich unkontrolliert durch scheinbar irrationale Verlustängste, durch die Unerträglichkeit des Alleinseins und durch Gespenstererscheinungen. In Wirklichkeit waren es »Gespenster« der Vergangenheit, die in ihrem seelischen Schatten lebten. Nachdem Nazira ihnen bewusst in die Augen geschaut hat, verschwinden auch die Trugbilder.

Zur nächsten Sitzung kommt Nazira zusammen mit ihrem Mann. Wir sprechen über das seelische Reißen nach der Geburt, über die Begegnung mit dem inneren Kind, über die seelische Fusion zwischen Nazira und ihrer Tochter, über den Auftrag der Mutter, sich voll und ganz dem Baby zu widmen, und über die Rolle des Vaters als emotionale Stütze. Dem Vater fallen nach seiner Aussage »die Schuppen von den Augen«.

Es entsteht ein neues Bild des Familienlebens. Die beiden begreifen die Unmöglichkeit, das alte Beziehungsschema als Familie weiterzuleben. Sie beschließen zunächst, eine Haushaltshilfe einzustellen, um Nazira zu entlasten. Der junge Vater gewinnt mehr Verständnis für den seelischen Zustand seiner Frau. Er erwartet nicht mehr von ihr, dass sie ihn verwöhnt, sondern freut sich zu wissen, wie er sich sinnvoll einbringen kann. Er schenkt jetzt seiner Frau ganz ungefragt ein wenig von seiner Leichtigkeit, die sie so sehr an ihm schätzt: durch häufige Umarmungen oder verwöhnende Fußmassagen. Die beiden strahlen wieder ein Stück der alten Unbeschwertheit aus, die sie ursprünglich zueinandergeführt hat. Nur diesmal nicht auf Naziras Kosten.

Reflexion: Partnerbeziehung und Unterstützungskette

Zeichne dich und deinen Partner als Strichmännchen auf. Zeige mit Pfeilen, wie der Fluss der emotionalen Energie zwischen euch vor der Geburt geflossen ist: Was gab ich in die Beziehung an Zeit, Ressourcen oder Energie hinein? Was bekam ich von meinem Partner an Zeit, Ressourcen oder Energie im Gegenzug zurück? War der emotionale Austausch ausbalanciert? Worauf basiert unser »Beziehungsvertrag«?

Mach eine neue Zeichnung, jetzt mit dem Kind. Wie hat sich der Energiefluss verändert? Funktioniert die Kette der Unterstützung im Sinne: Kind ← Mutter ← Vater? Wer unterstützt wen? Mach dir Notizen.

Was hilft, wenn ich alleinerziehend bin?

Die Traumbilder von der Mutter-Vater-Kind-Idylle sind allgegenwärtig. Glückliche Familien strahlen uns von der Müsliverpackung oder vom Reisekatalog an. Sie beflügeln unsere Fantasie, dass wir das perfekte Familienglück auch leben könnten. Doch genau das ist auch der Platz dieser Idealbilder – in der Fantasie und auf den Titelseiten von Hochglanzmagazinen, die die Traumfabrik am Laufen halten. Die klassische Familie aus Mutter-Vater-Kind ist eine Erfindung der modernen Zeit und, wie schon erwähnt, ein armseliges Familienmodell, weil eine Mutter und ein Vater einfach zu wenige Menschen sind, um ein Kind großzuziehen. Doch allzu oft kommt es noch schlimmer. Die Mutter oder der Vater ist mit dem Kind oder mehreren Kindern allein – genau der Gegensatz von dem Leben, das wir uns erträumt haben. Die überwiegende Mehrheit der Alleinerziehenden mit kleinen Kindern sind Frauen, daher habe ich vor allem sie im Sinn, wenn ich diese Zeilen schreibe.

Vielleicht war der Traum von der glücklichen Familie zum Greifen nah und zerbrach plötzlich mit dem Schlussstrich des Partners in viele kleine Scherben. Der Schmerz und die Enttäuschung, verlassen zu werden, verwandelten die Seele in eine leblose Wüste. Oder es bestand von Anfang an Klarheit über das eigene Schicksal, wenn das Kind aus einer flüchtigen Beziehung entstanden ist. Einige Paare trennen sich während der Schwangerschaft, viele andere im ersten Lebensjahr des Kindes oder danach. Lebenswege sind unergründlich, und wir waren mehr oder weniger darauf vorbereitet, alleine für das Kind sorgen zu müssen. Je mehr Zeit wir hatten, uns mental auf die Trennung vorzubereiten, desto besser konnten wir unsere seelischen und materiellen Ressourcen für das Alleinleben mobilisieren. Doch selbst in den Fällen, in denen Klarheit darüber herrscht, dass getrennte Wege besser für alle Beteiligten sind, verläuft eine Trennung selten ohne Schmerz, Verletzungen oder Angst.

Vielleicht machen wir uns Vorwürfe, in der Beziehung versagt zu haben und jetzt unserem Kind keinen Vater und damit keine perfekte Kindheit bieten zu können. Vielleicht sind wir noch wütend auf den Partner, der uns verlassen hat. Vielleicht haben wir ein schlechtes Gewissen, eine Beziehung ausgenutzt zu haben, um dieses Kind zu bekommen. Dann schämen wir uns wahrscheinlich im Stillen dafür. Wir wissen nicht, ob wir diese Gefühle mit dem Kind teilen oder für uns behalten sollen oder wie wir die bevorstehende Trennung dem Kind überhaupt beibringen können. Manchmal werden Kinder so lange in Ungewissheit gehalten, bis die neue Realität unausweichlich eintritt.

Ganz egal, wie alt unsere Kinder sind, müssen wir ihnen vom Geschehen in der Familie erzählen und vor allem über unsere Gefühle reden. Manchmal wollen wir sie beschützen und machen ihnen etwas vor, was nicht mehr der Wahrheit entspricht. Wenn es so ist, werden Kinder die Lügen schnell entlarven, weil sie über sehr feine Antennen für die Gefühlslage in der Familie verfügen. Wenn sie eine Diskrepanz empfinden zwischen dem, was sie spüren, und dem, was ihnen erzählt oder vorgemacht wird, weisen sie mit auffälligem Verhalten – nächtliche Unruhe, Übergriffe auf andere Kinder in der Tagesbetreuung, Wutausbrüche oder Realitätsentfremdung – darauf hin, dass es so nicht weitergehen kann.

Natürlich werden die Kinder durch eine Trennung ihrer Eltern verletzt. Noch viel mehr Angst macht ihnen jedoch die Unausgesprochenheit und Ungewissheit darüber, was passieren wird. Die Ungewissheit ist schlimm, weil man keinen Umgang mit ihr suchen kann; man kann sich auf das Unbekannte ja nicht vorbereiten. Wenn wir mit einfachen und ehrlichen Worten unseren Kindern erzählen, was gerade geschieht, in der Ich-Form erklären, was in uns vorgeht, ohne Vorwürfe und Schuldzuweisungen auf die anderen zu richten, dann treten wir in Kontakt mit uns selbst und helfen unseren Kindern, einen Umgang mit der neuen Situation zu suchen.

Kann sein, dass die Welt im Moment nur dunkel aussieht, es muss aber nicht immer so bleiben. Kein Zustand ist endgültig. Nach einem noch so tiefen Sturz folgt unaufhaltsam ein Aufstieg. Ich habe viele Frauen gesehen, die nach der schlimmsten Misere der Einsamkeit neuen Mut schöpfen konnten und eines Tages für eine neue Liebe offen waren. Auch wenn wir einem

Mann vielleicht noch hinterhertrauern, wird es eines Tages einen anderen geben, der noch toller ist. Ich weiß das genau. Zunächst muss jedoch die Seele geheilt werden. Es ist Zeit, für uns und unsere Kinder zu sorgen.

Und das Motto lautet: *Alleinerziehend, aber nicht allein!*

Es ist jedem klar, dass das Leben mit Kindern ohne Partner besondere Belastungen mit sich bringt: den Alltag alleine zu meistern, die finanzielle Verantwortung, die Einsamkeit oder die Angst, im Notfall keine Hilfe zu bekommen. Man kann sich nicht einmal erlauben, krank zu werden. Wer holt dann meine Kinder vom Kindergarten ab? Doch der einzige Elternteil zu sein hat auch seine Vorteile. Zunächst einmal ist es die Klarheit über die eigene Einsamkeit und darüber, dass wir Hilfe brauchen. Wir wissen es und können es klar kommunizieren. Jedem Menschen ist einleuchtend, dass eine alleinerziehende Mutter Hilfe braucht. Die Umgebung hat Mitgefühl und möchte helfen – Freunde, Nachbaren, Kollegen, der Vorgesetzte oder die Tagesbetreuung zeigen sich meistens kooperativ und solidarisch.

Die Klarheit über die Einsamkeit ist keine Selbstverständlichkeit. Es gibt viele Frauen, die mit einem Mann zusammenleben, jedoch so gut wie alleinerziehend sind, weil er nicht helfen kann oder will. Diese Frauen realisieren nicht, wie allein sie in Wirklichkeit sind. Sie verzweifeln im Alltag, laufen fast Amok und wissen nicht, woran es fehlt. Für die Außenstehenden ist es ebenso schwer nachzuvollziehen, dass diese Frau, die einen netten und geschäftigen Mann an ihrer Seite hat, Hilfe brauchen könnte.

Ein anderer positiver Aspekt am Leben als Alleinerziehende besteht darin, dass wir die Beziehung zu unserem Kind selbstbestimmt gestalten können. Keiner ist da, um uns zu sagen, dass das Schlafen im Elternbett das Kind zu sehr verwöhnt oder dass wir längst abstillen sollten. Wir müssen uns nicht rechtfertigen, nicht lange diskutieren und mit niemandem verhandeln, sondern können unserem inneren Impuls folgen, dem, was sich stimmig anfühlt. Das ist eine wohlige Eigenbrötelei.

Viele junge Mütter, die in einer Beziehung leben, verbringen das Wochenbett und das erste Lebensjahr des Kindes im permanenten Streit mit dem Partner. Der Fokus ihrer Aufmerksamkeit verschiebt sich vom neugeborenen Kind hin zum Partner und ihren Differenzen. Das Kind bleibt seelisch allein. Das Streiten absorbiert die gesamte Energie der Mutter, und sie verpasst die wertvolle Zeit ihrer zauberhaften Verwandlung zur Mutter, die Wärme und die Innigkeit des Zusammenseins mit dem Baby, die süße Verschmelzung und das Verweilen in der Parallelwelt jenseits von Raum und Zeit.

Wenn die Streitereien mit dem Partner aufhören und die Auseinandersetzung mit den Widrigkeiten in der Beziehung ausklingt, fangen wir an, mehr nach innen zu horchen. Das ist eine gute Gelegenheit, die eigene innere Stimme wiederzuentdecken, die vielleicht lange stumm gewesen ist, da sie vor lauter Vorwürfen und Verteidigung nicht mehr zu Wort kam. Die Stille ist ungewohnt. Und vielleicht fühlen wir uns unsicher, ob uns die innere Stimme nicht etwas »Falsches« vorgaukeln und uns in die Irre führen könnte, da ja niemand mehr da ist, der unseren Einsichten widerspricht. Vielleicht haben wir Angst, uns im Labyrinth der Selbstgespräche zu verlieren und ganz verrückt zu werden.

Die beste Möglichkeit, diese Unsicherheiten auszuräumen, besteht darin, sich ein Spiegelbild zu verschaffen. Ja, wir brauchen zwingend einen Spiegel, um uns darin zu sehen. Wir können also ein Gespräch mit jemandem suchen, der uns diesen Spiegel vorhalten kann, das heißt, der unsere Voreingenommenheit, unsere Vorurteile oder Verleugnungen entlarven kann und der mit der femininen Energie auf vertrautem Fuß steht. Am besten kann das eine geschulte Fachfrau: eine Therapeutin, ein Coach oder eine Seelsorgerin. Freunde können uns da leider keine guten Dienste erweisen, da sie mit uns solidarisch sind und meist nur das sagen, was wir hören wollen.

Die Bedürfnisse der alleinerziehenden Mutter und ihrer Kinder ändern sich im Laufe der Zeit. Im ersten Lebensjahr braucht das Baby vor allem die Mutter, die bereit ist, mit ihm emotional eins zu sein. Keine direkte Verbindung zwischen dem Baby und dem Vater ist dringend notwendig für die gesunde Entwicklung des Kindes. Die Rolle des Vaters besteht in dieser Zeit vor allem in der Unterstützung der Mutter-Baby-Dyade. Welche Ersatzmöglichkeiten gibt es für diese Unterstützung in Abwesenheit des Vaters?

In vormodernen Zeiten halfen die weisen Frauen, selbst erfahrene Mütter, den jungen Frauen auf ihrem Weg in die Mutterschaft. Frauen aus indigenen Völkern bewältigen die Aufgabe der Kindererziehung auch nicht alleine, sondern in Gemeinschaft. Mehrere Frauen mit ihren Kindern tun sich zusammen, während die Männer auf die Jagd gehen. Die Schwingungen der femininen Energie verstärken sich und wirken kräftigend auf jede einzelne Frau. Und so entwickeln mehrere Frauen zusammen eine enorme Stärke, die es ihnen ermöglicht, viele Kinder zusammen zu betreuen und füreinander zu sorgen.

Heute gilt es, alles in Anspruch zu nehmen, was uns hilft. Wir sollten keine Skrupel haben, in den verschiedensten Ecken nach Hilfe zu suchen, um uns ein Netz der Unterstützung aufzubauen, denn die Einsamkeit ist der schlimmste Begleiter für den Anfang der Mutterschaft. Haushaltshilfen, ehrenamtliche Dienste, erweiterte Familie, Freunde, Nachbarschaftszentren, Netzwerke von Frauen oder Alleinerziehenden, staatliche Hilfen und Träger, Krabbelgruppen, Hebammenpraxen oder Mütter aus der Nachbarschaft – Hilfe kann von vielen Seiten kommen. Sobald sich mehrere Frauen mit ihren Kindern zusammentun, wird es ihnen leichter, ihre Kinder zusammen großzuziehen. Alleine dagegen verzweifeln wir schon mit einem einzigen Kind.

Wenn das Kind größer wird, zum Ende seines zweiten Lebensjahres, fungiert der Vater als wichtiger Auflöser der seelischen Fusion zwischen der Mutter und dem Kind. Auch hier gilt es, nach Ersatzmöglichkeiten zu suchen, die diese Aufgabe des Vaters übernehmen könnten. Das kann alles sein, was die Mutter seelisch stark involviert, was sie interessiert, begeistert oder inspiriert. Es kann zum Beispiel ihre Neuorientierung im Hinblick auf die berufliche Entwicklung sein. Es können neue spannende Projekte oder Pläne sein, die ihre Kreativität fordern, neue oder wiederentdeckte Freundschaften, die frischen Wind in ihr Leben bringen. Es können Fortbildungen, soziales Engagement oder neue Interessen sein – alles, was die seelische Energie der Mutter an sich bindet und so hilft, das Kind von der exklusiven Bindung an die Mutter zu befreien. Das Kind soll in dieser Zeit ebenfalls ausreichend Möglichkeiten bekommen, in Kontakt mit anderen Personen und Aktivitäten zu treten, seien es Großeltern, Krippe oder Spielplätze.

Die Auflösung der seelischen Fusion am Ende des zweiten Lebensjahres und die Bewegung auseinander sind ganz natürlich, auch wenn wir Frauen von Natur aus auf die Verbindung hin ausgerichtet sind. Es liegt in unserer Hand, nach Hilfen zu suchen, die die seelische Verschmelzung wieder auflösen helfen. Und wenn uns gar nicht nach Auflösung zumute ist? Dann müssen wir uns fragen, ob wir die enge Nähe zu unserem Kind eventuell als Seelennahrung brauchen, ob wir unsere ausgehungerte Seele mit seiner reinen Energie und Wärme trösten und ohne sie nicht überleben können. In dem Fall missbrauchen wir unser Kind und behindern seine Entwicklung.

Die Selbstsuche an sich ist auch schon ein wichtiger emotionaler Trenner. Die Fähigkeit, sich Fragen zu stellen, über das eigene Verhalten zu reflektieren, ehrlich mit sich zu sein, ist ohnehin ein guter Begleiter auf unserem Weg.

Ein Netz der Unterstützung aufbauen

Zeichne dich auf einem Blatt Papier in der Mitte auf und um dich herum alle Menschen oder Dinge, die dich emotional, praktisch oder finanziell unterstützen können. Zeichne Pfeile zu dir, so dick, wie die Stärke der Unterstützung ist. Gibt es Quellen, die du bisher unterschätzt oder zu wenig genutzt hast? Welche neuen Hilfsquellen fallen dir ein?

Das Bild des Vaters durch die Augen der Mutter

Es gehören zwei dazu, ein Kind zu bekommen. Das ist eine einfache Tatsache, die wir Mütter zu gerne vergessen. Das Gebiet der Kindererziehung ist naturgegeben unser emotionales Territorium, wo wir uns gerne aufhalten. Wir beanspruchen das ganze Gebiet für uns und erringen darin eine Machtposition. Das ist nachvollziehbar. Durch die Schwangerschaft, die Geburt, das Stillen, das Tragen und die seelische Fusion fühlen wir uns dem Kind so nah, dass wir beinahe empfinden, es gehörte mehr zu uns als zum Vater.

Die andere Tatsache besteht darin, dass das Kind beide Elternteile im gleichen Maße als einen Teil von sich selbst erlebt. Es liebt beide Eltern gleich stark, und es darf sie beide lieben, unabhängig von ihrem Verhalten. Diese Liebe ist natürlich und wichtig für seine gesunde psychische Entwicklung. Man kann dem Kind die Liebe zu einem Elternteil nicht verbieten, auch wenn der andere ihrer aus erwachsener Sicht nicht würdig ist.

Das Kind schöpft von jedem Elternteil seine wesenseigene Energie – von der Mutter die weibliche und vom Vater die männliche. Beide Energien sind gleich wichtig, weil jeder Mensch in sich sowohl weibliche als auch männliche Anteile trägt. Wenn eine Energie verkümmert oder ausbleibt, bringt das die Seele in die Schieflage, besonders wenn die verwehrte Energie der eigenen entspricht. Natürlich identifizieren sich Töchter in der Regel mehr mit der weiblichen Energie und Söhne mit der männlichen. Eltern des gleichen Geschlechtes sind daher wichtige Rollenvorbilder für das Kind.

Dennoch hat die Mutter den entscheidenden Einfluss auf das Weltbild des Kindes. Die seelische Verschmelzung der ersten Lebensmonate, wenn zwei Herzen im Einklang schlagen und das Kind alle Emotionen der Mutter wie seine eigenen erlebt, ist der Auftakt einer lebenslangen Verbindung. Die Mutter bleibt auch nach der seelischen Abnabelung die wichtigste Vermittlerin zwischen dem Kind und der Außenwelt. Sie filtert die Einflüsse der Außenwelt, übersetzt sie, erklärt die Bedeutung und Zusammenhänge zwischen Phänomenen. Mit der Zeit sieht das Kind die Welt immer mehr mit den Augen der Mutter: Es schenkt seine Aufmerksamkeit den Dingen, die sie für wichtig hält, findet schön oder hässlich, was sie schön oder hässlich findet, und trifft Entscheidungen bis hin zur Berufs- oder Partnerwahl, die dem Geschmack der Mutter entsprechen.

Die Mutter bestimmt auch, wie das Kind Personen wahrnimmt und vor allem wie das Kind den Vater erlebt. Die Mutter kommuniziert aus ihrer Sicht, was für ein Mensch der Vater ist. Durch ihr Wohlwollen, Respekt und Beachtung oder durch ständige Kritik und unterschwellige Ablehnung vermittelt sie, wie sie zum Vater steht. Das Kind übernimmt diese Sichtweise unkritisch und glaubt später, es sei seine eigene. Die Mutter beeinflusst daher entscheidend das Verhältnis der Kinder zum Vater.

Auch das Verhältnis des Vaters zum Kind ist von seiner Beziehung zur Mutter geprägt. Hat der Vater ein liebevolles Verhältnis zur seiner Frau, erstreckt sich seine Liebe durch die Frau hin zu den gemeinsamen Kindern. Er verbindet sich liebevoll mit den Kindern der Frau, die er liebt. Ist dagegen das Verhältnis der Eltern gestört, kühlen sich das Interesse an gemeinsamen Kindern und seine Beteiligung an der Erziehung rasch ab. (Das erklärt das Phänomen, über welches viele Frauen sich beklagen, dass Väter nach der Trennung nur noch wenig Interesse an gemeinsamen Kindern zeigen.) Die Mutter ist damit der emotionale Schlüssel für die ganze Familie.

Entscheidend ist, wie die Mutter emotional zum Vater steht: Akzeptiert sie ihn als würdigen Vater für ihr Kind, respektiert ihn als Person, schenkt ihm Vertrauen und Beachtung, wird das Kind ein positives Vaterbild entwickeln. Es wird die väterlichen Anteile in sich akzeptieren und die männliche Energie frei entfalten können. Die Vateranteile in seinem Selbstbild, die es zu lieben und zu schätzen gelernt hat, tragen zum kompletten Selbstbild und zum positiven Selbstwertgefühl bei. Dabei ist es zweitrangig, ob der biologische Vater tatsächlich präsent oder abwesend ist. Erzählungen der Mutter können ihn wahrhaftig zum Leben erwecken.

Lehnt die Mutter den Vater dagegen ab, findet ihn minderwertig, unwürdig oder schwach, wird sich das Kind aus Solidarität mit der Mutter seine Liebe zum Vater verbieten und das Väterliche in sich ablehnen. Der Fluss der männlichen Energie wird gestört, das Selbstbild bleibt unvollständig und das Selbstwertgefühl gemindert.

Welche Charaktereigenschaften des Kindes bleiben auf der Strecke, wenn die Liebe zum Vater »verboten« ist? Was bedeutet männliche Energie? Wir haben gesehen, dass die Verbindung weiblich ist und die Trennung männlich. Das heißt, alle Eigenschaften, die auf das Abgrenzen hin ausgerichtet sind, entstehen aus der männlichen Energie: Durch den Vater erfährt das Kind Grenzen – seine eigenen und die der anderen Menschen. Es erfährt Grenzen des Möglichen und des Erlaubten. Es lernt Regeln und Gesetzmäßigkeiten, erfährt Würde und Verantwortung und lernt, richtig maßzuhalten. (Mit der Mutter erfährt das Kind die seelische Fusion – das ist die Verschmelzung ohne Grenzen, ohne konkreten Raum oder Zeit. Die Sättigung mit weiblicher Energie erlaubt es dem Kind, später tief gehende, langfristige und vertrauensvolle Beziehungen zu anderen Menschen einzugehen. Durch die Mutter lernt das Kind Einfühlungsvermögen, entwickelt Intuition und entfaltet Kreativität.)

Männlich sind alle aktiven Charaktereigenschaften wie Zielstrebigkeit, Durchsetzungsvermögen, rationales Denken, Ehrgeiz, Geradlinigkeit, berufliche Profilierung oder Selbstverwirklichung. Kinder, denen der Zugang zum Vater und daher zur männlichen Energie verwehrt blieb, können grenzverletzendes Verhalten an den Tag legen. Sie haben Schwierigkeiten, sich in Gruppen zu integrieren, und sind ungehorsam bis hin zur Straffälligkeit. Sie können Lernprobleme entwickeln, zeigen mangelnde Motivation oder Interesselosigkeit. Wenn unsere Kinder diese Eigenschaften zeigen, lohnt es sich, unser Verhältnis zum Vater des Kindes zu überprüfen.

Mütter können sich mit einem einfachen Test vergewissern, wie ihr Verhältnis zum Vater des Kindes ist: Was empfinden wir, wenn wir in unserem Kind äußere oder charakterliche Ähnlichkeiten zu seinem Vater beobachten? Freuen wir uns darüber, dass unser Kind sie geerbt hat? Sind wir stolz darauf? Möchten wir sie verstärken und fördern? Oder schämen wir uns dafür? Möchten sie verringern oder am liebsten gar nicht sehen? Erinnern sie vielleicht an alte Enttäuschungen und sind daher schwer zu ertragen? Was sagen wir zu unserem Kind, wenn wir eine Ähnlichkeit zum Vater feststellen? Zeigen wir ihm Freude oder Unmut, Akzeptanz oder Zurückweisung? Hänseln wir unser Kind vielleicht sogar dafür?

Wenn wir die Vatereigenschaften in unserem Kind ablehnen, erlebt das Kind eine persönliche Ablehnung. Väterliche Eigenschaften in ihm verschwinden dadurch aber nicht. Im Gegenteil, es kommt zum Paradox: Das Kind wird sich mit dem abgelehnten Elternteil solidarisch fühlen und nach Verbindung zu ihm suchen. Und wenn die Verbindung auf natürlichem Wege durch »legitime« Liebe nicht möglich ist, dann nimmt sie destruktive Formen an, wenn sich das Kind zum Beispiel mit dem Vater durch ein ähnliches Schicksal verbindet, sein Unglück teilt oder schwierige Eigenschaften übernimmt oder sogar noch verstärkt.

Jede Machtposition verführt leider auch zum Machtmissbrauch. Und so ist es auch mit uns Müttern. Wenn wir mit unserem Mann zerstritten sind, dann wollen wir recht haben und beweisen, dass der andere an allem schuld ist. Und dann kommt es zum Schlimmsten – wir verlangen von unserem Kind (bewusst oder unbewusst), dass es unsere Partei ergreift und sich mit uns gegen den Vater verbündet. Das ist eine Form von Missbrauch, denn wir benutzen das Kind als Seelennahrung. Wir verwehren ihm das Natürlichste der Welt – seine Liebe zum Vater – und zerstören ein damit Teil seiner Identität.

Was können wir also tun, damit es nicht zu diesem Missbrauch kommt?

Wenn die Fronten verhärtet sind, ist das Mindeste, was wir tun können, das Kind vom Konflikt der Eltern zu befreien. Das bedeutet nicht, die Realität zu verschweigen oder sie schönzureden. Es bedeutet nur, dass vom Kind kein Bündnis mit einem Elternteil verlangt wird und seine Beziehung zum anderen Teil unbelastet bleibt. Das Kind kann und muss in das Familiengeschehen eingeweiht werden, darf dabei aber nicht zur Marionette der Erwachsenen werden.

Es braucht viel persönliche Reife der Mutter, um ihr Verhältnis zum Vater des Kindes für sich zu klären – dem Mann, in den sie einmal verliebt war und den sie heute vielleicht am liebsten nicht mehr sehen möchte. Es braucht Größe zu akzeptieren, dass jeder Mensch seinen Weg geht und sein Bestes versucht, um glücklich zu werden. Kein Mensch will uns aus reiner Böswilligkeit vorsätzlich etwas Schlimmes antun. Wir sind alle im Herzen nur kleine Kinder, gefangen in unserer kleinen Welt, bemüht um ein Plätzchen an der Sonne (sprich an Mamas Seite) und im Kampf gegen die inneren Zwänge. Enttäuschung und Wut sind unsere Gefühle, sie gehören uns und kommen nicht von außen.

Eine Wohltat für unser Kind wäre es, wenn wir ihm eine kleine, aber wahrhaftige Geschichte über seine Eltern in Ich-Form erzählen würden. Dabei ist es wichtig, mit dem Kind so zu reden, dass es sich für seinen Vater nicht schämen muss. Es soll für ihn möglich bleiben, den Vater trotz aller Lebenswendungen zu lieben und zu akzeptieren. Die Erzählung kann von dem meist romantischen oder schicksalhaften Moment des Kennenlernens handeln oder von der Phase der Liebe zwischen den Eltern, die ihnen erlaubt hat, dieses Kind zu bekommen. Wenn wir unsere Dankbarkeit dem Vater gegenüber zum Ausdruck bringen, erfüllt es auch das Kind mit Stolz, und dann wird es die aktuellen Schwierigkeiten der Eltern einfacher ertragen. Eine solche Erzählung könnte ungefähr so klingen: »Ich bin deinem Vater dankbar vom Herzen dafür, dass es dich gibt. Leider bin ich in der Beziehung zu ihm nicht glücklich geworden. Am Anfang habe ich einen Mann wie deinen Vater gesucht und gebraucht. Mit der Zeit haben wir uns beide verändert und passen heute nicht mehr so gut zusammen wie früher.«

Die Mutter muss die Ähnlichkeit des Kindes mit dem Vater erlauben und gutheißen. Das wird dem Kind helfen, seine Vateranteile ebenfalls zu akzeptieren und einen positiven Zugang zur männlichen Energie zu entwickeln. Und den Vätern, die am Großziehen ihres Nachwuchses beteiligt sind, müssen wir Mütter ihren eigenen Weg mit den Kindern erlauben, auch wenn uns das manchmal schwerfällt.

Reflexion: Vateranteile in meinem Kind

Frage dich: Was empfinde ich, wenn ich in meinem Kind Ähnlichkeiten mit seinem Vater feststelle? Welche Ähnlichkeiten sind das? Was kommuniziere ich dem Kind darüber? Darf mein Kind seine Ähnlichkeit mit dem Vater unbelastet ausleben? Mach dir Notizen.

Ein zweiter Schritt
Ganz egal, wie dein Verhältnis zum Vater deines Kindes heute ist: Finde etwas, was du an diesem Mann wirklich schätzt. Gibt es warme Erinnerungen aus eurer Beziehung? Erzähle deinem Kind mit Begeisterung davon.

Teil III

Das innere Kind und der seelische Schatten

Einführung

Bevor wir weiter fortschreiten, möchte ich das bisher Gesagte in wenigen Worten zusammenfassen.

Was selbstverständlich ist, wird nicht hinterfragt. Und so merken wir nicht, dass wir in einer überzogen maskulinen Welt leben, die es uns Frauen schwer macht, uns mit unseren femininen Seiten frei zu verbinden. Weiblichkeit bedeutet zyklische Natur, subtile Emotionen, Passivität, Weichheit, Sich-Öffnen, Aufnehmen, Mitfühlen und Nähren. Die weiblichen Eigenschaften werden von uns Frauen wenig kultiviert oder sogar verschmälert. Wir sind im Grunde genommen Männer im weiblichen Körper. Das macht die Erfahrung der Geburt und des Wochenbetts für uns zu einem schmerzhaften Erlebnis. Das, was für uns Frauen natürlich sein sollte, erleben wir als eine Irrfahrt auf dem unbekannten Terrain.

Es gelingt uns nicht intuitiv, Kinder zu bekommen und mit ihnen zu leben. Wir sind nicht in der Lage, allen natürlichen Bedürfnissen des Neugeborenen Rechnung zu tragen. Unsere eigenen Wünsche stellen wir unter dem Vorwand erfundener Gründe an die erste Stelle, da wir in unserem Inneren selbst ungesättigte Kinder geblieben sind. Die Mutterschaft wird zum täglichen Kampf um die eigene Autonomie, gegen die Forderungen des Kindes und gegen die dunklen Seiten unserer Seele, die wir durch die Mutterschaft vielleicht zum ersten Mal zu spüren bekommen haben. So ein Kampf kommt nicht ohne Gewalt aus – ob körperlich oder emotional. Alle Mittel sind recht zur Rettung unserer verwundeten Seele. Wir wissen aus Erzählungen, dass es schon für unsere Mütter und Großmütter schwer war, ihre Kinder zu versorgen. Die Kette des Leidens schreitet von Generation zu Generation fort, und wir schaffen es nicht, die alten Muster zu brechen. Wir fühlen uns in ihnen gefangen und verhalten uns wie fremdgesteuert.

Möglicherweise finden Sie sich bei diesen Ausführungen mit Ihrer Lebensgeschichte wieder, vielleicht fühlen Sie verstanden oder ertappt. Hoffentlich bewegt sich etwas in unserer Seele, und wir werden bereit, nicht nur mit den Augen zu sehen, sondern zu akzeptieren, dass es innere Kräfte in unserer Seele gibt, die uns jenseits der guten Absichten tagtäglich steuern.

Dann ist der richtige Zeitpunkt gekommen, uns mit den verborgenen Seiten unserer Seele auseinanderzusetzen – Seiten, von deren Existenz wir bisher vielleicht nicht einmal wussten und die unser tägliches Leben doch so sehr beeinflussen. Sie sind wie die verborgenen Teile des Eisbergs, die man nicht sieht. Die Verführung ist groß, die im Wasser versunkenen Teile zu ignorieren, doch erfahrene Seeleute wissen nur zu gut, dass man gerade diesen verborgenen Teilen des Eisbergs große Beachtung schenken muss, um eine Katastrophe zu vermeiden.

In diesem Teil des Buches setzen wir uns mit den bereits erwähnten Begriffen »der seelische Schatten« und »das innere Kind« tiefer auseinander. Der seelische Schatten ist dafür verantwortlich, dass sich unsere besten Absichten nicht umsetzen lassen oder nicht zum gewünschten Resultat führen. Er sabotiert unsere besten Absichten. Der seelische Schatten ist der wahre Drahtzieher unseres Schicksals, unserer Beziehungen zu anderen Menschen und natürlich zu unseren Kindern. Der Entschluss, sich mit ihm zu beschäftigen, kann zum Wendepunkt im Leben werden. Und die Geburt eines Kindes ist der beste Anlass für diesen Entschluss.

Warum das so ist? Weil wir während und nach der Geburt unserem seelischen Schatten nicht mehr entfliehen können. Die Geburt eines Kindes öffnet nicht nur den Körper, sondern auch die Seele, und der Schatten entweicht unbemerkt. Er breitet sich während des Wochenbetts in unserem Leben aus und materialisiert sich im Körper unseres Babys. Auch später, wenn die Kinder größer sind, werden sie uns unsere verletzte Seele immer wieder vor Augen führen, indem sie diese spiegeln oder indem sie unsere ungeliebten Eigenschaften selbst annehmen. Das Leben mit Kindern ist eine tägliche Konfrontation mit uns selbst. Wir können es als Kampf erleben oder als bereicherndes Lernen. Was ist uns lieber?

In diesem Teil des Buches erfahren wir mehr über den seelischen Schatten und das innere Kind: Was ist der Schatten genau? Woraus besteht er? Was ist in ihm verborgen? Über seine Entstehung: Warum gibt es ihn überhaupt, und wie bildet er sich in der Kindheit heraus? Wir werden sehen, welche Rolle das innere Kind und seine Verletzungen dabei spielen. Wir lernen die wichtige Rolle der verborgenen Teile unserer Seele in unserem Leben kennen – und den Gewinn, den wir aus der Beschäftigung mit ihnen ziehen können.

Viele Menschen möchten im Erwachsenenalter nicht mehr in die Kindheit blicken. Sie wollen lieber nach vorn schauen und mit der Vergangenheit abschließen. Es tut einfach zu weh. Doch wir können mit der Vergangenheit erst dann wirklich abschließen, wenn wir sie angeschaut, verstanden und angenommen haben. Sie einzusperren und zu verdrängen macht unser Leben nicht leichter, sondern schwerer.

Die Beschäftigung mit dem eigenen seelischen Schatten und mit dem verletzten inneren Kind soll uns keine Angst machen. Beim genauen Anschauen wird deutlich, dass wir während dieser Arbeit nur auf Dinge treffen, die ohnehin zu uns gehören und schon immer da waren. Das Schlimmste – die Verlassenheit und die Hilflosigkeit zu Anfang unseres Lebens – haben wir bereits hinter uns. Jetzt, da wir erwachsen, groß und stark sind, kann uns nichts mehr passieren. Wir sind auf niemanden mehr angewiesen, können selbst für uns sorgen und haben unser Leben selbst in der Hand.

Wir lieben das, was wir kennen, und möchten das erkunden, was uns lieb ist. Die Beschäftigung mit dem seelischen Schatten wird uns zeigen, dass der Teufel nicht so schwarz ist, wie man ihn malt. Die Dunkelheit des Schattens hat die wunderbare Eigenschaft, das Licht in unser Leben zu bringen, es mit Glanz und Leuchten zu bereichern. Zunächst einmal müssen wir jedoch in die tiefen Gewässer herabsteigen, um wie neugeboren aus ihnen wieder aufzusteigen. Ich versichere Ihnen, dass sich die Arbeit lohnt.

Natürlich ist es verlockend, bei auftretenden Problemen nach einfachen, schnellen Lösungen von außen zu suchen. Doch sie lösen nichts in Wirklichkeit, sondern übertünchen nur oder verschieben Probleme. Wollen wir eine wahre Veränderung oder vermeintliche Besserung? Die Augen schließen oder genau hinsehen? Andere beschuldigen oder Verantwortung übernehmen? Die Antwort ist immer eine persönliche Entscheidung, die jedoch nicht nur unser Leben, sondern das Leben unserer Kinder mitbestimmt.

Sind wir nicht Herren im eigenen Zuhause?

Als Sigmund Freud vor gut hundert Jahren das Unbewusste als den mächtigsten Teil der menschlichen Psyche beschrieben hat[1], wurde es wie eine Kränkung für die Menschheit aufgenommen. Das Bild des vernünftigen und selbstbestimmten Menschen – des Vorantreibers der Industrialisierung und der Wissenschaft – wurde in Mitleidenschaft gezogen. So selbstbestimmt sahen wir nicht mehr aus. Vielmehr zerrissen von Spannungen, Ambivalenzen und inneren Kämpfen, angeheizt von unbewussten Trieben und gedeckelt von innerer Zensur. Die eigene Seele war nicht mehr unser vertrautes Heim, sondern ein unbekanntes Land. Nicht verwunderlich, dass diese Sichtweise bis heute auf viel Widerstand stößt.

Jenseits der psychologischen Theorien erleben wir an einfachen alltäglichen Situationen, dass das Seelische nicht linear und transparent, sondern komplex und für uns selbst manchmal unerklärlich ist. Es gibt Dinge, die uns »auf die Palme« bringen, während sie für andere Menschen neutral oder selbstverständlich sind. Wir träumen vom Glück und versacken in grundloser Traurigkeit. Wir streben nach Gesundheit und leiden ständig an Wehwehchen. Wir sehnen uns nach Harmonie und können nicht aufhören zu streiten. Wir wollen zur Ruhe kommen und machen noch mehr Termine. Wir wollen ein guter Mensch sein und schämen uns für hässliche Gedanken. Mit anderen Worten: Wir können nicht so, wie wir wollen. Etwas steht uns im Weg und sabotiert unsere besten Absichten.

Der Saboteur ist unser seelischer Schatten – die Kehrseite des positiven Selbstbildes, das wir nach außen tragen. Mit dem Schatten ist alles Seelische gemeint, das wir nicht als Eigenes anerkennen können oder wollen und daher aus dem Bewusstsein verbannen: Kritik und Beschimpfungen, die wir von uns weisen, Eigenschaften, auf die wir nicht stolz sind, oder Erfahrungen, die wir am liebsten vergessen wollen. Das Triebhafte, das Peinliche und das Schmerzhafte beherbergen wir in unserem Unbewussten – in unserem seelischen Schatten. C. G. Jung hat es treffend zusammengefasst: Der Schatten ist der Mensch, der wir lieber nicht sein möchten.

Das Tückische am Schatten ist seine schicksalhafte Wirkung auf das Leben. Ausgerechnet das, was wir mit aller Kraft versuchen zu vermeiden, fördert er zum Tageslicht. Er wirkt aus dem Unbewussten heraus und äußert sich unerwartet in kritischen Situationen, wenn wir die Kontrolle verlieren. In diesen Momenten geraten wir in seine Gewalt und sind von ihm wie fremdgesteuert. Und je stärker wir den Schatten unterdrücken, desto brutaler sind seine Ausbrüche. Manchmal zerstört so ein Schattenausbruch jahrelange Bemühungen, das Leben so aufzubauen, wie wir es uns wünschten, vergleichbar mit einem Amoklauf. Jeder kennt Beispiele aus der Presse, wenn berühmte Persönlichkeiten – unsere Vorbilder für Erfolg und Moral – in Exzessen entgleisen und ihre Abgründe offenbaren. Unser Entsetzen mischt sich mit der heimlichen Freude, dass es anderen Menschen auch so geht. Denn kleine oder große »Amokläufe« erleben wir alle im Alltag.

Während sich im Berufsleben und in der Partnerschaft eher die unbewussten Charaktereigenschaften zeigen, tauchen im Prozess des Mutterwerdens vor allem die *schmerzhaften* Kindheitserfahrungen aus dem Unbewussten auf. Das verletzte innere

Kind erwacht durch die Mutterschaft wieder zum Leben. Das Leiden aus der Zeit, an die wir uns heute nicht bewusst erinnern können, lebt ebenfalls im Schatten. Die Hilflosigkeit, die Vernachlässigung, die Missachtung unserer Bedürfnisse oder die verwüstende Einsamkeit haben wir nicht vergessen. Wir können uns heute zwar nicht bewusst daran erinnern, deshalb ist das Erlebte aber nicht spurlos verschwunden. Es ist anders in uns präsent – in unseren körperlichen Befindlichkeiten, in unserem Selbstvertrauen, in unserer Offenheit oder im Misstrauen, in den (irrationalen) Ängsten, in den inneren Reserven an Wärme und Altruismus, aus denen wir für andere sorgen können oder eben nicht.

Unsere ersten bewussten Erinnerungen stammen aus dem Alter von ca. drei Jahren. In diesem Alter entsteht das intellektuelle Bewusstsein parallel mit der Entwicklung der Sprache. Das Bewusstsein und die Sprache formen sich gegenseitig. Und so erinnern wir uns vor allem an Dinge, die für uns in Worte gefasst worden sind, meistens von unserer Mutter. Das bedeutet: Erfahrungen, die unsere Mutter für uns benannt, beschrieben und erklärt hat, speichern wir als solche ab und können sie später in dieser Form wieder abrufen. Im Gegensatz bleiben Erlebnisse (besonders schmerzhafte), die niemand für uns in Worte gefasst hat, diffus, sie steigen in den Schatten herab und sind für uns nur schwer zugänglich. Mit der Zeit sind wir unsicher, ob es wirklich so schlimm gewesen ist.

Deshalb besteht die wichtigste Aufgabe der Elternschaft im Sich-Hineinfühlen in die Gefühlswelt der Kinder. Es kommt auf unsere empathische Fähigkeit an, mit unseren Kindern mitzufühlen und zu erkennen, was ihnen geschieht. Dafür müssen wir unser eigenes Mitteilungsbedürfnis eine Weile ruhen lassen. Wenn wir in einfachen, klaren Worten ihre Gefühle für sie verbalisieren, helfen wir ihnen, mit sich selbst im Reinen zu sein.

Oft haben wir wenige oder keine Erinnerungen an unsere Kindheit. Das ist ein beunruhigendes Zeichen. Höchstwahrscheinlich haben wir das Erlebte aus gutem Grund »vergessen«, weil es für uns unerträglich schmerzhaft gewesen sein muss. So schützen wir uns vom Seelenschmerz, und das Leben scheint erträglicher. Das Vergessen wird zur Überlebensstrategie. Es beschert uns Ruhe, auch wenn diese nur vordergründig ist. Die Abwesenheit der Erinnerungen zeugt vom Mangel an Empathie seitens unserer Eltern, von wenig Anteilnahme an unseren kindlichen Befindlichkeiten und von Missachtung unserer Bedürfnisse. Ausgelöschte Kindheit offenbart unsere seelische Einsamkeit, damals und wahrscheinlich noch heute.

Manchmal haben wir gute, aber trügerische Erinnerungen an unsere Kindheit. In meine Praxis kommen oft junge Mütter mit ihren Babys im Arm und suchen Hilfe. Sie fühlen sich nach der Geburt unglücklich. Die erhoffte Freude am neugeborenen Kind trifft nicht ein. Sie versorgen das Baby automatisch und bleiben in Gedanken woanders. Die eigene emotionale Kälte entsetzt sie. Sie leiden unter der Unfähigkeit, in der Mutterliebe aufzugehen, wie sie es sich vorher erträumt hatten. Wenn wir dann auf ihre Kindheit zu sprechen kommen, beteuern sie, dass sie sich nur an Gutes erinnern können. Alles wäre gut gewesen, als sie klein waren. Ihre Mutter hätte sich viel Mühe gegeben, ihnen eine schöne Kindheit zu bescheren, wofür sie ihr heute sehr dankbar sind.

Aus der Perspektive der Mutter mag es auch so gewesen sein. Doch das kleine Mädchen, das heute eine unglückliche Mutter ist, muss anders empfunden haben. Sonst wäre diese Frau im Wochenbett nicht so todtraurig. Für das nach Liebe hungernde Kind, das sie immer noch in ihrer Seele ist, waren ein paar Krümel schon ein Festmahl. Wir müssen nur erkennen, dass es in Wirklichkeit nur Krümel waren. Manchmal besteht darin die ganze Arbeit, diese ehrliche Einsicht zu erlangen. Danach erwachen nämlich andere Kindheitserinnerungen, die nicht ganz so einseitig sind. Das Benennen mit richtigen Worten, die dem wahren Empfinden der Kindheit entsprechen, ermöglicht das Abrufen der Erinnerungen.

Die Verbindung zwischen der eigenen Verzweiflung als Baby und der Trauer im Wochenbett ist eindeutig und unbestreitbar. Wir wollen sie nicht wahrhaben, weil es zu sehr schmerzt, weil diese Verbindung unser Selbstbild auf den Kopf stellt und uns dazu zwingt, das ganze bisherige Leben zu überdenken. Ist es zu viel Aufwand? Die Mütter, die nach Hilfe im Wochenbett suchen, wünschen sich oft nur ein paar Tipps und Tricks, wie sie der Traurigkeit im Wochenbett entkommen können, und müssen nun ihr ganzes Leben aufpflügen? Und warum sollten wir nicht im Glauben weiterleben, dass alles gut war? Es wäre doch so einfach gewesen? Die Antwort ist eindeutig: Weil wir uns um das eigene Kind nicht kümmern können. Das Gefühl »irgendwas stimmt nicht« wurmt uns und gibt keine Ruhe. Das Empfinden der Unstimmigkeit ist ein wahrer Energieräuber, wie eine ungelöste Aufgabe, die im Hinterkopf weiterarbeitet, obwohl wir längst mit etwas anderem beschäftigt sind.

Warum bricht ausgerechnet das Schmerzhafte aus unserem seelischen Schatten im Wochenbett hervor? Das hat mit der primären Hilflosigkeit zu tun, die wir erlitten haben. Der Schmerz der ersten Lebensjahre lebt in uns weit über unsere Kindheit hinaus. Er zeigt sich am deutlichsten wieder im Wochenbett, wenn die Seele bloßliegt und wir genauso hilflos werden wie als Baby. Unser Baby zu sehen, es zu halten und mit ihm zu leben belebt das Baby in uns, das wir einmal gewesen sind. Unser Kind ist unsere schmerzende Seele, die weint, Schutz braucht und sich nach Liebe sehnt. Die Tränen, die wir nicht geweint haben, weint jetzt unser Baby für uns. Denn der Schmerz will immer gesehen und honoriert werden, damit er sich legen kann. Und wenn es keinen direkten Weg der Äußerung gibt, dann sucht sich der Schmerz indirekte Wege, z. B. durch unser Kind. An diesem Zusammenhang merken wir, dass die Seele keine Zeit kennt, dass sie nichts vergisst und dass unser Bewusstsein wirklich nur die Spitze des Eisbergs ist. Die gute Nachricht ist jedoch, dass sich der Schmerz der primären Hilflosigkeit gerade im Wochenbett am besten lindern lässt, wenn wir die Reise zu unserem Anfang wagen.

Das verletzte innere Kind ist ein Teil unseres seelischen Schattens. Es ist sein schmerzender Mittelpunkt und der Grund seiner Entstehung. Die primäre Hilflosigkeit, das erste Ausgeliefertsein, die Schutzlosigkeit und die Einsamkeit sind für das Bewusstsein so verwüstend, dass das Erlebte quasi inexistent gemacht wird, indem es unbewusst wird. Aus der primären Verletzung formen wir eine Überlebensstrategie, die den Schmerz auf ihre Art verarbeitet oder erträglicher macht. Überlebensstrategien gibt es fast so viele wie die Menschen, die häufigste ist jedoch die Verzerrung der Realität, das Verleugnen der Verletzung: »Die Mama hat mich doch lieb, anders kann ich nicht leben.«

Die Tatsache, dass es Unbewusstes gibt, ignorieren wir im Alltag vollständig. Die Vorstellung, nicht mehr Herr im eigenen Zuhause zu sein, gleicht für uns moderne Menschen einem Versagen. Sie zieht unserem Tatendrang den Teppich unter den Füßen weg. Das kann nicht sein, wir haben doch die Hosen an! Erst wenn wir die Reise der Mutterschaft antreten, merken wir, wie vielschichtig und verwinkelt unsere Seele wirklich ist.

Wie ist mein seelisches Alter?

Ein verletzter Mensch tut und sagt Dinge, die nicht so sehr mit der Realität zu tun haben, sondern mit dem, was ihn ständig beschäftigt – seinen alten Verletzungen. Wir sind in dem seelischen Alter stehen geblieben, in dem wir nicht ausreichend geliebt worden sind und in dem unsere dem Alter innewohnenden Bedürfnisse unbefriedigt geblieben sind. Wir bleiben in einem Alter stehen, das uns noch etwas schuldet, in dem unsere seelische Rechnung offen geblieben ist. Und nun versuchen wir im erwachsenen Alter, die ausstehende Rechnung der Kindheit zu begleichen und das Verlorene nachzuholen. Doch wenn uns unsere kindlichen Verletzungen unbewusst sind, geraten wir in Sackgassen, weil wir uns auf irrationale Verhaltens- oder Denkmuster versteifen und lediglich einer Ersatzbefriedigung hinterherjagen.

Das innere Kind, das in uns lebt, ist unterschiedlich alt, je nachdem, in welchem Alter wir am meisten leiden mussten. Im Weiteren folgt eine kurze Schilderung der spezifischen Bedürfnisse kindlicher Altersstufen und der daraus resultierenden Folgen für Erwachsene, wenn diese Bedürfnisse nicht ausreichend befriedigt worden sind. Die möglichen Folgen der kindlichen Nöte sind keineswegs als Schablone zu benutzen. Jeder Mensch hat seine besondere Geschichte und sein eigenes Lebensdrama, auf das wir in weiteren Kapiteln noch zu sprechen kommen. Die folgende Skizzierung beschreibt nur grobe Rahmenbedingungen für jedes persönliche Drama.

Babyalter (0-2 Jahre) – die Phase der seelischen Verschmelzung nach dem Motto: »Ich bin du«. Wenn die Mutter das Baby zuverlässig versorgt, bildet sich bei dem Kind ein Urvertrauen in sich und die Welt. Es entsteht die lebenslange unzerstörbare Zuversicht, dass ich bestehe und dass die Erde mich trägt, egal, was passiert.

Das Babyalter ist die Zeit, in der man sich mit Muttermilch und Mutterliebe randvoll auffüllen muss. Wenn das geschehen ist, entsteht ein lebenslanges Gefühl der Sättigung, der inneren Ausgeglichenheit und Selbstzufriedenheit. Andernfalls bleiben wir ungesättigt und haben das Gefühl, dass uns ständig etwas fehlt. Als hätte man ein Loch in der Seele, das noch immer gestopft werden möchte. Das führt zu obsessiven Beziehungen oder zur Beziehungsunfähigkeit, zu übertriebener Eifersucht und Besessenheit, zu Oberflächlichkeit und Unfähigkeit, Intimität und Nähe zuzulassen.

Wenn die Mutter unseren Ruf gehört hat, als wir noch Baby waren, werden wir heute unseren inneren Ruf ebenfalls gut hören. Wir werden wissen, was wir wollen, was uns guttut und was nicht. Wir werden der inneren Stimme folgen, die uns durch das Leben leitet. Wenn dagegen aus unserem Herzen kein Ton zu hören ist, weil es schon früh zum Schweigen gebracht worden ist, dann folgen wir blind den Regeln, Vorschriften und Hackordnungen. Sich mit der Masse zu verschmelzen tut uns deshalb so gut, weil es der Verschmelzung mit der Mutter ähnelt. In der Masse existieren wir ebenfalls nicht als einzelne Personen. Entscheidungsschwäche ist die logische Folge der verstummten inneren Stimme. Wir alle kennen Menschen, die Entscheidungen so lange aufschieben, bis sie ihnen von äußeren Umständen oder anderen Menschen abgenommen werden, so wie es die Mutter tat, wenn sie kam, wann es ihr recht war, und nicht, wenn wir sie brauchten.

Das Babyalter durchströmt uns mit der weiblichen Energie, die weich, subtil und verbindend ist. Ein Ausgeliefertsein im Babyalter hat besonders für Frauen fatale Folgen, weil sie zukünftige Mütter sind: Es führt zum gestörten Verhältnis zum eigenen Körper, zur Frigidität und zur Unfähigkeit, ein Kind zu gebären und es liebevoll zu versorgen.

Das Kleinkindalter (2–3 Jahre) ist die Zeit der seelischen Abnabelung und der Durchdringung mit männlicher Energie, die auf Trennung gerichtet ist. So lernt das Kind in dieser Phase, Autonomie und Selbstkontrolle im geschützten Rahmen zu ergreifen. Es traut sich jetzt, sich ein Stück von der Mutter zu entfernen, braucht aber die Zuversicht, dass der sichere Hafen (die Mutter) jederzeit in der Reichweite ist. Ohne das aufgebaute Vertrauen kommt es zum »Klammern«. Es kommt auf die Feinfühligkeit der Eltern im Einschätzen des Zumutbaren für das Kind an. Wenn das Kind wie ein großes Baby behandelt wird, kann es kein Selbstvertrauen aufbauen. Genauso unfair ist es, vom Kind zu verlangen, was es noch nicht geben kann. In beiden Fällen überhören Eltern die wahren Bedürfnisse des Kindes. Beim Kind entsteht ein Gefühl der Unzulänglichkeit, der Scham, Verlustängste oder Angst, Fehler zu machen. Diese Erwachsenen haben später ein schlechtes Gefühl für eigene Grenzen und die der anderen Personen, sie können eigene Kompetenzen schlecht einschätzen und hadern mit dem Thema Nähe/Distanz.

Das Kleinkind lernt die Selbstkontrolle auf mehreren Ebenen, z. B. die Kontrolle des Schließmuskels und die Beherrschung der Sprache. Mit der Sprache kann es eigene Wünsche jetzt klarer aussprechen, und es kommt zum ersten »Nein!«, mit dem das Kind eigene, von den elterlichen abweichende Bestrebungen signalisiert. Eltern bezeichnen es oft als »Trotzphase«, wobei sie selbst oft trotziger sind als ihr Nachwuchs. Wenn sie die Schiene »Ich bin hier der Boss« fahren, erziehen sie einen Untertanen. Wenn Eltern das Kind zum Boss machen und selbst als Untertanen dienen, erziehen sie einen Tyrannen. Es ist die anspruchsvolle Aufgabe der Eltern, vom bedingungslosen Geben der Babyphase Schritt für Schritt wegzukommen und zum feinfühligen und rücksichtsvollen Ausbalancieren zwischen den Wünschen des Kindes und denen der Eltern in der Kleinkindphase überzugehen, wohl wissend, dass sich Erwachsene mehr anpassen müssen als Kinder. Wenn dieser Übergang gelingt, wird sich das Kind später im sozialen Umfeld gut integrieren, aber auch eigene Ziele nicht aus dem Blick lassen. Andernfalls kann man in der Trotzphase stecken bleiben und zu einem Querulanten heranwachsen, dessen Lebensinhalt darin besteht, sich ständig querzustellen.

Die Aggression gehört ebenfalls zum Prinzip der männlichen Energie und bedeutet im konstruktiven Sinne die Bewegung voran, die Lebenslust und die Durchsetzungsfähigkeit. Wenn die Autonomiebestrebungen des Kindes übertrieben gedeckelt worden sind, kommt es im Erwachsenenalter zur unterdrückten Aggression, zu unkontrollierten Aggressionsausbrüchen oder zu destruktiven Aggressionsformen (z. B. gegen sich selbst).

Im *Vorschulalter (3–6 Jahre)* fühlt sich das Kind geliebt, wenn die Eltern seine Initiative begrüßen. Wenn die Eltern dem Kind das Recht auf Neugierde, Forschungsdrang und Kreativität gewähren; wenn sie dem Kind dabei die Kindlichkeit im Ausleben seiner kreativen Fantasien erlauben und nicht erwarten, dass diese die Vorlieben der Erwachsenen bedient. Die meisten Eltern sehen jedoch im kindlichen Forschungsdrang eher Ungezogenheit. Das Bestreben der Erwachsenen richtet sich darauf, die ungezähmte Kindlichkeit in Schach zu halten. Wir empfinden sie als Bedrohung und wollen sie unterbinden unter dem Vorwand von guten Manieren, Sicherheit oder anderen guten Gründen, die mehr den Erwachsenen dienen als den Kindern.

Übertriebene Verbote, eisernes Einhalten von Regeln und widerstandsloser Gehorsam töten die kindliche Initiative. Wie können diese Kinder und später Erwachsene jeweils frei denken? Kreativität ist ja gerade ein Brechen von Regeln, ein Verlassen der gewohnten Bahnen und ein Verbinden ungewöhnlicher Elemente. Diese Menschen werden passiv und uninteressiert, zu nichts haben sie Lust und lassen sich vom Leben treiben. Es wachsen Erwachsene heran, die mit sich nichts anzufangen wissen, denen die Berufswahl schwerfällt und die keine Berufung im Leben finden. Die wenigen Glücklichen, die eine wahre Berufung im Leben gefunden haben, konnten die brennende Begeisterung und das schelmische Leuchten in den Augen eines Fünfjährigen ihr Leben lang behalten.

Im *Schulalter* formen sich bei den Kindern der Fleiß, das rationale Denken, die Fähigkeit, zielgerichtet an einer Aufgabe zu arbeiten, und das Funktionieren im sozialen Kontext. Wenn die Eltern Zweifel in Bezug auf diese Fähigkeiten ihres Kindes äußern oder es negativ mit anderen Kinder vergleichen, entsteht beim Kind ein Minderwertigkeitsgefühl, das dem zukünftigen Erwachsenen die Integration in die Gesellschaft erschwert. Wenn das Kind nur an seinen schulischen Leistungen gemessen wird und die Liebe zu ihm davon abhängt, dann wird es sich später auch nur an seinen Leistungen messen. Und wenn diese ausbleiben, entsteht das Gefühl der Leere und Unzulänglichkeit. Dieser Erwachsene glaubt später: Ich bin, was ich leiste.

Jede Mutter ist nur ein Mensch, dem einige Dinge leichter fallen als andere. So kann eine Mutter mit ihrem Baby voller Hingabe seelisch verschmelzen, die süße Zweisamkeit genießen und ihr Kind liebevoll versorgen und hat dann Schwierigkeiten, es in der Phase der Autonomieentwicklung loszulassen. Eine andere Mutter sträubt sich gegen die Verschmelzung, bleibt emotional reserviert, stillt zähneknirschend, begrüßt aber die Autonomie des Kindes und begleitet ihre Entstehung mit viel Fingerspitzengefühl. Und bei Weitem nicht jede Mutter, die sich für kreativ und aufgeschlossen hält, ist auch in der Lage, sich über die Kreativitätsausbrüche ihres Kindes zu freuen oder diese zumindest zu tolerieren. Wie auch immer jede von uns ist, wir sind bessere Mütter für unsere Kinder, wenn wir uns selbst besser kennenlernen. Deshalb ist es so wichtig, die Themen zu kennen, die uns treiben und die unseren subjektiven Blick auf die Kinder formen.

Reflexion:
Welches Alter hat mein inneres Kind?

Schließe deine Augen und stell dir dich als Kind vor, oder ein Kind generell. Welches Alter hat das Kind? Wie sieht es aus? Was möchte es, und was fehlt ihm im Moment? Welche Bedürfnisse sind besonders dringlich? Wie kann man ihm helfen? Erkennst du eine Verbindung zu deinem aktuellen Leben? Mach dir Notizen.

Der Preis des Unverstandenseins

Unsere Kindheitserinnerungen sind in Farbtönen eingefärbt, die Erwachsene in ihren Erzählungen über uns benutzt haben. Das, was mit uns geschah, sahen sie durch ihre subjektive Linse und gaben ihre Sicht der Dinge an uns zurück. Das ist einerseits verständlich, denn eine objektive Realität existiert nicht, und jede Wahrnehmung ist subjektiv. Dennoch sieht es in den Erzählungen unserer Eltern so aus, als wäre ihre Sicht *die einzig wahre Realität*. Sie lässt keinen Raum für unsere persönlichen Empfindungen, die mit der Sicht der Erwachsenen nicht übereinstimmen.

Und hier passiert etwas Zentrales für die Entstehung unseres persönlichen Lebensdramas: Das, was Erwachsene sagten, und das, was wir fühlten, klaffte extrem auseinander. Zum Beispiel, wir empfanden Wut. Erwachsene sagten: »Stell dich nicht so an.« Wir fühlten uns einsam. Erwachsene sagten: »Du klammerst.« Wir waren überfordert. Erwachsene sagten: »Du bist faul.« Wir hatten Angst. Erwachsene sagten: »Es gibt keinen Grund.« Es waren meistens Situationen, in denen wir Hilfe brauchten. Stattdessen bekamen wir einen Befehl zum Funktionieren.

Die gewaltige Diskrepanz zwischen dem, was wir fühlen, und dem, was wir hören, fühlt sich schmerzhaft unfair an. Wir fühlen uns wie durch eine Ohrfeige aus unseren Gefühlen herausgeholt und mit der fremdartigen Realität der Erwachsenen konfrontiert. Die Unstimmigkeit stiftet Verwirrung, Verunsicherung und Desorientierung. Zwei Welten prallen aufeinander, und wir fühlen uns dazwischen wie verloren. Unsere Gefühle scheinen unwichtig zu sein, niemand nimmt sie wahr, und mit der Zeit nehmen wir sie auch selbst immer weniger wahr, bis wir unsicher darüber werden, was uns überhaupt geschieht.

Es entsteht ein zerrendes Gefühl der Einsamkeit, die nichts anderes ist als Unverstandensein. Das Gefühl, Erwachsene haben keine Ahnung, was in uns vorgeht. Sie sind nur mit sich beschäftigt, mit ihren Problemen und mit der Bewältigung des Alltags. Die Ohnmacht fühlt sich an wie ein freier Fall ins Bodenlose. Wem sollen wir glauben: unseren Gefühlen oder den Aussagen der Erwachsenen?

Das Tragische ist: Wenn wir klein sind, glauben wir Erwachsenen mehr als uns selbst. Einige von uns waren zäher und beharrlicher in den Äußerungen ihrer Gefühle, andere haben schneller nachgegeben, doch am Ende siegen immer die Erwachsenen, weil die Kinder von ihnen abhängig sind.

Die Wirkung des Nichtverstandenseins ist verheerend. Unsere innere Stimme verstummt zugunsten der äußeren Stimme. Wir verlernen, eigene Gefühle wahrzunehmen und ihnen Beachtung zu schenken. Wir stumpfen innerlich ab, werden unempfindlich und taub, dafür aber gehorsam und angepasst. Erfahrungen wie Hilflosigkeit, Vernachlässigung, Überforderung oder Einsamkeit bleiben unbewusst, weil niemand sie für uns mit ehrlichen Worten benannt hat. Es braucht später viele Stunden Psychotherapie oder andere Therapieformen, um die innere Stimme wiederzuentdecken, sie zum Sprechen zu bringen und ihr Gehör zu schenken. Und noch mehr Anstrengung ist gefordert, um die im Schatten abgelegten Kindheitserfahrungen als real erlebt wieder zu akzeptieren.

Wie können wir also unseren Kindern helfen, ihre innere Stimme zum sicheren Wegweiser durch ihr Leben werden zu lassen? Zunächst müssen wir uns die eigene Subjektivität eingestehen. Manchmal brauchen wir nur den Mut, uns die eigene Voreingenommenheit vor Augen zu führen und den Kindern ihre eigene Sichtweise zu erlauben, ohne sie zu werten, zu verurteilen oder zu interpretieren, auch wenn wir sie nicht teilen oder nicht verstehen können. Danach können wir versuchen, uns in sie hineinzuversetzen, mit ihnen mitzufühlen und ihre Empfindungen für sie in einfache und verständliche Worte zusammenzufassen. Man kann nicht früh genug damit anfangen. Wenn sich ein Baby zum Beispiel die Augen reibt, einen glasigen Blick hat und quengelt, dann fühlen wir, dass es wahrscheinlich müde ist. Wir können unsere Beobachtung dem Baby in etwa so mitteilen: »Oh, jetzt scheinst du aber müde zu sein. Möchtest du dich ausruhen?«

Das ist sehr einfach und scheint uns im Umgang mit einem Baby vielleicht überflüssig. Aber so lernt das Kind von früh auf, seine Befindlichkeiten wahrzunehmen und stimmig einzuordnen. Es entwickelt Achtsamkeit im Umgang mit sich selbst und später mit anderen Menschen. Uns tut es auch gut: Das Benennen der Erfahrungen des Kindes trainiert unsere Wahrnehmung und bereichert die Kommunikation mit ihm. Später gibt uns das Kind Rückmeldung, ob unsere Wahrnehmungen korrekt sind.

Aber Vorsicht! Ab dem Kleinkindalter sind die wahren Gefühle des Kindes manchmal maskiert. Hinter dem trotzigen Verhalten eines Zweijährigen (und lästigem oder störendem Verhalten generell) versteckt sich der Schrei nach Liebe. Erwachsene neigen aber dazu, auf den Trotz einzusteigen und die Liebesbedürftigkeit des Kindes zu übersehen. Dann verstricken sie sich in sinnlosen Streitereien über Nichtigkeiten und sind noch weniger in der Lage, dem Kind ihre Liebe zu geben. Für viele Familien artet zum Beispiel das morgendliche

Vorbereiten für den Tag in Stress aus: Kinder müssen für den Kindergarten angezogen werden, die Brotdosen müssen gefüllt werden, und die Eltern müssen rechtzeitig aus dem Haus zur Arbeit. Der Druck, den wir dabei auf Kinder ausüben, damit sie mit unserem erwachsenen Leben Schritt halten, ist enorm. Sie müssen funktionieren, damit wir unsere Ziele erreichen. Sie geraten in eine kalte Abwicklungsmaschinerie und verspüren gerade dann den Wunsch nach Wärme und unsere Zuwendung. Die Trennung von den Eltern für den ganzen Tag fällt ihnen unter diesen Umständen schwer. Weil sie es nicht anders zum Ausdruck bringen können und weil die gestressten Eltern für ihre Liebesrufe wenig empfänglich erscheinen, können sie nicht anders, als die morgendliche Prozedur zu sabotieren.

Ich erinnere mich an diese Situation mit meiner ältesten Tochter sehr gut, wenn schon früh am Morgen meine Geduld auf die Probe gestellt wurde. An einigen Tagen konnte ich mit der Situation besser umgehen als an anderen: Wenn ich die Kraft in mir fand, nahm ich meine Tochter auf den Schoß, sagte ihr etwas Liebevolles, drückte sie an mich und hielt eine Weile still inne. Dann konnte ich spüren, wie die Energie von mir zu ihr floss. Gesättigt und gestärkt hat sie dann von alleine von mir losgelassen und mit guter Laune das Haus verlassen. Natürlich lief es bei Weitem nicht jeden Morgen so gut. Aber ich habe gelernt: Je früher sich die Anteilnahme als gewohnte Umgangsform zwischen Eltern und ihren Kindern etabliert, desto weniger Masken müssen Kinder tragen. Heute sagt mir meine Tochter in schwierigen Situationen direkt und unverblümt: »Mama, ich brauche dich jetzt!«

Reflexion:
Wurde meine kindliche Sicht der Dinge ernst genommen?

Überlege: Kann ich mich an das Gefühl erinnern, als Kind unverstanden gewesen zu sein? Welche Situationen waren es? Wurden meine Probleme und Belange von Erwachsenen ernst genommen oder als unwichtig abgetan? Wie bin ich damit umgegangen? Was habe ich gefühlt? Mach dir Notizen.

Die Maske unserer Kindheit

Auch wenn das Kind gewünscht, erwartet und geliebt auf die Welt kommt, auch wenn es liebevoll umsorgt wird, kommt es früher oder später zum Interessenkonflikt zwischen dem Kind und seiner Mutter: Es möchte zum Beispiel getragen werden, während ihr der Rücken wehtut. Es verlangt nach der Brust, wenn sie ihrem Körper ein wenig Ruhe gönnen möchte. Es ruft nach ihr, während sie auf der Toilette sitzt, oder es will nicht einschlafen, ausgerechnet dann, wenn sie etwas Zeit für sich braucht. Es sind einfache alltägliche Situationen, und sie passieren jeder Mutter.

Da wir seelisch gesehen bedürftige Kinder geblieben sind, die in der Gestalt eines Erwachsenen leben, erscheint uns jede ungelegene Forderung des Babys als Bedrohung unseres Wohlbefindens. Und das, was uns bedroht oder belästigt, setzen wir herab: »Du machst mir noch den Rücken kaputt«, »Du kriegst den Hals nicht voll«, »Schaffst du es denn nicht, mal kurz alleine zu sein?« Ein Verhalten des Kindes, das uns entlastet und gelegen kommt, werten wir dagegen auf: »Du schaffst es fein alleine«, »Du bist ein liebes Kind und lässt mich schön in Ruhe«, »Du schläfst brav viele Stunden durch« usw. Wir nehmen Forderungen des Kindes nicht als solche wahr, sondern *bewerten* sie entsprechend unserer Kapazität, sie zu bedienen.

Mit der Zeit legen sich unsere geläufigen Bewertungen aneinander wie Bausteine und formen eine feste, dauerhafte Gestalt: Dieses Kind gibt mir alle Freiheiten. Sie hat ständig etwas. Er bekommt nie genug. Sie ist ein fröhliches Kind. Er ist übersensibel. Sie ist ein pflegeleichtes Kind. Er ist aufgewecktes Kerlchen. Sie ist eine freche Göre … Ohne es zu merken, erschaffen wir eine Persönlichkeit des Kindes in unserer Vorstellung und kommunizieren sie bei jeder Gelegenheit an das Kind und an die Umgebung: der Engel, der Störenfried, die Nervensäge, die Drama-Queen, die Prinzessin, der Clown, der Pascha, die Mimose, der Teufelsbraten, die Heulsuse, der Angsthase und so weiter. Das Kind bekommt ein »Umhängeschild«, das wie eine Gebrauchsanweisung nach außen kommuniziert, wie es zu behandeln ist.

Was geschieht währenddessen mit dem Kind? Es glaubt, was gesagt wird. Es kann die Aussagen nicht hinterfragen, da ihm das eigene Urteilvermögen dazu noch fehlt. Wenn das Kind immer wieder hört, wie es wahrgenommen wird, dann begreift es: »So bin ich. So werde ich gesehen.« Um noch mehr gesehen zu werden, sucht das Kind intuitiv nach Gelegenheiten, dieses Bild von sich zu verwirklichen und nach außen zu kommunizieren. Es versucht, die Erwartungen der Eltern sogar noch zu übertreffen. In verzweifelter Suche nach Liebe spielen Kinder die ihnen zugewiesenen Rollen bis zur Perfektion. Sie wollen die schönsten aller Prinzessinnen sein und die lustigsten aller Clowns. So formt sich die Persönlichkeit zunächst in den Ausführungen der Erwachsenen. Später zieht das Kind dieses Gewand selbst an und behält es lebenslang. Das Selbstbild und die Außenwahrnehmung verstärken sich gegenseitig. Wie eine sich selbst erfüllende Prophezeiung entwickelt dieser Prozess eine Eigendynamik, die die Kinderpersönlichkeit mit der Zeit in Stein meißelt.

Die Sichtweise der Erwachsenen auf das Kind ist nicht zufällig. Natürlich spielen bestimmte körperliche oder charakterliche Eigenschaften des Kindes dabei eine Rolle. Doch kein Mensch ist so flach wie eine Scheibe. Und selbst die Scheibe hat zwei Seiten. Wir reduzieren das Kind jedoch auf nur *eine* Eigenschaft und beschneiden so seine Identität. Wir sehen nur die eine für uns prominente Charaktereigenschaft, weil wir unbewusst Vorteile aus ihr ziehen.

Die Persönlichkeiten der Mutter und des Kindes passen zueinander wie Schlüssel und Schloss. Hier ein Beispiel. Die Mutter ist von der (wahrgenommenen) Selbstständigkeit ihrer Tochter angetan. Das Mädchen ist klug, tapfer und geht erfinderisch mit Herausforderungen um. Der Mutter kommt das sehr gelegen, da sie nicht bereit ist, für die Beziehung mit dem Kind viel Energie aufzubringen. Sie lobt ihre Tochter jedes Mal, wenn diese allein zurechtkommt. Parallel dazu betont die Mutter bei jeder Gelegenheit, wie schwach, krank und überfordert sie ist. Jedes Anliegen der Tochter würde ihr schwaches Herz nur noch mehr belasten. Mit dieser hilflosen Haltung verbietet sie ihrer Tochter, bei ihr Schutz zu suchen. Sie soll doch ihre Mutter nicht in Gefahr bringen! Die Tochter macht ihre Probleme mit sich aus und traut sich nicht, um Hilfe zu bitten. Die Botschaft der Mutter an ihre Tochter lautet: »Im Leben bist du auf dich gestellt. Ich komme nicht, um dich zu retten.« Was bleibt dem Kind also übrig, als sich die übertragene Last aufzubürden. Die Tochter glaubt mit der Zeit selbst, keine Hilfe zu brauchen und für sich selbst sorgen zu können. Selbstständigkeit wird zu ihrer Persönlichkeit, zu ihrer Aufgabe in der Familie. Wer profitiert davon? In erster Linie die Mutter. Durch die forcierte Selbstständigkeit ihrer Tochter verschafft sie sich Freiräume.

Der Tochter bringt diese Persönlichkeit ebenfalls Vorteile. Für ihre Mühe bekommt sie viel Bestätigung und Respekt in der Familie. Sie ist stolz auf ihre selbst erkämpften Leistungen, die ihr Ego zum Höhenflug antreiben. Was jedoch in ihrem Schatten bleibt, ist die ständige Überforderung, die Schutzlosigkeit und das Gefühl, kein Recht auf Unterstützung zu haben. Wir können uns vorstellen, dass sie später als erwachsene Frau nie um Hilfe bittet und eine Einzelkämpferin bleibt. Der Glaube, allein zurechtkommen zu müssen, ist fest in ihr verankert. Es geht sogar so weit, dass sie ihr angebotene Hilfe nicht annehmen kann und nicht in der Lage ist, Aufgaben zu delegieren. Sie glaubt, dass nur sie es richtig machen kann. Doch dieser Glaube ist nur vordergründig. In Wirklichkeit verbietet sie sich innerlich, Hilfe in Anspruch zu nehmen, weil es mit ihrer Mutter so »abgesprochen« war.

Wie bei diesem Beispiel deutlich wird, bringt jede Persönlichkeit einen Schutzraum mit sich, der jedoch seinen Preis verlangt. In unserem Beispiel genießt die Tochter hohes Ansehen in der Familie für ihre Tüchtigkeit, die Autonomie und die Stärke. Diese Hochachtung verstärkt sie in ihrer Rolle. Die hohe Rangstellung in der Familie muss sie jedoch damit bezahlen, dass sie am Limit ihrer Kraft lebt. Sie darf sich keine Schwäche erlauben und muss auf jegliche Hilfe verzichten. In einer kritischen Lebenssituation, wenn die Unterstützung anderer unabdingbar wird, kann ihre Persönlichkeit für sie zum Verhängnis werden, da niemand allein überleben kann.

Wenn die persönliche Rolle einmal verinnerlicht ist, wird das Rollenspiel zum Automatismus. Die Maske wächst mit dem Gesicht zusammen, und wir können nicht anders, als uns entsprechend dem dazugehörigen Drehbuch zu verhalten, auch dann, wenn wir dies vielleicht nicht mehr wollen. Lebenskrisen sind Momente im Leben, die unsere persönliche Rolle auf den Prüfstand stellen, indem sie den hohen Preis in den Vordergrund rücken und die Vorteile verschwinden lassen. Die Geburt eines Kindes ist so eine Lebenskrise, die die Kehrseiten unserer Persönlichkeit schmerzhaft spürbar macht. Im

Wochenbett nehmen die Schattenseiten unserer Rolle besonders viel Platz ein. Der Selbstständigen aus unserem Beispiel wird vielleicht zum ersten Mal im Leben schmerzhaft bewusst, dass sie ohne Hilfe nicht zurechtkommt, dass sie nicht alles alleine schaffen kann und wie sehr ihre Rolle an ihren Kräften zehrt. Ihre Überforderung erreicht einen unerträglicheren Höhepunkt, und ihre alte Persönlichkeit kollabiert. Die ansonsten tüchtige und fähige Frau wird schwach, ängstlich und antriebslos, sie scheitert angesichts des weinenden Babys.

Müssen wir unsere Persönlichkeitsrolle also immer spielen, oder können wir auf sie verzichten? Gibt es ein Leben ohne sie? Unsere Persönlichkeit ist, wie der Name schon verrät (von lat. *persona* = Maske des Schauspielers) nicht alles. Sie ist nur etwas Anerzogenes und Vorgeschobenes – das Erscheinungsbild nach außen. Unsere Maske engt uns ein und reduziert uns auf etwas Einseitiges. Hinter der Maske verbirgt sich noch etwas anderes. Unsere innere Essenz, mit der wir auf die Welt gekommen sind, ist sehr viel reicher, vielseitiger und vor allem ambivalenter. Erst wenn wir bereit sind, auf die Vorteile unserer Rolle zu verzichten, können wir unsere wahre innere Essenz entdecken und mit Ambivalenzen im Frieden leben.

Reflexion:
Wie wurde ich gesehen?

Erinnern wir uns daran, was unsere Mutter über uns gesagt hat, als wir klein waren? Was an uns hat sie gelobt? Wofür hat sie uns getadelt? Was war das Schönste, was sie über uns sagen konnte? Was war das Schlimmste? Notiere diese Erinnerungen. Jetzt überlegen wir, wie wir uns heute gerne nach außen geben. Was halten wir heute für unsere Stärken und Schwächen? Vergleichen wir die mütterliche Sicht auf uns mit unserem heutigen Selbstbild. Die beiden Bilder sind nicht weit voneinander entfernt, nicht wahr?

Was tue ich für die Liebe?

Wie jede Lebenskrise bringt auch die Geburt eines Kindes die Kehrseiten unserer Persönlichkeit zum Vorschein. Die Selbstständige aus dem vorherigen Abschnitt kann im Wochenbett zum ersten Mal die Einsicht gewinnen, wie eingeschränkt sie in ihrem Leben durch den auferlegten Zwang war, immer allein zurechtzukommen. Ihr wird die Einsamkeit ihrer Kindheit bewusst, unter der sie so sehr litt, die Überforderung bis zur Verzweiflung und die Überheblichkeit, die sie heute anderen Menschen entgegenbringt, die mit ihren Fähigkeiten nicht auf der Augenhöhe sind. Sie akzeptiert nun, dass sie ohne Hilfe nicht zurechtkommen kann, und öffnet sich zum ersten Mal im Leben für ein neues Verhalten.

Sie verspürt den Drang, sich vom eingefahrenen Rollenspiel zu befreien. Doch es ist nicht so einfach, den Wunsch nach Veränderung in die Tat umzusetzen, da uns unsere Persönlichkeit etwas Wichtiges verschafft – die Liebe unserer Nächsten. Unsere Persönlichkeit bringt nicht nur uns einen Schutzraum, auch andere Menschen in unserem Leben profitieren von ihr. Wenn wir auf das Rollenspiel verzichten, müssen wir mit dem harten Liebesentzug unserer Angehörigen rechnen.

Das kleine Püppchen wird zum Beispiel dafür geliebt, verspielt und unreif zu sein; so kann man sie betüddeln und ungehindert bevormunden. Wenn sie eines Tages ihren eigenen Kopf bekommt, fällt das leichte Spiel weg, und man muss Angelegenheiten mit einer erwachsenen Frau mühsam ausdiskutieren. Der Clown wird dafür geliebt, dass er stets eine Lachnummer abgibt und für die Aufheiterung jeder schwierigen Situation sorgt. Wenn dies ausbleibt, müssen sich andere nüchtern dem Ernst der Lage stellen und finden das gar nicht lustig. Ein braves Mädchen wird dafür geliebt, dass es keine Probleme bereitet und der Mutter hohes Ansehen als fähige Erzieherin verschafft. Wenn sie eines Tages auf die »schiefe Bahn« gerät, zerbricht die Familienidylle im Nu, und die Mutter kann sich mit ihrer Tochter nicht mehr schmücken. Es ist verständlich, dass sich die Angehörigen gegen diese radikalen Veränderungen eines Familienmitgliedes wehren, ihren Unmut zeigen und die Liebe entziehen. Auf diese Weise versuchen sie, das alte Rollenspiel wiederherzustellen, um weiterhin Vorteile daraus zu ziehen.

Werden wir nur für die »positiven« Persönlichkeiten geliebt? Was ist mit den störenden, bösartigen und aggressiven Charakteren wie dem Störenfried oder dem Bösewicht? Kann man mit ihnen ebenfalls Liebe ernten?

Auf den ersten Blick erscheint es paradox, dass man für destruktives Verhalten geliebt werden kann. Beim genauen Betrachten des kompletten Familiendramas wird jedoch deutlich, dass die negativen Charaktere den anderen ihre positiven Rollen ermöglichen und daher im gesamten Drama der Familie unabdingbar sind. Die Rolle des Bösewichts ermöglicht es einem anderen, die Rolle des Retters zu spielen. Die Rolle des Störenfrieds gibt einem anderen die Möglichkeit, der Friedenstifter zu sein. Ohne das Negative existiert das Positive nicht. Daher werden wir auch in den negativen Rollenbildern indirekt bestätigt, damit wir sie weiterhin spielen. Eine Mutter bringt zum Beispiel ihren leicht reizbaren Ehemann gegen die Kinder auf, indem sie sich bei ihm beklagt, wie respektlos die Kinder mit ihr umgehen. Der Drache erwacht aus seinem Schlaf, speit Feuer und verbreitet Verwüstung. Dann betritt die Drachenzähmerin die Manege, »rettet« die Kinder, gönnt allen ihre Milde und verschafft sich so den ersehnten Respekt.

Der aufmerksame Leser hat natürlich den Unterschied zwischen dem Geliebtwerden und Ausgenutztwerden bereits festgestellt. Für unsere Persönlichkeit werden wir nicht wirklich geliebt. Wir werden lediglich benutzt. Andere brauchen unsere Maske, damit sie ihre tragen können. Ein Retter ohne Bösewicht bleibt ohne »Arbeit« und damit ohne Lebensinhalt. Die echte Liebe ist jedoch an keine Bedingungen gebunden. Wenn wir das Kostüm ablegen und unsere wahre ambivalente Essenz zum Vorschein kommen lassen, würde die wahre Liebe zu uns sogar noch größer. Nur ist das Gegenteil der Fall. Wir werden für das Verlassen unserer vorgespielten Persönlichkeit mit Ausgrenzung bestraft. Aus Angst, ganz weggestoßen zu werden, halten wir uns an vermeintlichen Liebesbeweisen fest und machen gute Miene zum bösen Spiel. Denn ohne die Maske fühlen wir uns nackt, verwundbar und laufen Gefahr, die alten Beziehungen zum Einstürzen zu bringen.

Auch hier ist die Entscheidung immer persönlich. Wollen wie die einseitige, flache und uns auf *eine* Eigenschaft reduzierende Rolle weiterspielen, um die anderen nicht zu verärgern? Oder wollen wir die unzähligen Entfaltungsmöglichkeiten entdecken, die die Befreiung vom Rollenspiel mit sich bringt? Falls wir uns für die Veränderung entscheiden, besteht der erste Schritt darin, das Zusammenspiel aller Charaktere in der Familie zu durchschauen und hinter die Masken zu sehen. Wer zieht welche Vorteile im familiären Gesamtgefüge, und welcher Preis wird dafür verlangt? Wenn wir wahre Veränderung wagen, werden wir den Unmut und den Widerstand unserer Nächsten provozieren. Aber eigentlich nur, weil wir kein Futter für ihre Masken mehr geben.

Wer bin ich?

Vielleicht die schwierigste Frage der Welt lautet: Wer bin ich? Um sie zu beantworten, helfen uns Titel wie Ehefrau, Mutter, Fachangestellte usw. nicht. Sie beschreiben nur Äußerlichkeiten, nicht unsere wahre innere Essenz, die aus der Seele fließt. Versuche stattdessen folgende Aufgabe. Vervollständige den Satz: Ich bin die, die immer ... Ich bin der, der immer ...

Hier sind einige Beispiele: Ich bin die, die es immer allen recht machen will. Ich bin der, der immer den kühlen Kopf behält. Ich bin die, die immer alles besser weiß. Ich bin der, der immer im Hintergrund bleibt. Ich bin die, die immer aus der Reihe tanzt.

Versuche dann, deine Persönlichkeit so prägnant wie möglich zusammenzufassen. Vielleicht gelingt es dir sogar, sie auf ein oder zwei Wörter zu bringen, z. B. fleißiges Bienchen, braves Mädchen, die Diva, der Außenseiter, der Rechthaber etc. Welche Vorteile bringt dir deine Persönlichkeit, und welchen Preis verlangt sie dir ab? Mach dir Notizen und Zeichnungen.

Dorothee: die, die sich um alle kümmert

Eine zierliche Frau betritt meine Praxis. Ihr Gesicht ist blass, der Blick apathisch. Auffallend sind ihre fest zusammengebissenen Zähne, als würde unerträgliche Last auf ihren schmalen Schultern liegen und niemand könnte sie ihr abnehmen. Es bleibt ihr nur, die Zähne zusammenzubeißen und die schwere Last zu ertragen. Anlass ihres Besuchs ist ein Nervenzusammenbruch im Wochenbett.

Bevor die psychotherapeutische Arbeit im Wochenbett beginnt, muss immer zunächst die Kette der Unterstützung geklärt werden. Wer unterstützt die junge Mutter mit ihrem Neugeborenen praktisch und emotional? Wie füllt sie ihre Energieressourcen auf? Denn ganz allein und ohne Unterstützung kann im Wochenbett jede Mutter zusammenbrechen. Unerwartet offenbart sich bereits bei diesen ersten Fragen ihre Persönlichkeit. Es stellt sich heraus, dass sie viele Menschen um sich herum hat, doch keiner hilft wirklich. Ganz im Gegenteil – Dorothee ist diejenige, die sich um alle kümmert. Die Familie ihres Mannes ist sehr groß. Er hat viele Geschwister, und fast jeden Tag bekommen sie Besuch, doch eigentlich nur zum Baby-Schauen und Kaffeetrinken. Keiner merkt, wie erschöpft Dorothee ist. Alle erwarten, mit Kaffee und Kuchen bedient zu werden, was Dorothee auch fleißig und pflichtbewusst tut.

Auf die Frage, ob ihr Mann Dorothee unterstützt, berichtet sie, dass er nach der Arbeit extrem erschöpft ist, so sehr, dass er fast nicht ansprechbar ist. Man könne ihn also nicht um Hilfe bitten. Vielmehr verlangt er selber danach, umsorgt zu werden, was Dorothee vor der Geburt ihres Kindes auch immer getan hat. Im Wochenbett kriegt sie das jedoch physisch und seelisch nicht mehr hin. Es zeichnet sich ein Bild vom infantilen Mann – einem verträumten Poeten, der unrealistische Ziele verfolgt und von der Alltagsbewältigung weit entfernt bleibt. Auch er zehrt an Dorothees Kräften, da sich die junge Mutter verpflichtet fühlt, für ihren Mann zu sorgen.

Dorothees Eltern wollen scheinbar helfen, doch ihre Bemühungen, die voller Elan starten, schlagen stets ins Gegenteil um. Dorothees Mutter verbreitet mehr Panik als Ruhe und führt ihren Gesundheitszustand ins Feld, um Hilfe von ihrer Tochter zu bekommen. Dorothee muss ständig einsatzbereit sein. Auch in ihrer Herkunftsfamilie muss Dorothee also für andere sorgen, obwohl sie selbst die Hilfe ihrer Angehörigen braucht. Es scheint Dorothees eingefahrenes Verhaltensmuster zu sein, sich selbstlos für andere aufzuopfern. Die Umgebung nutzt ihre Hilfsbereitschaft wie eine Selbstverständlichkeit. So ist sie im Wochenbett umgeben von vielen Menschen, die sie fast schon sklavisch bedient. Für den wichtigsten Menschen, für den sie im Wochenbett eigentlich da sein sollte – ihr neugeborenes Kind –, hat sie keine Kraft mehr, so sehr beansprucht Dorothee ihre Persönlichkeitsrolle. Wir nennen sie die Sklavin.

Wir forschen nach, wie sich die Persönlichkeit der Sklavin geformt hat. Dorothee erzählt von vielen Situationen in ihrer Kindheit, die sie zähneknirschend aushalten musste und vor denen alle anderen Kinder zurückgewichen sind. »Wenn alle anderen Kinder Nein gesagt hatten, konnte ich als Letzte nicht auch noch Nein sagen, also habe ich Ja gesagt. Ich war die letzte Hoffnung und brachte es nicht über mich, andere zu enttäuschen.« Ihr wurden die schwierigsten Aufgaben angetragen, und Dorothee nahm sie widerstandslos an. So blieben sie anderen Menschen erspart. Sie musste zum Beispiel mit einem Jungen mit starkem Hautausschlag Paartanz tanzen, weil kein anderes Mädchen dazu bereit war. Oder sie musste schwierige Botschaften überbringen, weil es sich kein anderes Kind traute. Es fiel auch ihr extrem schwer, doch sie musste stark und vernünftig sein, koste es, was es wolle. Die Augen (und die Zähne) zu und durch.

Dorothee wurde zu einer Frau fürs Schwierige, ohne Recht auf Widerstand – zur Sklavin. Und ihre Umgebung profitierte davon. So blieben anderen Menschen die unangenehmen Aufgaben erspart. Es gibt ja Dorothee, die sich darum kümmert.

Während der therapeutischen Arbeit wird ihr ihre Persönlichkeit der Sklavin ebenso bewusst wie der emotionale Missbrauch in ihrer Familie. Ihre Rolle raubt ihr die letzte Energie, die sie jetzt so sehr zum Versorgen ihres Babys braucht. Zum ersten Mal im Leben sieht sie, dass es nicht so weitergehen kann. Sie spricht es in der Familie an und versucht, die Unterstützung der Angehörigen einzufordern. Doch das eingefahrene Zusammenspiel der Familienmitglieder lässt dies nicht zu. Die Vorteile, die helfende Dorothee stets zur Seite zu haben, sind für alle einfach zu groß und zu verlockend, um sie so schnell aufzugeben. Dorothee stößt auf massiven Widerstand seitens ihrer Familienangehörigen und ihres infantilen Mannes. Ihr wird die Liebe entzogen, die sie sich früher mit ihrem selbstlosen Einsatz erkämpft hat. Stattdessen erfährt sie jetzt Distanzierung, Vorwürfe und Schuldzuweisungen. In ihrem geschwächten Zustand kann sie dem Widerstand nichts entgegensetzen. Sie steht vor der schwierigen Wahl zwischen zwei Übeln: weiterhin Sklavin zu spielen, dafür aber ein Teil der Familie zu bleiben oder auf die Rolle der Sklavin zu verzichten, zu lernen, Nein zu sagen, dafür aber Gefahr zu laufen, aus der Familie verbannt zu werden. Dorothee verzichtet vorerst auf weitere Therapie und auf die Auflösung ihrer alten Rolle. Aus der Familie ausgeschlossen zu werden macht ihr im Moment mehr Angst.

An dieser Stelle möchte ich darauf hinweisen, dass es uns nicht zusteht, andere für ihre Entscheidungen zu verurteilen, auch wenn wir diese nicht teilen oder nicht verstehen. Jeder erwachsene Mensch ist für sein eigenes Leben verantwortlich. Ich bin mir sicher, dass jeder von uns mit den eigenen seelischen Schattenseiten genug zu tun hat. Je bewusster wir eigene Probleme wahrnehmen, desto milder gehen wir mit den Unzulänglichkeiten anderer Menschen um und desto mehr Verständnis können wir für sie aufbringen. Wir können empfindlicher werden für uns missbrauchende Beziehungsmuster und resoluter mit Menschen umgehen, die uns zu benutzen versuchen. Die Angst, weggestoßen zu werden, wird dabei unser Begleiter sein.

Eingefahrenes Rollenspiel im Familiendrama

Unsere Persönlichkeit, die wir als Kinder angenommen haben und im Laufe des Lebens wie eine Rolle spielen, steht natürlich nicht isoliert da. Die Persönlichkeiten aller Familienmitglieder passen zueinander, ergänzen sich und bilden ein Zusammenspiel. Wie in einem Theaterstück spielen sie zusammen das Drama ihrer Familie. (Unter dem Drama verstehen wir nicht zwangsläufig etwas Tragisches. Wir benutzen das Wort Drama, um Beziehungen innerhalb einer Familie durch die Analogie mit dem Theater besser zu verstehen.)

Das Verhalten der einzelnen Charaktere gestaltet sich nicht zufällig, sondern in Übereinstimmung mit dem »Drehbuch« des Familiendramas. Jeder Charakter trägt seinen Beitrag zum gesamten Stück bei, und das Verhalten aller Personen ist aufeinander abgestimmt. So braucht jedes Drama das Gute und das Böse. Das Gute versucht, das Böse zu bekämpfen. Gleichzeitig braucht das Gute das Böse, um gut zu sein, denn das eine gibt es ohne das andere nicht. Es sind natürlich nur die Masken, die den Anstrich des Guten oder des Bösen vermitteln. Die Menschen dahinter spielen nur diese Rollen und sind per se nicht gut oder schlecht. So ist eine »heilige Mutter« bei Weitem nicht so unschuldig, wie sie sich inszeniert. Sie kann die Zügel der Macht in der Familie fest in ihren Händen halten und brutal gegen jemanden vorgehen, der sie zu entmachten versucht. Oder eine chronisch Kranke liegt zwar nur im Bett, zwingt aber alle, stets zu ihren Diensten zu stehen. Die scheinbar schwache Position ermöglicht es ihr, sich jeglicher Verantwortung zu entziehen und die schwierigen Aufgaben auf andere abzuwälzen. Um die Rollen einzelner Familienmitglieder zu verstehen, ist es daher wichtig, das ganze Beziehungsgeflecht zu sehen.

Kinder können ihre Rollen in der Familie nicht frei auswählen. Ihnen werden ihre Persönlichkeiten nach der Geburt oder manchmal sogar schon vorher von Erwachsenen zugewiesen – Rollen, die ins Familiengeschehen hineinpassen und die noch frei sind. Angeborene körperliche und charakterliche Eigenschaften des Kindes bilden dabei eine gewisse Vorlage, doch im Wesentlichen sind die zugeteilten Rollen das Produkt der Projektionen der Erwachsenen (meistens der Mutter). Es sind Projektionen ihrer Fantasien, ihrer unverwirklichten Wünsche, der ungeliebten und verdrängten Eigenschaften oder der ungelösten Konflikte aus dem eigenen Leben. So bleiben Kinder gefangen in der emotionalen Realität ihrer Eltern und können sich bis zum Erwachsenenalter nicht von ihr befreien. Bis dahin ist ihre Persönlichkeit jedoch so eingefahren, dass auch dann die Befreiung von ihr sehr schwerfällt. Später gründen sie ihre eigene Familie, und das Spiel beginnt von vorn.

Die Paarbeziehung bildet die Grundspannung für das Familiendrama. Wie wir bereits gesehen haben, finden zwei Menschen nicht zufällig zueinander. Ihre Beziehung folgt einer geheimen Logik, die die Beziehung am Laufen hält. Jeder der Partner gewinnt etwas aus der Beziehung und gibt etwas anderes in die Beziehung zurück. Solange der Austausch ausbalanciert ist, bleibt die Beziehung bestehen.

Woran liegt es, dass manche Paarbeziehungen mehr Streitpotenzial haben und andere weniger? Das Konfliktpotenzial einer Beziehung hängt davon ab, ob sich die Persönlichkeiten der Partner ähnlich sind oder ob diese komplementär zueinander stehen. Eine Prinzessin kann sich z. B. mit einem Prinzen zusammentun. Dann erheben sie sich gemeinsam über dem Fußvolk, stehen zusammen auf der Spitze ihrer Überheblichkeit, schauen gemeinsam auf die Welt herab und bestätigen sich gegenseitig in ihrem Verhalten. In so einer Beziehung gibt es wenig Grund zum Streiten. In einer Beziehung, in der die Persönlichkeiten der Partner ähnlich sind, verbindet sich das Paar gegen den Rest der Welt. Es gibt wenig Möglichkeit, die eigenen Schattenseiten zu sehen und diese aufzuarbeiten, man bleibt gemeinsam blind. In einem anderen Fall geht die Prinzessin die Beziehung mit einem Lakaien ein. Hier scheucht sie ihn durch die Gegend, lässt sich von ihm bedienen, setzt ihn ständig herab und lässt kein gutes Haar an ihm, wenn er nicht stets zu Diensten steht. Wir können uns vorstellen, dass in so einer Beziehung viel gestritten wird. Eine Beziehung, in der die Persönlichkeiten der Partner komplementär sind, ist explosiv. Man gerät dauernd aneinander, weil man ständig mit eigenen Schattenseiten konfrontiert wird. Vor der Unterwürfigkeit des Lakaien tritt die Überheblichkeit der Prinzessin besonders deutlich hervor. Und wenn er sich ein wenig Luft verschaffen will und das Dienen kurzzeitig sabotiert, schäumt sie vor Empörung über. Konflikte dieser Art sind lästig, bieten aber gleichzeitig große Chancen, an sich zu arbeiten und im persönlichen Wachstum weiterzukommen.

Psychotherapeuten ist es schon lange aufgefallen, dass viele Familienkonstellationen mit Märchengeschichten verblüffende Ähnlichkeiten haben. Es gibt therapeutische Ansätze, die auf Märchen basieren. Märchen sind jahrtausendealte Überführungen, die bestimmte typische seelische Regungen der Menschen inszenieren. In ihnen erfahren wir, mit welchen

Schwierigkeiten Menschen konfrontiert werden und wie sie diese erfolgreich überwinden können. Egal wie schwierig das Erlebte war, am Ende wird alles wieder gut.

Tatsächlich sind viele unserer persönlichen Rollen nicht erst mit uns entstanden, sondern archetypisch. Das heißt, darin sind grundlegende Muster der menschlichen Psyche abgebildet, die sich seit Jahrhunderten und Jahrtausenden herauskristallisiert haben. Diese seelischen Muster haften nicht nur einer einzigen Person an, sondern der Gattung Mensch als Ganzes. Beispiele für archetypische Rollen sind der Herrscher, der Sklave, der Krieger, der Narr, die Hexe, die Prinzessin, der Räuber und viele andere.

Ein Familiendrama ist ein eingespieltes Konstrukt. Die Rolle des einen hängt von der Rolle des anderen ab. Wenn sich ein Charakter verändert und sich nicht mehr entsprechend seinem alten Drehbuch verhält, gerät das ganze Stück aus den Fugen. Was würde zum Beispiel aus dem Märchen Rotkäppchen, wenn der Wolf nicht mehr gefährlich wäre? Hätte der Jäger dann noch eine Aufgabe? Wenn das Mädchen sich nicht so leicht vom Weg abbringen ließe und selbstbewusst ihr Ziel verfolgen würde? Wenn die Mutter nicht so überlastet oder leichtsinnig wäre, dass sie das kleine Mädchen alleine durch den Wald schickt, oder wenn sie näher bei ihrer Mutter leben würde? Schnell merken wir, dass mit jeder Veränderung eines Charakters daraus eine völlig andere Geschichte wird.

Die Veränderung des einen bewirkt, dass sich das Ganze verändert. Andere Teilnehmer können ihre Rollen nicht mehr so weiterspielen wie bisher und werden gezwungen, sich anzupassen. Ihnen gehen zunächst die Vorteile ihrer alten Rolle verloren, was für viel Widerstand sorgt. Liebesentzug ist dabei die häufigste Reaktion. So machen andere uns die Befreiung vom eingefahrenen Rollenspiel schwer bis unmöglich. Wenn sich jedoch die Mutter als zentrale Spielfigur des Dramas verändert, wenn sie ihre eigene Persönlichkeit durchschaut und begreift, welchen Einfluss sie auf die übrigen Familienmitglieder ausübt, werden alle in der Familie im Handumdrehen aus ihren Zwängen befreit.

Je weniger bewusstes Nach-innen-Schauen in der Familie gepflegt wird, je weniger sich vor allem die Mutter mit den eigenen Schattenseiten befasst, desto enger und zwanghafter ist das Zusammenspiel der einzelnen Mitglieder und desto stärker halten sie an ihren Rollen fest. In einer Familie, in der die Selbstsuche dagegen üblich ist, wird das Zusammenleben nicht so zwanghaft oder gewaltsam. Die Familienmitglieder haben die Möglichkeit, sich zu verändern, ihre Rollen zu verlassen und sich frei zu entfalten. Sie werden nicht benutzt oder missbraucht.

Was hat das familiäre Rollenspiel mit dem seelischen Schatten zu tun? Die Rollenverteilung in der Familie ist unbewusst und findet daher im Schatten statt. Das Familiendrama ist ein emotionales Gefängnis, aus dem man nur schwer entkommt. Ich glaube, dass so manche Depression aus dem Gefangensein des Betroffenen in seiner persönlichen Rolle herrührt und aus der Aussichtslosigkeit, diese jeweils verlassen zu können.

In Erkrankungen der Kinder spricht die Seele der Mutter

Wenn unsere Kinder erkranken, dann geht die Warnstufe Rot an. Ihre Nöte werden offensichtlich, und wir sind gezwungen zu handeln. Unsere Bemühungen sind meist darauf ausgerichtet, die Krankheit so schnell wie möglich zu beseitigen. Es ist verständlich, denn es bricht uns das Herz, die Kleinen leiden zu sehen. Doch in der hehren Absicht, die Kinder von ihrem Leiden zu befreien, übersehen und verschenken wir eine einmalige Chance, sie nicht nur von der Krankheit, sondern auch vom Einfluss unseres seelischen Schattens zu befreien. Denn die Erkrankungen der Kinder stehen in direkter Verbindung mit unserem Innenleben und offenbaren etwas, was uns selbst nicht bewusst ist. Es mag erschreckend klingen, und Sie fragen sich vielleicht beim Lesen: Bin ich denn schuld an Krankheiten meines Kindes? Es ist keine Frage von Schuld oder Unschuld. In diesen Kategorien zu denken bringt uns nicht weiter. Mein Anliegen und das Anliegen dieses Buches ist es, die Selbstsuche anzuregen und Eltern zu ermutigen, sich mit den eigenen Schattenseiten und den seelischen Wunden der Vergangenheit auseinanderzusetzen. Schuldzuweisungen helfen nicht beim Verstehen. Neugier, Offenheit für Fragen und der Mut, anders zu denken als gewohnt, helfen uns dagegen sehr viel. Wie ist also der Zusammenhang zwischen den Erkrankungen der Kinder und den unbewussten seelischen Seiten ihrer Mutter zu verstehen?

Wir haben gesehen, dass die Seelen der Mutter und des Kindes nach der Geburt noch lange Zeit ein Ganzes bleiben, bis zu dem Zeitpunkt, wenn sich das Kind im Alter von ca. zwei bis drei Jahren als eigenständiges Wesen begreift. Bis dahin leben Mutter und Kind in einem Zustand der seelischen Verschmelzung. Das bedeutet: Alle Emotionen der Mutter erlebt das Kind wie seine eigenen. Und es äußert vor allem die Gefühle der Mutter, die für sie selbst unbewusst sind. Wenn die Verdrängungsleistung der Mutter stark ist, finden ihre abgeschobenen Gefühle einen leichten Ausgang durch den Körper des Kindes, weil hier für den seelischen Energiefluss der Weg des geringsten Widerstandes ist. Das Kind äußert Symptome. Diese sind per Definition störend, denn wenn die Mutter die schamvollen oder schmerzhaften Gefühle bei sich selbst nicht erkennt, wird sie diese bei ihrem Kind ebenfalls nicht sehen wollen. So wird lästiges Verhalten des Kindes zum ungebetenen Spiegelbild des Schattens der Mutter.

Unter Symptomen verstehen wir alles, was unsere Aufmerksamkeit auf sich zieht. Es kann eine Entwicklungsverzögerung sein, häufiges Weinen, Ess- und Schlafstörungen und natürlich Krankheiten. Ab wann sprechen wir überhaupt von einer Erkrankung? Wir bezeichnen einen Menschen als krank, wenn bestimmte körperliche oder seelische Funktionen aus ihren gewohnten Bahnen geraten und die gesamte Harmonie seines Wohlbefindens stören. So ist die klassische medizinische Definition einer Krankheit. Und wann empfinden wir einen Menschen als krank? Wenn er nicht er selbst ist, wenn sich sein normales Wesen verändert. So liegen vielleicht ansonsten aktive und laute Kinder still in ihrem Bett und geben keinen Mucks von sich. Wenn ein aufgewecktes Kind träge wirkt und wenn ein sonst so guter Esser keinen Bissen mehr zu sich nimmt, dann wissen wir, er ist krank, nicht wahr?

Wir sind gewohnt, Krankheiten auf äußere Faktoren wie Viren oder Stress zurückzuführen. Wir schieben die Ursachen gerne in die Außenwelt. Interessant ist jedoch, dass bei Viruserkrankungen nicht die Anwesenheit von Viren ausschlaggebend für das Erkranken ist, sondern die Bereitschaft unseres Körpers, sie hereinzulassen*. Wir wissen auch, dass nicht alle Menschen, die im Kontakt mit einem Virus waren, an ihm erkranken. Was macht also den einen Menschen durchlässiger für die Viren als einen anderen? Ist es nur seine physiologische Bauart? Oder benutzt dieser Mensch vielleicht die Vieren, um seinem seelischen Zustand einen Ausdruck zu verleihen, wie ein Künstler die Farben und eine Leinwand benutzt, um seine Bildidee zu verwirklichen? Das Materielle ist hier nur eine Ausdrucksform des Geistigen.

Hier kommen wir auf das Zusammenspiel verschiedener Ebenen unseres Lebens zu sprechen. So leben wir sowohl in der materiellen Welt als auch in der seelischen und in der spirituellen. Diese sind nicht voneinander getrennt, sondern greifen ineinander, wie ein Orchester die hohen, die mittleren und die tiefen Töne gleichzeitig spielt und das Zusammenspiel aller Instrumente zu einem Gesamtwerk macht. Die materielle Welt ohne unseren seelischen Bezug dazu ist bedeutungslos. Erst unser Bewusstsein verleiht den an sich neutralen materiellen Phänomenen einen Sinn. Wenn unser Tee zum Beispiel stark dampft, dann wissen wir, dass er noch zu heiß ist und dass wir mit dem Trinken ein wenig warten sollen. Ein Kind, das mit heißem Wasser noch keine Erfahrung gemacht hat, kennt diesen Zusammenhang nicht. Für es signalisiert das dampfende Wasser keine Gefahr.

Das Gleiche gilt für Krankheiten. Auch die Krankheiten existieren auf verschiedenen Ebenen – im Körper und auch in der Seele, auch wenn wir Letzteres meist ausblenden. Wir ver-

* Rüdiger Dahlke: »Die Krankheit als Weg«.

wechseln das Symptom (das, was uns stört) mit dem, was es signalisiert. Und während wir in der äußeren Welt Symptome leicht lesen lernen können, entziehen sich körperliche Symptome der einfachen Deutung, besonders dort, wo innerer Widerstand dies verhindert. Was für einen selbst wie eine verschlüsselte Botschaft daherkommt, kann für die Außenstehenden oft peinlich offensichtlich sein. Das liegt daran, dass die Symptome unbewusste Gefühle repräsentieren. Und diese Gefühle sind ja aus gutem Grund unbewusst: Es sind Erfahrungen, die schmerzen, beschämen oder beängstigen und daher im seelischen Schatten abgelegt werden. Dieser dunkle Bereich unserer Seele ist mit einem großen Schloss des Widerstandes versehen, den nur eine schonungslose Ehrlichkeit aufschließen kann. Bis dahin finden die unbewussten Gefühle ihre Materialisierung im Körper in Form von Symptomen.

Alle Symptome haben eins gemeinsam – sie sind störend und lästig. Damit erfüllen sie hervorragend ihre Signalfunktion. Sie ziehen unsere Aufmerksamkeit auf sich und zwingen uns dazu, sich mit ihnen zu beschäftigen. Interessanterweise finden wir das Beschäftigen mit dem Körper akzeptabler als die Auseinandersetzung mit der Seele. Einer Wunde im Körper wenden wir uns selbstverständlich zu und pflegen sie, bis sie verheilt. Eine seelische Wunde verbannen wir dagegen lieber ins Unbewusste. Die Empfehlung, psychotherapeutische Hilfe in Anspruch zu nehmen, empfinden viele fast schon als Beleidigung. Vielleicht suchen gerade deshalb unbewusste Konflikte so oft ihren Ausdruck durch den Körper: Hier ist die Chance größer, gesehen und behandelt zu werden.

Manchmal fragen Ärzte ihre Patienten: Was fehlt Ihnen? Die Frage ist richtig, denn ein Symptom zeigt tatsächlich etwas, was uns fehlt, was wir unbewusst wollen, aber auch, was wir verstecken oder nicht wahrhaben wollen. Ein Symptom ist wie ein fehlendes Puzzlestück, das das Gesamtbild unserer Person ergänzt. Es macht uns ehrlicher, ambivalenter, vollständiger und verletzlicher, denn die Symptome offenbaren unsere schwachen Stellen. Die Krankheit ist daher nicht eine zufällige körperliche Dysfunktion. Jede Krankheit ergibt einen Sinn für die Person, die sie hat, auch wenn wir diesen noch nicht sehen können. Die Krankheit will uns helfen, den seelischen Schatten zu integrieren.

Die moderne Schulmedizin gerät mächtig in die Kritik, den Menschen bei der Behandlung seiner Krankheiten auf den Körper zu reduzieren und nicht als Ganzes zu sehen. Sie beschäftigt sich weitgehend mit dem Reparieren der kaputten Körperteile. Die Seele wird ausgeblendet oder auf den unspezifischen Begriff Stress zusammengefasst. Unter Stress wird alles abgetan, was die Seele erlebt, ohne es weiter verstehen zu wollen.

Die Behandlung der körperlichen Symptome kann dennoch einen positiven Effekt für die Seele erbringen. Nicht nur die Seele steuert den Körper, sondern auch der Körper wirkt auf die Seele zurück. Es ist eine Art Rückkopplung. Ein »reparierter« Körperteil heilt auch die Seele, wenn wir für das Seelische generell sensibilisiert sind und eine Veränderung anstreben. So wird zum Beispiel ein von Polypen operativ befreites Kind tatsächlich auch in seinem Verhalten gelöster, wenn die volle Ladung frischer Luft durch seine Nase in seinen Körper strömt. Die Operation hilft ihm auch seelisch, durch die Verstopfung verzögerte Entwicklungsprozesse wieder in den Schwung zu bringen, vorausgesetzt natürlich, dass seine Eltern diese nicht ausbremsen. Ein anderes Beispiel: Dank sorgsam dosierter Behandlung von Neurodermitis bei Kindern mit dem berühmt-berüchtigten Kortison und durch die graduelle Absetzung des Präparats können die Symptome so gelindert werden, dass das

Kind sich in der eigenen Haut wieder wohler fühlt und dass Symptome nicht so schnell wieder auftreten, wie es beim abrupten Absetzen des Präparates oft der Fall ist. Die seelischen Aspekte der Erkrankung sollten aber nicht außer Sicht gelassen werden, sonst ist die Linderung nicht von Dauer, und es besteht durch das Unterdrücken der Symptome die Gefahr der Symptomverlagerung auf andere Organe.

Der Zusammenhang zwischen Symptom und Seele gilt tatsächlich sowohl für die Mutter als auch für ihr kleines Kind, vor allem in den ersten zwei bis drei Jahren seines Lebens. In dieser Zeit kann die Seele der Mutter sowohl durch ihren eigenen Körper sprechen als auch durch den Körper ihres Kindes. Danach verschwindet dieser Zusammenhang nicht, sondern wird nur komplexer und indirekter, da sich die eigene Persönlichkeit des Kindes herausformt und ins Spiel kommt. Auch Kinder fangen an, ihren seelischen Schatten herauszubilden. Durch die »Erziehung« werden die unerwünschten Charaktereigenschaften unterdrückt und wandern ins Unbewusste, zusammen mit den Erfahrungen der Vernachlässigung, der Überforderung oder der Einsamkeit, die für das Kind unbenannt geblieben sind.

Als Schlussfolgerung bleibt: Wenn unsere Kinder erkranken, müssen wir unseren Blickwinkel vergrößern, den Fokus »auszoomen« und die Perspektive erweitern. Wir dürfen uns nicht auf die Bekämpfung des lästigen Symptoms versteifen, sondern uns fragen: Was geschieht mit mir? Was geschieht in meiner Partnerschaft und in der gesamten Familie? Was wollen mir die Symptome sagen? Warum ausgerechnet jetzt? Und wenn wir die Antwort einfach nicht finden können, ist es nicht verkehrt, professionelle Hilfe zu suchen, um sich selbst besser zu verstehen.

Das hier Gesagte wird nicht alle Fragen beantworten und wahrscheinlich nicht allen Eltern helfen. Was ist mit Kindern, die angeborene Herzfehler haben oder mit einer Behinderung zur Welt kommen? Oder was ist mit Kindern, die an Krebs erkranken? In solchen Fällen erscheint das Schicksal furchtbar ungerecht, und unsere Wut ist unendlich groß. Es sind Zustände, die mit der Psychotherapie der Eltern nicht einfach zu beheben sind. Hier sind die Zusammenhänge zwischen dem Körper, der Seele, innerhalb der Familie und zwischen den Generationen komplexer, und der (kollektive) Schatten ist umso größer. Wir wissen nicht, was unsere Seele vor der Geburt bereits alles erlebt hat und was sie in dieses Leben mitbringt. Diese Fragen sind zu groß, und unser Bewusstsein dafür ist noch zu klein. Wenn pathologische Prozesse im Körper so weit fortgeschritten sind, dass sie den Umkehrpunkt überschritten haben, sind wir dankbar für heutige medizinische Möglichkeiten, die viele Leben retten. Dennoch besteht der Mensch nicht nur aus dem Körper. Aus jedem körperlichen Leiden spricht eine verletzte Seele, und es ist unsere Aufgabe, ihr zuzuhören und sie zu verstehen.

Erfahrungsbericht: Meine Tochter hat Neurodermitis

Um anderen Müttern Mut zu machen, Krankheiten ihrer Kinder im Zusammenhang mit der eigenen Seele zu betrachten, möchte ich von meiner persönlichen Erfahrung berichten: Wie die Erkenntnisse, die ich aus Neurodermitis meiner ersten Tochter Nikki über mich gezogen habe, uns geholfen haben, die Krankheit zu heilen.

Angefangen hat alles recht harmlos, als Nikki ca. vier Monate alt war. Sie bekam rote Stellen auf der Haut, verteilt auf dem ganzen Körper. Die Stellen wanderten, kamen und verschwanden wieder und haben meine Tochter damals noch nicht belästigt. Die Kinderärztin sprach von einem ungefährlichen Kinderekzem. Ich sah in ihnen nicht mehr als einen Schönheitsfehler, der sich sicher bald »auswachsen« würde. Doch so war es nicht. Im Alter von ca. anderthalb Jahren fingen die Stellen an zu jucken. Mit dem Juckreiz verschwand die nächtliche Ruhe, denn mehrfach jede Nacht kamen Kratzattacken, immer kurz nach der Traumphase, wenn der Schlaf besonders leicht war.

Nikki wurde durch den Juckreiz aus dem Schlaf geholt. Sie wachte zwar auf, blieb aber wie in ihrem Traum gefangen. Sie war nicht ansprechbar, hatte einen starrenden, unfokussierten Blick, als würde sie sich nicht im Hier und Jetzt befinden, sondern irgendwo anders – wie im Jenseits. Dadurch war für mich spürbar, dass ihre Symptome nicht in falscher Hautpflege oder ungeeigneter Ernährung wurzelten (beides haben wir mehrfach umgestellt, mit ausbleibendem Erfolg), sondern aus der Tiefe der Seele kamen. Sie weinte und rief: »Mama!«, während ich vor ihr saß. Sie sah durch mich hindurch, als wäre ich ein Geist. Ich wollte ihr meine Präsenz zeigen und Unterstützung geben, doch sie nahm mich einfach nicht wahr. Noch nie im Leben habe ich mich so ohnmächtig gefühlt.

Der Teufelskreis der Symptome setzte sich fest: Die befallenen Hautstellen wurden blutig aufgekratzt. Die verletzte Haut entzündete sich, bildete Krusten, die wieder juckten und aufgekratzt wurden. Der starke Juckreiz trieb sowohl meine Tochter als auch mich und meinen Lebenspartner in den Wahnsinn. Nichts half, wir waren machtlos.

Der Leidensdruck zwang mich dazu, mich mit dem Thema Haut näher auseinanderzusetzen, um die Symptomatik besser zu verstehen. Als das größte Organ unseres Körpers bedeckt und beschützt die Haut seine ganze Oberfläche. Sie markiert die Grenzen des eigenen Körpers und gewährleistet seine Abgrenzung zur Außenwelt. Sie beschützt den Körper vor äußeren Einflüssen und bewahrt so seine Autonomie. Die Haut ist also eine Grenze. Übersetzt in die Sprache der Seele, handelt es sich um eigene Grenzen als Person, um die Grenzen des Möglichen oder Erlaubten. Wenn jemand »aus der Haut fährt«, dann ist er am Ende des Erträglichen angelangt. Wenn uns etwas unter die Haut geht, dann ist die seelische Abwehr durchbrochen, und wir sind tief getroffen.

Gleichzeitig ist die Haut das Kontaktorgan. Mit ihr stellen wir die taktile Verbindung nach außen her. Durch die Haut erfahren wir die Berührung des anderen – entweder auf eine liebevolle, beschützende und angenehme oder auf eine verletzende, vereinnahmende und gewaltsame Weise. Die Haut ist unsere Intimzone. Die Berührung der Haut berührt auch immer die Seele.

Die Haut ist verräterisch. Sie trägt das Innere nach außen und macht Gefühle sichtbar: So verrät das Erröten die Scham, das »Ergrünen« den Neid, das Erblassen die Angst. Abszesse und Pickel sind wie kleine Vulkane auf ihrer Oberfläche, die aufgestaute Spannungen mit Eiter nach außen tragen und dadurch entladen. Die Durchlässigkeit der Haut bestimmt, wie intensiv der Austausch mit der äußeren Welt ist oder wie abgeschottet ein Mensch ist. Man spricht vom dicken Fell, wenn jemand abgestumpft ist, oder von dünner Haut, wenn jemand überempfindlich ist.

Mit der Bedeutung der Haut als abgrenzendes, kontaktierendes und vermittelndes Organ habe versucht, die Symptome von Neurodermitis besser zu verstehen.

Der Juckreiz brachte Nikki dazu, ihre Haut buchstäblich aufzureißen. Es entstanden Verletzungen, bei denen die schützende und abgrenzende Funktion der Haut nicht mehr erfüllt war. An diesen Stellen verschwand praktisch die Grenze zwischen ihrem Körper und der Außenwelt, als wollte sie sich wieder in den symbiotischen Zustand der vollen Verschmelzung mit der Mutter hineinbegeben oder sogar wie im Mutterleib wieder eins mit ihr sein. Ich habe mich gefragt, ob Nikki und ich die Phase der seelischen Verschmelzung nach der Geburt tief gehend und erfüllend zusammen durchlebt hatten. Es schien, als blieben wir beide in einer regressiven Koabhängigkeit stecken. Der Start ins Wochenbett wurde tatsächlich dadurch betrübt, dass wir kurz nach der Geburt für lange neun Stunden voneinander getrennt wurden. Für so ein sensibles Kind wie Nikki muss die Trennung sehr schwer oder sogar traumatisch gewesen sein. Ich erinnere mich an ihren eindringlichen Blick direkt in meine Augen, als sie nach der Geburt auf meinen Bauch gelegt worden war, als wollte sie ihre Mama begrüßen und endlich kennenlernen. Nach dem kurzen Kennenlernen kam leider die Trennung, die uns beiden zugesetzt hat. In der Zeit danach haben wir versucht, die versäumte erste Zeit zu zweit nachzuholen. Das Kratzen ist auch ein bisschen wie übertriebenes Streicheln, ein verzweifelter Versuch der Berührung.

Ich habe natürlich auch in meiner Seele und in meiner Kindheit gesucht. Ich fragte mich, wie steht es mit meiner Fähigkeit, meine Grenzen zu bewahren? Wie war der seelische und körperliche Kontakt zu meiner Mutter? Dafür habe ich die Hilfe mehrerer Psychotherapeuten sowie Familienaufsteller in Anspruch genommen. Es stellte sich heraus, dass meine Abgrenzungsfähigkeit tatsächlich sehr beeinträchtigt war.

Gegenüber meiner dominanten Mutter konnte ich mich als Kind schlecht abgrenzen. Als Mädchen war ich ihrem grenzverletzenden Verhalten machtlos ausgeliefert und hatte gegen ihre dominante Energie keine Chance. Es war mir plötzlich klar, warum ich als erwachsene Frau von meiner Heimat Russland so viel Abstand nehmen musste. Ich hatte realisiert, dass ich ein Mensch war, der auf der einen Seite zu wenig für sich einforderte und auf Distanz blieb (ich setzte mich zum Beispiel immer auf die Kante des Stuhles und sprach mit leiser Stimme) oder zu hungrig war, wenn ich in Beziehungen kompromissloses Commitment erwartete. Das Ausbalancieren zwischen Nähe und Distanz fiel mir schwer.

Mir war aufgefallen, dass ich in meinem Leben auf eine mysteriöse Art und Weise Menschen mit Hautproblemen anziehe: Einige von meinen langjährigen Lebenspartnern haben chronisches Neurodermitis oder Schuppenflechte. Oft fand ich Männer attraktiv, bis ich die Ausschläge auf ihrer Haut registrierte. Dann lief mir kalter Schweiß den Rücken herunter. Das Thema Haut war ein Teil von mir, obwohl ich selbst keine Symptome hatte.

Im Verlauf der Krankheit wanderten die betroffenen Stellen durch Nikkis Körper. Jeder Körperteil hat seine Bedeutung und spricht seine besondere Sprache. So tritt Neurodermitis bei vielen Kindern und auch bei Nikki vor allem an den Innenseiten der Ellbogen und in den Kniekehlen auf. Hier ist die Haut besonders empfindlich und die Grenze des eigenen Körpers besonders dünn. Es sind weiche Stellen, die Geborgenheit und Schutz verlangen. Durch das Beugen entwickelt sich in ihnen ein warmfeuchtes Klima, vergleichbar mit der Gebärmutter. Diese Stellen sagen: Ich sehne mich nach Geborgenheit und Nähe zur Mutter wie im Mutterleib. Und das Gleiche gilt für die Mutter des Kindes. Auch ich habe mich nach Nähe zu meiner Mutter gesehnt, die viele Tausende Kilometer von mir entfernt lebt.

Ausschläge an den Außenseiten von Unterarmen und Unterschenkeln treten vor allem bei Erwachsenen auf. Es sind unsere Abwehrzonen. Mit ihnen schubse ich und trete ich die anderen weg. Diese Stellen sagen: Ich lasse niemanden an mich ran – weil mir der Kontakt wehtut.

Das Gesicht ist sowohl bei Kindern als auch bei Erwachsenen oft von Neurodermitis betroffen. Es prägt unser Erscheinungsbild wie nichts anderes und hat mit der gesamten Persönlichkeit zu tun, das heißt mit unserer Rolle in der Familie, mit dem Vordergründigen in uns, mit der Maske, die wir tragen, und dem, was sich dahinter verbirgt. Wenn die Maske »erblüht«, dann stimmt etwas nicht. Wir wollen etwas darstellen, was wir in Wirklichkeit nicht sind. Wir vermitteln eine Lüge, die sich nun enttarnt. Wenn die Maske aufgekratzt wird, dann kommt das wahre Gesicht zum Vorschein. Hier ist der Wunsch spürbar, sich nicht mehr verstecken zu müssen und dem wahren Ich mehr Akzeptanz zu verschaffen.

Eine interessante Erinnerung aus einer bereits lange zurückliegenden Beziehung fällt mir dazu ein. Wir waren noch nicht lange zusammen, und es näherte sich das Weihnachtsfest. Wir hatten beschlossen, dass ich den Heiligabend zum ersten Mal in der Familie meines Freundes verbringen sollte. An diesem Tag bekam er jedoch schlimmen Ausschlag im ganzen Gesicht. Sein Gesicht war praktisch entstellt. Heute verstehe ich die Symptomatik gut: Eine Ausländerin und Vegetarierin sollte an der Seite des Hoffnungsträgers einer bürgerlichen Familie in der ländlichen Provinz erscheinen. Das kratzt schon mal gewaltig am eigenen etablierten Rollenbild oder droht es sogar zu kippen. Ich passte offenbar nicht so selbstverständlich in diese Umgebung hinein, was die Zeit später auch bewiesen hat.

Nachdem Nikkis Leiden ihren Höhepunkt erreicht hatte, passierten viele familiäre Veränderungen: Wir zogen aus einem Großstadtmoloch in eine kleinere und ruhigere Stadt. Nikki bekam eine kleine Schwester, und die Symptome schienen sich zu beruhigen. Gute Abhilfe haben wir mit Baumwollhandschuhen mit Silberfäden bekommen. Nikki rieb zwar an der Haut, verletzte sie aber nicht, und die Haut entzündete sich nicht mehr. Nicht ohne inneren Widerstand haben wir auch eine Stoßbehandlung mit einem Kortisonpräparat mit gradueller Absetzung durchgeführt. Schon nach dem zweiten Durchlauf kamen die Symptome nicht mehr zurück und verschwanden endgültig im Alter von ca. vier Jahren. Meine zweite und die dritte Tochter hatten keine Probleme mit der Haut. Ich kennen viele Familien, in denen alle Kinder von Neurodermitis betroffen sind, manchmal sogar die Mutter. Dass es bei uns nicht der Fall ist, führe ich auf die seelische Arbeit zurück, die wir als Familie durchgemacht haben. Dennoch bleibt Nikki ein sensibles Kind und durch das Thema Trennung gezeichnet. Die psychosomatische Kinderklinik in Gelsenkirchen schreibt: Neurodermitis-Kindern fallen Abschiede schwer. Das kann ich nur bestätigen.

Nicht jede Geschichte von betroffenen Familien ist gleich, aber es werden beim genauen Betrachten ähnliche Themen und Konflikte erkennbar. Es lohnt sich, in das familiäre Seelenleben hineinzuschauen. Mein Erfahrungsbericht soll hier nur als Anregung dienen, sich wichtige und intime Fragen zu stellen und nach persönlicher Wahrheit zu suchen. Die Antworten kann man leider nicht über Nacht finden. Die Selbstsuche ist ein langer und anstrengender Prozess, der manchmal ein ganzes Leben dauert. Natürlich können unsere erkrankten Kinder nicht so lange warten, und es ist völlig okay, zu medizinischen Möglichkeiten zu greifen, die sie von ihrem Leiden schneller befreien. Eine dauerhafte Besserung geschieht jedoch nicht durch die körperliche Behandlung allein. Wenn unsere Kinder erkranken, dann liegt die Antwort auf die Frage »Warum?« in unserer Seele. Es ist daher kurzsichtig, nur am kindlichen Körper zu hantieren und unsere Seele dabei auszublenden. Am besten wir behalten beides im Blick.

Reflexion:
Die Beziehung zwischen Kinderkrankheiten und der mütterlichen Seele

Frage dich: Unter welchen typischen oder chronischen Erkrankungen leidet mein Kind? Welche Sprache sprechen die Symptome? Erkenne ich in ihnen für mich bedeutende Themen?

Die Antwort auf diese Frage ist im Alleingang wirklich nicht leicht. Professionelle Hilfe ist daher sehr ratsam.

Teil IV

Wie die Schattenseiten unserer Seele den Alltag mit Kindern prägen

Warum unsere Erziehungsmethoden unwichtig sind

Noch nie habe ich eine Mutter kennengelernt, die nicht das Beste für ihr Kind wollte und nicht alles für ihr Kind tat, was in ihren Kräften lag. Darin sind wir Mütter uns alle ähnlich. Wir versuchen, im Umgang mit unseren Kindern das Richtige zu tun. Nur, was ist das Richtige? Die Ansichten über Kindererziehung gehen sehr weit auseinander. Was für die eine Mutter selbstverständlich oder sinnvoll erscheint, ist für eine andere ein »No-Go«. Doch in einem weiteren Punkt sind wir uns alle wieder ähnlich: Es klappt nie so, wie wir es uns vorstellen. Kinder entziehen sich unserem pädagogischen Einfluss auf eine geradezu magische Art und Weise und kippen das von uns angestrebte Ziel.

Elternforen im Internet sind voll mit Klagen und Fluchen, mit Hilferufen und Problemberichten, ob es nun Foren von Eltern sind, die sich selbst als kinderorientiert bezeichnen, oder konventionelle Foren, die mit dem heutigen Mainstream gehen. Ob die Eltern Buddhisten, Christen oder Atheisten sind, ob berufstätig oder Vollzeiteltern, ob traditionell oder alternativ: Sie alle haben Probleme mit ihren Kindern, auch wenn sie dies nach außen oft nicht zugeben wollen.

Woran liegt das? In welche Fallen tappen wir mit unseren guten Absichten? Es ist auffällig, dass wir gegenüber jeglicher Kritik extrem empfindlich sind, wenn es um unseren Umgang mit dem Nachwuchs geht. Schon durch die bloße Anwesenheit von Menschen, die mit ihren Kindern deutlich anders umgehen als wir, fühlen wir uns angegriffen. Wir verspüren den Drang, uns zu rechtfertigen, und geraten schnell in die Defensive. Aus nichtigem Anlass kann die Furie in uns erwachen, die so manche heftige Auseinandersetzung entfacht. Dann gehen sie aufeinander los: die Flaschenmamas gegen die Stillmamas, die Tragetuchmamas gegen die Kinderwagenmamas, die Vollzeitmamas gegen die berufstätigen Mamas und so weiter. Alle wollen recht haben und beweisen, dass sich die anderen irren.

Die Empfindlichkeit bei Erziehungsfragen ist ein sicheres Zeichen dafür, dass etwas Persönliches im Spiel ist, das uns tief berührt, uns aber unbewusst bleibt. Unsere Überzeugungen in Bezug auf die Kindererziehung bedienen also zunächst etwas in uns selbst. Es stellt sich daher die Frage: Wer braucht diese Überzeugungen mehr – unsere Kinder oder wir selbst?

Die Wahl unseres Erziehungsstils ist nicht zufällig. Wenn wir einer bestimmten Ideologie der Kindererziehung folgen, so steht sie höchstwahrscheinlich in direkter Verbindung mit der Vorgehensweise unserer eigenen Eltern, als wir noch klein waren. Sie ist das Resultat unserer eigenen Erziehung, auch dann, wenn wir als Kinder darunter gelitten haben. Es scheint paradox, und es ist irrelevant, ob wir das Gleiche anstreben wie unsere Eltern oder das Gegenteil davon. Die Unfreiheit ist in beiden Fällen gegeben, mit dem Plus- oder mit dem Minuszeichen davor. Es kann sogar passieren, dass wir das Gegenteil anstreben, unbewusst aber das Gleiche tun und zu dem Ergebnis gelangen, das wir eigentlich vermeiden wollten. So werden manche Verhaltensmuster von Generation zur Generation weitervererbt.

Warum sind wir mit unseren Kindern wie fremdgesteuert? Die erste Beziehung, die wir im Leben eingegangen sind, ist die Beziehung zu unserer Mutter oder der Ersatzperson. Diese erste Beziehung war so prägend, dass wir uns den gelernten Beziehungsmustern kaum entziehen können. War die erste

Beziehung gewalttätig, so haben wir Gewalt, ob körperlich oder emotional, als einen wesentlichen Bestandteil einer liebevollen Beziehung verinnerlicht. Gewalt und Liebe sind für uns untrennbar verbunden. Gewaltsamer Umgang fühlt sich für uns vertraut und warm an, weil wir ihn unbewusst mit der Mutter verbinden. Wir tragen Gewalt in uns und üben sie täglich aus, vor allem gegenüber den Menschen, die wir lieben – auch gegenüber unseren Kindern. Die Absicht, dies nicht zu tun, ändert daran leider nichts. Die Gewalt kann viele verschiedene Formen annehmen, auch solche, die mit dem bloßen Auge nicht leicht zu sehen sind. Unsere gewalttätige Ader ist unbewusst und sehr viel tiefer in uns verankert, als dass wir sie mit dem bloßen Willen ausschalten könnten. Der seelische Schatten ist stärker als das Bewusstsein.

Die Erziehungsideologie, an die wir so sehr glauben und deren Hinterfragen uns aus der Fassung bringt, ist daher nur ein seelischer Zufluchtsort oder ein Schutzschild, der es uns ermöglicht, unseren dunklen Seiten und schmerzvollen Erfahrungen zu entfliehen. Uns fallen unzählige »rationale« Gründe ein, warum unser Weg der richtige ist, doch die wahre Verbindung zwischen dem gewählten Erziehungsstil und der eigenen Kindheit bleibt uns unbewusst. Unsere Eltern haben es ohne Zweifel gut gemeint, es ist keine Frage von Schuld. Gut gemeint bedeutet aber nicht zwangsläufig, dass es gut für uns war. Würden wir erkennen, wie sehr wir als Kinder unter den besten Absichten unserer Eltern gelitten haben, dann wären wir heute vielleicht milder, offener und weniger verbissen.

Wenn wir allerdings die Fahnen einer Ideologie schwenken, beschäftigen wir uns vor allem mit der Verteidigung dieser Ideologie und sehen das reale Kind vor uns mit seinen echten

Gefühlen und Nöten nicht mehr. Wir registrieren nicht, was mit ihm geschieht und was es braucht. Die Parolen übertönen seine Stimme. Der Wunsch, recht zu haben, macht uns blind und angriffslustig. Unser Streben nach dem Besten für unsere Kinder ist nicht gleichzusetzen mit einer intensiven emotionalen Beziehung zum eigenen Kind. Das »Richtige« für das Kind zu tun und das eigene Kind verstehen zu wollen sind diametral unterschiedliche Dinge. Und Tatsache ist: Wir können die reale Stimme unseres Kindes nur dann hören, wenn wir die schwache Stimme des verletzten Kindes in uns gehört haben, wenn wir sein Leiden ernst nehmen und Mitleid mit ihm haben. Jedes Schönreden und Glattbügeln bringt uns dagegen zurück auf die ideologischen Barrikaden.

Eine Erziehungsideologie existiert in der Praxis ohnehin nicht in Reinform, weil wir jede Idee durch unsere persönliche Linse wahrnehmen und entsprechend interpretieren. Wir verstehen sie so, wie sie ins uns widerhallt, in Resonanz geht. Und was fungiert als die Linse, die jede Idee bricht? Natürlich unser seelischer Schatten – der unbewusste Bereich unserer Seele.

Der dänische Pädagoge Jesper Juul sagt in einem Spiegel-Interview zu seinem neuen Buch*: »Ich habe immer betont …, dass Eltern für die Kinder wie ein Leuchtturm stehen müssen. Aber ich musste immer wieder feststellen, dass Leser ihre eigenen romantischen Ideen in meine Ratschläge projizieren.« Es kann gar nicht anders sein und ist das Schicksal aller Erziehungsratgeber, da wir alle Ratschläge durch den Filter der eigenen Wahrnehmung sehen und sie entsprechend der persönlichen Erfahrung interpretieren. Auch Juuls neuer Idee von »Eltern als Leitwölfe« wird es nicht anders ergehen. Er ruft El-

* SPIEGEL-Gespräch: »Gut genug ist perfekt« vom 30.01.2016

tern dazu auf, sich bei den Kindern auch mal unbeliebt zu machen. Jeder Vater und jede Mutter kann diesen Aufruf nach Lust und Belieben auslegen. Der eine wird darauf die eigene Unzulänglichkeit abschieben, der andere wird sich damit trösten, wenn seine Kinder unglücklich sind. Jesper Juul hat ja gesagt, dass es okay ist. Jede vorgefasste Idee bringt uns davon ab, unvoreingenommen hinzuschauen und zu erkennen, was mit dem Kind und mit uns gerade geschieht. So schreibt eine Mutter ebenfalls bei Spiegel: »Ich glaube, ich bin so eine Wölfin ... Wenn die Kinder nerven, knurre ich vernehmlich. Wenn es ganz schlimm wird, lege ich den Kopf zurück und heule laut. Dann kehrt Stille ein.«* Ob Jesper Juul es so gemeint hat, sei dahingestellt. Die Bandbreite der Interpretationen ist endlos. Ob der Leuchtturm oder der Wolf, beide Bilder sind nur das Ergebnis der persönlichen Lebensgeschichte des Dänen, und so wie diese Bilder für ihn stimmen mögen, werden sie für keinen anderen Menschen der Welt stimmen.

Die oben erwähnte Mutter findet ihren Erziehungsstil erfolgreich. Dabei versteht sie Erziehungserfolg als ein reibungsloses Funktionieren im Alltag. Das mag zu ihrem Leben passen. Eine andere Mutter jedoch wird Erfolg ihrer Erziehung völlig anders definieren. Denn auch bei der Frage, welches Ziel wir mit unseren Bemühungen ins Auge fassen, wird Persönliches spürbar.

Zusammenfassend heißt das: Das Einzige, was aus uns spricht, wenn wir die eine oder andere Erziehungsmethode vertreten, ist unser persönlicher Werdegang, unsere eigene Lebensgeschichte, unser einzigartiger Weg zur Mutter- oder Vaterschaft, das Drama unserer eigenen Kindheit. Die Liebe oder

* Elterncouch: Bekenntnisse einer Leitwölfin, SPIEGEL ONLINE – Panorama – 02.02.2016

ihre Abwesenheit, die wir als Kinder erfahren haben, das Verständnis oder die Ignoranz unserer Eltern, die innere Stimme, die uns zuverlässig leitet oder die schon lange verstummt ist, und die alten kindlichen Verletzungen, die längst vergessen zu sein scheinen und sich dennoch im ungeeigneten Moment in Erinnerung bringen – all das dick überschminkt mit beliebigen Erziehungsparolen. Nur der Blick nach innen – hin zur ungeschminkten Realität – lässt uns erkennen, was in der Welt unserer Kinder geschieht.

Das Mitgefühl mit uns selbst und mit unseren Kindern öffnet unser Herz und macht jeden Kampf gegen das Andersartige überflüssig. Die Umgebung wird harmonischer und liebevoller, weniger defensiv und feindselig. Wir führen keine Kriege mehr. Denn in jeder noch so fremden Idee und in jedem noch so fremden Menschen entdecken wir beim genauen Betrachten immer etwas, was uns verbindet – das gebrochene Herz.

Reflexion: Mein Erziehungsstil

Frage dich: Welche Erziehungsmethoden preise ich an, und welchen Umgang verachte ich abgrundtief?

Welche Verbindung zu meiner Kindheit kann ich darin erkennen?

Welche Kritikpunkte meiner Schwiegermutter (oder einer anderen kritischen Person) zu meinem Umgangsstil mit dem Nachwuchs bringen mich zum Kochen?

Welches Körnchen der Wahrheit kann ich darin erkennen? Mach dir Notizen.

Anna: Wie sich ihre Eltern beweisen wollten

Annas Eltern sind beide leidenschaftliche Pädagogen und fühlen sich zur Kindererziehung berufen. Das Fachgebiet der Erziehung ist ihr vertrautes Territorium, hier fühlen sie sich sicher und kompetent. Der Beruf füllt auch ihre Beziehung mit Inhalt. Das Ehepaar tauscht sich viel und gerne über die neuesten pädagogischen Konzepte aus und verstärkt sich gegenseitig in ihrem Selbstbild der fähigen Pädagogen. Die Fachkompetenz ist eine mächtige Energiequelle für ihre Egos.

Mit ihrer Tochter Anna läuft jedoch nicht alles so glatt. Nach Auffassung der Eltern hinkt sie in der Entwicklung ihrer Selbstständigkeit hinterher. Sie schafft es mit ihren vier Jahren noch nicht, alleine einzuschlafen, kann nicht alleine spielen und nicht alleine im Zimmer sein. Auf die Selbstständigkeit der Tochter legen die Eltern viel Wert und versuchen sie mit allen Mitteln zu erreichen, doch das Mädchen klammert umso mehr und hat Angst vor harmlosen Dingen.

Die verzögerte Entwicklung ihrer Tochter können die Eltern nicht auf sich sitzen lassen. Das wäre doch gelacht, mit zwei so fähigen Pädagogen im Haus. Es wird an Anna gewerkelt und rumhantiert und mit immer neuen Methoden versucht, Anna zu mehr Selbstständigkeit zu bewegen. An Ideen mangelt es nicht, doch sie führen nicht zum Erfolg, weil sie die Wurzeln des Problems verfehlen. So bestehen die Eltern darauf, dass Anna abends allein ins Bett geht und allein einschläft. Für Anna ist es eine Zumutung. Sie schreit eine Stunde lang in ihrem Bett, bevor sie vor Erschöpfung einschläft. Daraufhin verschieben die Eltern die Zubettgehzeit um eine Stunde nach hinten in der Hoffnung, sich dadurch die Stunde des Schreiens zu ersparen. Es klingt wie ein Trick, und es löst das Problem natürlich nicht, denn an der Einsamkeit ihrer Tochter hat sich nichts geändert.

Des Weiteren wünschten sich die Eltern, dass Anna im Alter von sechs Jahren abends ab und zu allein zu Hause bleibt, damit sie ausgehen könnten. Anna war aber nicht in der Lage, auch nur für kurze Zeit allein zu Hause zu bleiben. Die Eltern bestanden darauf und dachten sich allerlei Hilfsmittel aus, die ihrer Tochter helfen sollten, das Alleinsein zu verkraften. So haben sie ihr eine Art Voodoopuppe gebastelt, die als Ersatz für die Mutter dienen sollte. Die Puppe sei angeblich in der Lage, die Botschaften der Tochter an die Mutter zu überbringen und so die Verbindung zu ihr aufrechtzuerhalten. Eine andere Idee war ein Pappaufsteller, der die Silhouette des Vaters in der realen Größe abbildete. Der Aufsteller wurde im Garten plaziert, sodass Anna ihn aus dem Kinderzimmerfenster sehen konnte, um das Gefühl zu haben, der Vater sei im Garten. Der Zeit- und Energieaufwand der Eltern war beachtlich, und die Eltern mussten tatsächlich das Gefühl haben, alles Erdenkliche versucht zu haben, um ihrer Tochter zu helfen. Doch der Leser spürt sicherlich, dass die Bemühungen der Eltern in die völlig falsche Richtung gingen: Das Kind ruft nach Nähe, und sie bestehen auf Selbstständigkeit und machen dabei keine Zugeständnisse. Im Gegenteil, von der Notlage der Tochter fühlen sie sich regelrecht angespornt und ziehen alle Register ihrer Kreativität nach dem Motto: »Was könnten wir noch ausprobieren, damit sie es endlich schafft?« Keinen Millimeter gehen sie dabei auf ihre Tochter zu und auf ihre Bedürfnisse ein.

Die Eltern versteifen sich auf das, was sie erreichen wollen, und sehen nicht, was dem Kind fehlt. Die Einstellung »in ihrem Alter sollte sie schon längst …« hatten ihre Eltern wahrscheinlich schon immer, möglicherweise sogar schon, als Anna erst ein paar Wochen alt war. Nicht ihre realen Bedürfnisse wurden gesehen, sondern ob sie den vermeintlichen Normen der Selbstständigkeit entspricht.

Dass sich die Eltern ausgerechnet auf die Selbstständigkeit fixieren, hat natürlich mit ihrer persönlichen Lebensgeschichte zu tun, die wir nicht kennen. Wir können nur vermuten, dass sie selbst als Kinder durch Forderungen ihrer Eltern in der harten Zeit nach dem Krieg überfordert waren. Die Kälte und die Härte, die sie als Kinder erlitten haben, als das Überlebthaben bereits Glück bedeutete, sind ihnen heute nicht mehr bewusst. Nur die innere Programmierung: »Du muss es alleine schaffen« hallt noch in ihren Köpfen nach.

Wie kann es passieren, fragt sich der Leser vielleicht, dass der große Wissensschatz der Eltern ausgerechnet bei ihrer Tochter ausgesetzt hat? Auch die fähigsten Pädagogen, wenn sie bei persönlichen Problemen unter dem Einfluss ihres seelischen Schattens stehen, können die elementaren Zusammenhänge nicht mehr klar sehen, dass die Selbstständigkeit eines Kindes nicht im Vakuum entsteht, sondern immer aus der Nähe und dem Urvertrauen heraus. Die Nähe kommt zuerst, und aus der Sättigung mit Nähe kann das Kind Selbstständigkeit entwickeln. Diese Nähe konnten die Eltern Anna aber nicht geben. Sie wussten einfach nicht, wie das geht, weil sie selbst keine Nähe erfahren hatten. Als wollten sie sich mit ihren Bestrebungen beweisen, dass man die Nähe nicht braucht: Sonst müssten sie ja anerkennen, dass ihnen selbst die Nähe gefehlt hat.

Befriedigte Bedürfnisse klingen von alleine aus. Unbefriedigte Bedürfnisse hinterlassen für immer ein Loch. So blieb Anna in ihrer Entwicklung tatsächlich im Babyalter hängen, weil die seelische Fusion mit ihrer Mutter, die Nähe nicht kennt und nicht geben kann, unmöglich war. Daher wirken heute Annas Ängste und ihr Verlangen nach Nähe für ihr Alter so überdimensioniert groß. Die Eltern ignorieren weiterhin ihre Hilferufe. Sie versteifen sich auf die Aufgabe, wie sie ihre Tochter dazu bringen könnten, Dinge alleine zu tun. Sie spielen darin ihre pädagogische Kompetenz bis zum Abwinken aus. Nur der Blick auf das reale Kind Anna und das, was mit ihm geschieht, bleibt vor lauter pädagogischem Eifer verstellt.

Die Kluft zwischen dem Notzustand des Mädchens und dem Tatendrang der Eltern klafft immer weiter auseinander. Es entsteht ein permanenter Kampf. Und wer ist der Verlierer dieses Kampfes? Natürlich das Kind. Annas Erkrankungen nehmen zu. Sie leidet unter Fieberkrämpfen. Ihre linke Gesichtshälfte erleidet eine Lähmung – verbunden mit der rechten emotionalen Gehirnhälfte, zeigt sie die emotionale Lähmung.

Heute ist Anna eine erwachsene Frau, die vor Kurzem Mutter geworden ist. Im Wochenbett empfindet sie ihrem Kind gegenüber keine Muttergefühle. Sie kommt sich wie betäubt vor. Das ergibt für sie durchaus Sinn, denn unempfindlich zu werden war für sie die einzige Möglichkeit, den Terror ihrer Kindheit zu überleben.

Mit diesem Beispiel möchte ich zeigen, dass die Beschäftigung mit Erziehung als solche uns daran hindern kann, das reale Kind zu sehen, das ruft, verlangt und leidet. Darüber hinaus lenkt uns das Denken in »pädagogisch sinnvollen« Begriffen von unserem eigenen Lebensdrama ab. Unsere Überzeugungen in Bezug auf die Kindererziehung sind nicht »gottgegeben«, sondern wurzeln in unseren persönlichen Erfahrungen und ergeben Sinn für uns, doch nicht unbedingt für unsere Kinder. Wenn uns etwas an unserem Kind stört oder uns Sorge macht, dann ist es an der Zeit, nach innen zu schauen und uns Fragen zu stellen. Denn Kinder leben in unserer seelischen Realität und spiegeln uns Dinge zurück, die wir nicht sehen wollen – unseren seelischen Schatten. Jegliche Erziehung versucht genau das Gegenteil: Sie versucht das Kind so zu »biegen«, dass es uns nicht mehr stört. Das heißt, die Erziehung hilft uns geradezu, unseren seelischen Schatten unberührt zu lassen. Sie baut einen festen Zaun um ihn herum.

Das Fremde in meinem Kind

Wahrscheinlich kennen wir es alle – das verstörende Gefühl, dass unser Kind uns irgendwie fremd ist. Wir wundern uns darüber, wie wir ausgerechnet dieses Kind bekommen konnten. Es passt so gar nicht zu uns. Es stört das Bild, das wir von uns haben und nach außen tragen, und widerspricht scheinbar dem, wer wir sind und was wir sind.

Unser Sprössling hat die eine oder andere Eigenschaft, die wir in der Familie eigentlich gar nicht haben wollen, die nicht zu unserem Familienleben passt, die wir nicht unterstützen, die wir vielleicht sogar verurteilen oder vehement ablehnen. Wenn wir uns zum Beispiel für besonders friedlich, harmoniebedürftig und tolerant halten, wenn wir Gewalt verurteilen, dann ist es für uns unverständlich, warum ausgerechnet unser Kind permanent auf Krawall aus ist. Es schubst andere Kinder auf dem Spielplatz, beißt sie oder macht ihnen Spielzeug streitig. Es legt sich mit Erziehern an und macht aus dem liebevoll gedeckten Familientisch ein Schlachtfeld. Es entwickelt sich mit der Zeit zu einem beachtlichen Störenfried. Wir können uns nicht vorstellen, woher das kommt. Es kann nicht von uns kommen, ganz bestimmt nicht, glauben wir. Aggressives Verhalten ist doch genau das Gegenteil von den Werten, die wir unserem Nachwuchs vermitteln wollten. Es muss von der Schwiegermutter kommen, schreibe ich hier mit einem Augenzwinkern.

Manchmal passiert es mit einem von mehreren Geschwistern. Dieser eine Mensch macht allen das Leben schwer. Wenn er außer Haus ist – in der Tagesbetreuung oder bei der Oma, dann entspannt sich die Atmosphäre zu Hause, und wir atmen auf. Wir ertappen uns bei dem beschämenden Gedanken, ob wir dieses lästige Kind nicht irgendwie loswerden könnten. Dann wäre das Leben doch perfekt.

Was ist unsere Strategie im Umgang mit dem Spielverderber? Wir versuchen mit allen Mitteln, sein lästiges Verhalten zu unterbinden und die unansehnlichen Eigenschaften aus der Welt zu schaffen. Wir schimpfen, verhängen Strafen, erpressen mit Konsequenzen und entziehen ihm die Familienzugehörigkeit. Wir schließen ihn immer mehr aus unserem seelischen Raum aus. Mit der Zeit wird dieses Kind zu einem Fremden in der Familie, bis es eines Tages das Elternhaus verlässt und wir kaum noch voneinander hören.

Wie kann unser eigenes Kind unser Selbstbild so schonungslos sabotieren? Wenn uns das geschieht, ist es ein Zeichen dafür, dass wir uns selbst nicht sehr gut kennen. Dass wir unsere unbewussten Seiten (den Schatten) noch nicht genug erforscht haben. Und schon schaltet sich der Mechanismus der Projektion ein: Wenn wir uns mit unserem seelischen Schatten nicht beschäftigen, projizieren wir die ungeliebten, schamvollen oder schmerzvollen Seiten auf die äußere Umgebung und andere Menschen. Und wer steht uns näher als die eigenen Kinder? Das, was uns an eigenen Kindern so sehr stört, ist in Wirklichkeit das, was wir an uns selbst unbewusst hassen. Wir versuchen vergeblich, unsere Schattenseiten an den Kindern zu bekämpfen. Das ist genauso sinnlos, wie das eigene Spiegelbild zu verschönern, wenn es uns nicht gefällt, anstatt dieses Bild zum Anlass zu nehmen, an uns selbst etwas zu ändern.

Nicht-Hinschauen ist ein möglicher Weg durch das Leben. Wenn wir ihn wählen, dann wagen wir keinen ehrlichen Blick auf uns selbst. Wir verlernen überhaupt genaues Hinsehen auf die ungeschminkte Realität. Und je weniger wir hinschauen, desto mehr Platz bekommen in unserem Leben unsere Vorurteile – im Volksmund die Hirngespinste. Sie wuchern in unserer Seele und wachsen irgendwann zu einer undurchdringbaren Wand wie eine Dornröschenhecke, mit dem Unterschied, dass sich dahinter keine Schönheit, sondern eine verschreckte Seele verbirgt.

Um uns für das eigene Ego Unterstützung zu holen, schließen wir uns zu Gruppen von Gleichgesinnten zusammen. Wir verbinden uns in der Kritik des Andersartigen. Solche Gruppen sind Verbände, Parteien, Vereine, Religionsgemeinschaften, Klubs oder Internetforen. Sie alle vereint das gleiche Gefühl – zusammen im Recht zu sein, die Guten zu sein und gegen die Bösen zu kämpfen oder sie zumindest zu kritisieren. Wenn wir uns keine Fehler eingestehen können, leben wir in der Illusion, der Gute zu sein und das Böse draußen zu lassen.

Die Wahrheit ist, dass alles, was uns geschieht, zu uns gehört. Und alles, was unsere Kinder äußern, gehört zu uns und unserer Familie. Sie machen das Unsichtbare bloß sichtbar. Unsere Kinder führen uns Seiten vor Augen, die wir bei uns selbst nicht mögen und daher verdrängen. Es sind Seiten, die dem Bild entgegengesetzt sind, das wir von uns nach außen vermitteln möchten. Wenn wir also betont liberal wirken wollen, dann verdrängen wir eigene Intoleranz. Wenn wir vor Warmherzigkeit überschäumen, dann schieben wir eigene Kälte weg. Wenn unser Aushängeschild der Intellekt ist, dann nehmen wir eigene Beschränktheit nicht wahr.

Als Beweis dafür, dass diese ungeliebten Eigenschaften zu uns gehören, gilt die Stärke unserer Reaktion auf sie. Wenn unsere Kinder sie äußern, bringt uns das auf die Palme. Wir laufen die Wände hoch. Wir explodieren innerlich, sobald wir sie auch nur spüren. Unser Abwehrsystem schlägt Alarm. Die

Betroffenheit verrät, dass diese Seiten zu uns gehören, aber nicht akzeptiert werden.

Hier ein Beispiel. Diese Mutter drückt sich betont eloquent aus, fachsimpelt gerne und hat zu jedem Thema eine ausgearbeitete und erlesene Meinung. Sie redet gerne und viel. Zuhören tut sie eigentlich nur, um sich die Stichwörter herauszupicken und sie dann mit schlagfertigen Argumenten zu bearbeiten. Sie berauscht sich regelrecht am eigenen Redefluss und hält sich für wortgewandt und belesen. Ihr Sohn hat dagegen Lernprobleme in der Schule, er bleibt sitzen, benimmt sich schlecht, spielt den Klassenclown, mobbt andere Kinder und entwickelt sich zunehmend zum Albtraum im Klassenraum jedes Lehrers. Von den Schwierigkeiten in der Schule will die Mutter nichts wissen. Sie schiebt die Schuld auf die Lehrer, beschuldigt diese der Unfähigkeit, »anspruchsvolle« Kinder in Schach zu halten, und lässt jegliche Vorwürfe von sich abprallen. Dafür hat sie die geeignete Waffe zur Hand – einen Redefluss wie ein Wasserwerfer. Beschützen tut sie damit natürlich nur sich selbst. Ihren Sohn beschimpft sie zu Hause dafür, dass er sie in schlechtes Licht stellt. Er ist ihr ungeliebtes Kind, das »irgendwie« missraten ist. Wir können uns vorstellen, wie es dem Jungen dabei geht und dass sein Verhalten in der Schule dadurch nur noch schlimmer wird.

Statt abzuwehren, könnten wir die störenden Äußerungen unseres Kindes zum Anlass nehmen, nach diesen Eigenschaften bei uns selbst zu suchen. Sie werden nicht leicht zu finden sein, da die Verdrängung ein ausgeklügeltes System ist. Uns fallen ständig Argumente ein, warum wir nicht »so« sind. Beispiele aus unserem Verhaltensrepertoire finden sich in großer Zahl. Doch wenn es uns gelingt, sie zu finden, zu akzeptieren und auszuleben, dann befreien wir unsere Kinder von der Notwendigkeit, sie für uns äußern zu müssen. So gesehen macht das unbequeme Kind uns ein Geschenk – die Einladung zur Selbstsuche. Im oben beschriebenen Beispiel spiegelt der Sohn seiner Mutter ihre eigene Beschränktheit wider, ihre Unfähigkeit, Augen und Ohren für Belange anderer Menschen zu öffnen. Ihre vermeintliche Belesenheit bedient lediglich ihr eigenes Ego. Sie hat aber keine Ahnung, wie es den Menschen in ihrer Umgebung geht.

Und es lohnt sich, noch einen Unterschied kennenzulernen: Es ist eine andere Sache, ob wir von dauerhaft störenden Charaktereigenschaften des Kindes reden oder über situative kurzzeitige Veränderungen in seinem Verhalten – die sogenannten »Phasen«. Im letzteren Fall weist das veränderte Verhalten des Kindes auf das aktuelle Geschehen in der Familie hin. Wenn ein an sich ausgeglichenes Kind plötzlich anfängt, nachts aufzuwachen, sich im Alltag querzustellen oder rebellisch zu wirken, dann kann es an den Familienumständen liegen, die dem Kind nicht ausreichend kommuniziert werden. Spannungen zwischen den Eltern, Unklarheiten in Bezug auf die Zukunft, verborgene Konflikte, die verschwiegen werden. Das Kind macht mit seinem auffälligen Verhalten klar, dass etwas nicht so glatt läuft, wie es nach außen hin aussieht. Kinder haben sehr feine Antennen für die Gefühlslage in der Familie. Wir können ihnen nichts vormachen. Oft wollen Eltern ihre Kinder beschützen und enthalten ihnen wichtige Informationen vor. Doch egal wie schwierig die Realität ist: Wenn man sie kennt, kann man einen Umgang mit ihr suchen. Die Ungewissheit ist dagegen zerstörend, weil man nicht weiß, worauf man sich einstellen soll.

In jedem Fall ist lästiges Verhalten unserer Kinder immer ein Signal dafür, dass sie uns brauchen. Es ist ein Hilferuf der Kleinen an uns Große, damit wir hinsehen und hinhören, damit wir erkennen, was mit unserem Kind und in unserer eigenen

Seele geschieht. Anstatt es zu verurteilen oder zu bestrafen, können wir in Kontakt mit uns selbst treten und das Fremde als Eigenes annehmen.

Meditation: »Gästeempfang«

Entspanne dich eine Weile mit geschlossenen Augen. Dann stell dir deinen Körper als einen Raum und dich als Besitzer dieses Raumes vor, der Gäste empfängt. Lass verschiedene Gäste spontan deinen Lebensraum betreten. Diese Gäste sind deine Befindlichkeiten. Welche Gäste kommen herein? Welche sind willkommen, und welche möchtest du lieber nicht dabeihaben? Realisiere, dass alle Gäste/Befindlichkeiten zu dir gehören. Sie könnten deinen Innenraum nicht betreten, wenn sie nicht bereits in dir wären. Erkennst du in einigen der Gäste Ähnlichkeiten mit deinen Kindern? Mach dir Notizen.

Polarisierung zwischen den Geschwistern

Die Beschäftigung mit der eigenen Seele einschließlich der Erforschung ihrer unbewussten Seiten ist schwieriger als die Suche nach einer schnellen Problemlösung im Alltag. Es ist eine persönliche Entscheidung, ob wir den einen oder den anderen Weg wählen. Die Selbstsuche verlangt die Fähigkeit zur Reflexion, schonungslose Ehrlichkeit mit sich selbst, Offenheit für Selbstkritik sowie ein Minimum an emotionaler Intelligenz, um sich im Wirrwarr der eigenen Gefühle nicht zu verlieren. Darüber hinaus brauchen wir auf dem Weg zur inneren Wahrheit einen Spiegel, um uns darin zu sehen.

Eigentlich sind wir umgeben von Spiegeln aller Art. Unsere Lebenspartner, unsere Arbeit, unser Zuhause, unser Körper und die Krankheiten, unser Schicksal und unsere ganze Umgebung gehören zu uns und sind ein großer Spiegel unserer Seele. Wenn wir die Realität als Spiegelbild unseres Selbst begreifen, hören wir auf, uns zu beklagen und gegen die Wirklichkeit anzukämpfen. Warum sollten wir gegen uns selbst kämpfen? Wenn wir unsere Seele jedoch nicht mit ehrlichen Augen anschauen, dann projizieren wir die Vorgänge darin auf unsere nächste Umgebung – am ehesten auf unsere Kinder. Wir machen sie zu Trägern unserer unbewussten Eigenschaften – unserer seelischen Schattenseiten.

Jedes Kind kommt auf die Welt mit seiner einzigartigen Persönlichkeit, die es ihm erlaubt, sich auf seine spezifische Art und Weise ins Familienleben einzubringen. Durch unsere Voreingenommenheit sehen wir Erwachsene die komplette, vielseitige, filigrane und ambivalente Persönlichkeit des Kindes nicht, sondern machen es uns einfach und reduzieren sie auf *eine* dominante Eigenschaft, die wir entweder als gut oder als schlecht einstufen. Ehe wir unser Kind verstehen, bewerten wir es schon und versehen es mit einem Etikett. Es sind unsere Projektionen, die das eine Kind klug machen und das andere dumm, das eine schön und das andere hässlich, das eine brav und das andere rabiat. Ohne es zu merken, machen wir unsere Kinder zu Gefangenen unseres schwarz-weißen, polarisierenden Denkens.

Die polare Rollenverteilung zwischen den Geschwistern hat mit dem seelischen Schatten der Mutter zu tun. Eigenschaften, mit denen sich die Mutter gerne identifiziert – ihre Wunschvorstellungen –, projiziert sie auf das eine Kind. Die unerwünschten Eigenschaften, die sie bei sich selbst ablehnt und verdrängt, projiziert sie auf das andere Kind. So bekommt die Familie ein »gutes« Kind und ein »schlechtes« Kind. Das gute Kind macht scheinbar alles richtig – ist pflegeleicht, benimmt sich gut, lernt fleißig, bekommt einen guten Job und macht eine gute Partie bei der Partnerwahl. Das schlechte Kind macht in unseren Augen alles falsch, egal was es tut und wie sehr es sich anstrengt. Die Unterteilung kann auch in Gruppen geschehen, falls es in der Familie mehr als zwei Kinder gibt.

Das idealisierte Kind wird von der Mutter emotional vereinnahmt. Sie hält es »an der kurzen Leine« und beteiligt sich minuziös an seinem Leben. Sie steuert das Leben des Kindes unbewusst so, dass es ihren Erwartungen entspricht. Durch dieses Kind lebt die Mutter die von ihr verherrlichten Seiten aus. Das, was sie in ihrem Leben versäumt hat, versucht sie nun stellvertretend durch ihren Liebling zu tun.

Dagegen schließt sie das abgelehnte Kind aus ihrem emotionalen Raum aus. Es kommt an die Mutter nicht heran. Ganz gleich, was es für ihre Liebe tut, bleibt sie emotional kalt, distanziert und abweisend. Sie macht es selbst verantwortlich für sein Missglück und Miseren. An ihm bekämpft sie stellvertretend ihren seelischen Schatten. Es wird zum Sündenbock ihres Leidens.

Es ist nicht verwunderlich, dass durch die polarisierende Sicht der Mutter die Distanz und die Entfremdung zwischen den Geschwistern wachsen. Sie empfinden sich als sehr unterschiedlich, während sie von der Mutter emotional in entgegengesetzten Bereichen platziert werden – das eine nah an der Mutter, das andere weit von ihr entfernt. Mit der Zeit wächst zwischen ihnen das Gefühl, dass sie Fremde sind, obwohl das gar nicht sein kann: Geschwister sind sich immer ähnlich.

Obwohl beide Kinder unglücklich sind, entsteht Neid aufeinander. Das vereinnahmte Kind beneidet sein Geschwister für die Freiheit, zu tun, was es will, für die Möglichkeit, Fehler zu machen, für die Ungebundenheit und scheinbare Freiheit von jeglicher Verpflichtung. Das gute Kind fühlt sich dagegen verpflichtet, stets den Erwartungen der Mutter entsprechen zu müssen. Er lebt sein Leben für sie und ist seines eigenen Lebens beraubt. Um diese Fesselung zu überleben, entscheidet sich dieses Kind unbewusst, so zu tun, als würden die Wünsche der Mutter mit seinen eigenen Wünschen völlig übereinstimmen. Die Stimme der Mutter erschallt nun als seine innere Stimme. Er verzichtet auf die freie Entfaltung seiner Persönlichkeit. Aus solchen Kindern werden später Menschen mit einem linearen, vorhersehbaren Lebenslauf, den sie sklavisch »abarbeiten«.

Das weggestoßene Kind beneidet wiederum seinen Gegenpol für die Vorteile der Nähe zur Mutter – für ihren Schutz, ihre Zuwendung, ihre räumliche Nähe und die praktische Hilfe im Alltag. Die Nähe zur Mutter verwechselt es dabei mit der Liebe. Jeder glaubt, der andere würde mehr geliebt als er selbst. Die Vereinnahmung durch die Mutter wird vom Weggestoßenen nicht realisiert, ebenso wenig wie der hohe Preis, den der vermeintliche Glückspilz für diese Nähe bezahlen muss.

Das abgelehnte Kind bezahlt seine vermeintliche Freiheit mit der Abwesenheit jeglichen Halts in der Familie. Es hat keine Heimat, keinen Zufluchtsort, kein Gefühl der Familienzugehörigkeit. Sein Lebenslauf ist sprunghaft, voller Unbeständigkeiten und Suche nach Zugehörigkeit. Es zieht oft um, wechselt die Arbeit und die Lebenspartner. Einige dieser Menschen erschaffen sich einen eigenen Heimathafen, zum Beispiel durch berufliche Selbstständigkeit, eine eigene Familie oder den engen Anschluss an die Familie des Lebenspartners.

Beide Geschwister nehmen die ihnen zugewiesenen Rollen von klein auf an. Die Entfremdung bringt die beiden mit der Zeit wie eine Schere immer weiter auseinander. Als Erwachsene schaukeln sie sich mit gegenseitigen Vorwürfen bei jeder Gelegenheit hoch. Bald braucht es die Mutter nicht mehr, um die Anfeindung aufrechtzuerhalten. Es wird zum Automatismus. Man fragt sich, warum sie sich überhaupt noch ab und zu treffen wollen. Man trifft sich, um sich aneinander zu reiben und Stoff zum Lästern mit nach Hause zu holen. Weil beide nicht frei sind, brauchen sie den anderen, um die eigene Andersartigkeit zu spüren und sich in der eigenen Rolle zu bestätigen. Es braucht ein ganzes Leben, um sich vom seelischen Schatten der Eltern zu befreien, vorausgesetzt natürlich, wir treffen diese Entscheidung. Andernfalls vererben wir das Verhaltensmuster an die nächste Generation: Die Kinder des bevorzugten Kindes werden von den Großeltern ebenfalls bevorzugt, die des abgelehnten Kindes entsprechend distanziert behandelt.

Die Vertrautheit zwischen den Geschwistern entsteht nicht automatisch. Sie ist auch nicht vom Altersabstand abhängig, wie man oft hört. Sie braucht ein Zutun seitens der Eltern – in erster Linie ihre Akzeptanz der einmaligen und komplexen Persönlichkeit der Kinder. Geschwisternähe wächst, wenn sich beide (bzw. alle) trotz ihrer Unterschiede im gleichen Maße geliebt fühlen. Vergleiche, bei denen ein Kind schlecht abschneidet, sollten immer vermieden werden. Bei Konflikten und Auseinandersetzungen können wir den Kindern unterschiedliche Sichtweisen und Gefühlslagen erklären: Keiner ist im Recht oder Unrecht, sondern jede Sichtweise hat ihre Berechtigung. So lernen Kinder, sich in einander hineinzuversetzen und sich besser zu verstehen. Vertrautheit, Nähe, Verständnis und Geschwisterliebe können wachsen, wenn es keine Fronten, kein Entweder-Oder und kein Schwarz-Weiß-Denken gibt.

Wenn wir Eltern unsere Kinder näher zueinander bringen möchten, müssen wir uns vor allem mit den eigenen unbewussten Seiten beschäftigen, um unseren Kindern keine Etiketten aufzukleben. In meinen Augen ist die Suche nach der eigenen Wahrheit keine Option, sondern Pflicht, wenn wir Eltern werden. Denn jetzt sind wir nicht mehr nur für unser eigenes Leben verantwortlich, sondern auch für das unserer Kinder.

Reflexion: Das ungeliebte Kind in mir

Frage dich: Was mag ich an meinen Kindern, und was mag ich an ihnen nicht? Welche ihrer Eigenschaften finde ich gut, welche möchte ich lieber nicht sehen? Mag ich ein Kind mehr als das andere? Erinnert mich das störende Kind vielleicht an mich selbst in klein? Wurde ich als Kind für die gleichen Eigenschaften bestraft oder abgelehnt? Welche Erinnerungen steigen in dir auf? Mach dir Notizen.

Wenn sich Erwachsene wie Kinder verhalten

Es war eine banale Situation beim Friseur: Ich wollte gerne einen Stufenschnitt. Die Friseurin war jedoch der Meinung, dass bei meiner Haarstruktur ein Bobschnitt schöner aussehen würde. Ich hörte ihren Argumenten zu, wollte mich von meinem Vorhaben jedoch nicht abbringen lassen – der Stufenschnitt wie gehabt. Sichtlich enttäuscht fühlte sich die Friseurin mit ihrer Meinung wohl nicht wertgeschätzt und verpasste mir den schlechtesten Stufenschnitt, den ich je in meinem Leben gehabt hatte, nach dem Motto: »Na, jetzt siehst du, was du davon hast. Hättest du nur auf mich gehört.«

Diskutieren oder Reklamieren ist in so einem Fall zwecklos. Denn es ging nicht um die Frisur, sondern ums Rechthaben. Wir alle kennen ähnliche Situationen, ob beruflich oder privat, wenn es nicht um den Sachverhalt geht, sondern darum, im Recht zu sein, die Macht oder das Sagen zu haben. Es fällt uns allen schwer, eigene Fehler einzugestehen oder auf die Forderungen anderer einzugehen, wenn diese von unseren abweichen. Viel zu leicht geraten wir ins Rechtfertigen, streiten jegliche Mitverantwortung ab, schieben alles auf die Umstände oder verdrehen die Realität. Lieber untergraben wir die Meinung des anderen, als von unserem Standpunkt abzuweichen. Woher kommen diese rigide Rechthaberei und die Angst vor eigener Unzulänglichkeit?

Wir haben gesehen, dass wir seelisch in einem Alter stecken bleiben, in dem wir nicht genug geliebt worden sind. Übersetzt bedeutet »geliebt werden« für das Kind, dass seine altersentsprechenden Bedürfnisse erfüllt worden sind. Wenn das nicht geschehen ist, bleibt die seelische Rechnung dieses Alters offen, und das weitere Reifen stockt. So wachsen wir zu erwachsenen Menschen heran, doch nur von außen. In uns stecken kleine Mädchen und kleine Jungen, die dem unerfüllten Bedürfnis ihrer Kindheit nachgehen. Das führt dazu, dass wir als Erwachse kindische Verhaltens- oder Denkmuster an den Tag legen. Kindisches Verhalten kann viele Formen annehmen, doch ihnen allen haftet eine gewisse Starre oder Inflexibilität an, die Entfernung von eigenen Gefühlen und die Fixierung auf die Befriedigung von außen. Weil Kinder per Definition von Erwachsenen abhängig sind und die Befriedigung ihrer Bedürfnisse nur mithilfe der Erwachsenen möglich ist, glauben die »erwachsenen Kinder« heute noch, dass äußere Umstände oder andere Menschen sie glücklich machen können.

Hier einige Beispiele der kindischen Verhaltensmuster und Irrglauben:

- Beim *Perfektionismus* versteckt sich unter dem Mantel eines ehrgeizigen Teilnehmers der Leistungsgesellschaft in Wirklichkeit die panische Angst, Fehler zu machen. Diese Angst rührt von dem Irrglauben her, durch fehlerfreies Verhalten die Anerkennung und die Liebe anderer zu erlangen. Oder es steht dahinter die Angst, für Versehen bestraft zu werden.
- Nah verwandt mit dem Perfektionismus ist der Drang zur *Rechthaberei*. Der irrationale Glaube dahinter ist, wenn ich im Recht bin, dann bin ich fehlerfrei und verdiene Liebe. Im Unrecht bin ich nicht gut genug und muss mit Ablehnung rechnen.

- *Trotziges Verhalten* kommt aus der übertriebenen Angst, kontrolliert und bevormundet zu werden, und wurzelt in der Erfahrung, als Kind seine Kindlichkeit nicht frei ausleben zu können und in der Entfaltung seiner Individualität beschnitten worden zu sein. Zorn und Wut bleiben zurück, weil man nicht so sein durfte, wie man ist. Dann leben wir mit dem Gefühl, von anderen ständig unterdrückt zu werden, und müssen uns dauernd zu Wehr setzen, ob dazu ein realer Grund besteht oder nicht. Wir tun zwanghaft das Gegenteil von dem, was von uns erwartet wird, und geraten in eine Falle, die wir eigentlich vermeiden wollten: Wir bleiben in unserem Verhalten von anderen abhängig und fremdbestimmt, weil wir unser Handeln nach ihnen ausrichten.
- Es gibt aber auch kindisches Verhalten, das niemanden stört oder belästigt oder von dem andere sogar profitieren können. Es ist nur schwer zu enttarnen. Die *Nettigkeit* ist zum Beispiel im menschlichen Miteinander eine gern gesehene Eigenschaft, doch hinter dem übertriebenen Bestreben, immer und jederzeit nett zu sein, verbergen sich überzogene Angepasstheit und der Glaube, dass die Bedürfnisse anderer wichtiger sind als die eigenen. Ein Mensch, der die Nettigkeit wie eine Maske trägt, glaubt, was er fühlt oder braucht, sei zweitrangig.
- Übertriebene *Hilfsbereitschaft* ist ein weiteres Beispiel dafür, wie das Kind in uns agieren kann. Wir wollen eigentlich nur gute Eltern sein und unsere Kinder unterstützen, wo wir können. Wir sind stets hilfsbereit und merken nicht, dass wir ihnen auch dann automatisch helfen, wenn sie Dinge leicht selber machen könnten. So rauben wir ihnen mit unserer übertriebenen Hilfsbereitschaft die Möglichkeit, an neuen Aufgaben zu wachsen und zu rei-

fen. Oder wir erklären ihnen ständig Dinge in der guten Absicht, ihnen etwas beizubringen, und berauben sie der Möglichkeit, Dinge selbst für sich zu entdecken. Wir ziehen desinteressierte und unmotivierte Kinder heran, denen ständig langweilig ist. Und wir wundern uns, wie das gesehen kann bei solch wissbegierigen Eltern, die das Wort Langeweile nicht einmal kennen. Wir erinnern uns, dass es uns als Kinder nie langweilig war. Wir konnten uns mit einfachen Dingen beschäftigen und in der zauberhaften Welt eigener Fantasie Stunden verbringen. Wir hatten dazu genügend Gelegenheit, denn unsere Eltern saßen uns nicht »auf der Pelle«, wir waren viel uns selbst überlassen – der kleine positive Nebeneffekt des Verlassenseins. Ich propagiere hier weder das eine noch das andere. Es ist weder gut oder schlecht, die Kinder sich selbst zu überlassen, noch, ihnen viel zu helfen. Ich will nur sagen: Es ist wichtig, das eigene innere Kind zu kennen – was es will und was ihm fehlt –, damit wir unsere Stolpersteine im Alltag besser verstehen. Dann bestimmt das innere Kind unseren Alltag nicht aus seinem Versteck und zieht nicht die Fäden an unserem erwachsenen Körper wie an einer Marionette.

Ich vermute, dass viele Leserinnen dieses Buches motivierte Mütter sind, die ihren Kindern eine schöne Kindheit schenken wollen und ihnen das geben möchten, was ihnen selbst verwehrt geblieben ist – mütterliche Liebe, die Wärme eines harmonischen Zuhauses oder der Rückhalt einer liebevollen Familie. Es sind schöne und erstrebenswerte Vorstellungen, und wir Mütter setzen unsere ganze Kraft dafür ein, sie zu verwirklichen. Und dann abends, wenn die dunkle Zeit des Tages einbricht, wenn unsere Energiereserven besonders knapp werden und die Haut besonders dünn, wenn die Spannung des Tages allmählich abfällt und mit ihr die stoische innere Abwehr; wenn die Ins-Bett-geh-Rituale aus dem Ruder laufen, wenn ein Kind nicht mitmacht oder wenn zwei Kinder gleichzeitig etwas von uns wollen und wir uns nicht zerreißen können – dann verwandelt sich die liebe Mami in ein Monster, das schimpft, tobt und wütet. Kurz darauf fließen die Tränen der Reue und der Verzweiflung. Das miese Gefühl des Versagens und der Scham zermahlt den Mutterstolz zu Asche. Die liebevolle Mama hat es mal wieder nicht geschafft, ihrem eigenen Anspruch gerecht zu werden.

Wenn wir zwischen der zuckersüßen Mami und dem Drachen mit den spitzen Zähnen hin- und herwechseln, dann machen wir uns etwas vor. Nein, wir wollen unseren Kindern keine glückliche Kindheit schenken, nicht wirklich. Wir wollen das innere Lob kassieren: »Du hast es gut gemacht.« Wir wollten die glücklichen Kinder lachen sehen als Beweis dafür, dass wir es richtig gemacht haben. Wir verlangen von unseren Kindern, dass sie uns Bestätigung dafür geben, dass wir gute Mütter sind. Es ist der Wunsch des kleinen Mädchens in uns, über den Kopf gestreichelt zu werden. Und wenn die ersehnte Wertschätzung der Kinder nicht kommt, dann spritzen Zorn und Wut: »Dann bin ich eben die schlechte Mutter. Dann sieht ihr, was ihr davon habt.«

Auch im oben beschriebenen Szenario der »Supermutter« verbergen sich ein kindisches Verlangen nach Anerkennung und der Irrglaube, dass das eigene Glück von anderen abhängt, in diesem Fall vom Glück eigener Kinder. Erwachsene Mutterliebe ist bedingungslos, sie braucht keine Beweise und kein Lob und ist durch die Unvollkommenheiten des Lebens nicht so leicht zu entmutigen. Eine erwachsene Mutter kann es aushalten, wenn Kinder streiten, trödeln oder ihr eigenes Ding machen. Sie nimmt es nicht persönlich, wenn Kinder Schwierigkeiten erleben, und kann Situationen, in denen sie helfen muss, von solchen unterscheiden, in denen sie sich lieber zurückhält. Und so kann unsere gut gemeinte Bestrebung, eine endlos gebende, liebevolle und perfekte »Supermutter« zu sein, auch nur den infantilen Wunsch nach Liebe verbergen.

Reflexion: Wer soll mich glücklicher machen?

Frage dich: Was verlange ich von Menschen in meiner Umgebung? Welche Forderungen stelle ich an sie? Glaube ich, glücklicher zu werden, wenn sie meine Forderungen erfüllen? Wo ist der wahre Ursprung meines Wunsches nach Liebe und Anerkennung? Mach dir Notizen.

Konsequent oder stur?

Die Alltagsbewältigung mit kleinen Kindern ist für uns Eltern nicht einfach. Wir müssen Geld verdienen, den Haushalt regeln, Besorgungen machen und ein wenig Zeit haben, um für uns selbst zu sorgen. Vor lauter Alltagsstress vergessen wir aber, dass es für Kinder ebenfalls schwer ist, in der Welt der Erwachsenen zu leben. Sicher noch schwerer als für uns. Das schnelle moderne Leben ist auf uns Erwachsene ausgerichtet, weil es von uns erschaffen ist. Der Lebensrhythmus besteht besonders in den Städten aus schnell wechselnden Sequenzen. Es ist wie ein Film, der in kurzen *Frames* geschnitten ist. Alle zehn Sekunden wechselt das Bild, um die Aufmerksamkeit des Zuschauers festzuhalten. So ist es auch im Alltag – Aktivitäten werden schnell unterbrochen, um neue Aktivitäten zu starten.

Der schnelle und abrupte Wechsel zwischen Beschäftigungen widerspricht aber der Psyche der kleinen Kinder. Sie bauen Beziehungen zur Außenwelt durch seelische Symbiose auf, durch Verschmelzung mit der Situation, Menschen und Gegenständen. Sie bilden mit ihnen eine Einheit, von der sie ein Teil werden. Die Außenwelt wird durch die Verschmelzung verinnerlicht und dadurch begriffen. Es kostet Kinder Zeit, sich auf eine neue Situation einzulassen, sich mit ihr zu verbinden und sich an ihr zu sättigen. Und dann wiederum braucht es Zeit, um sich von ihr wieder zu lösen. Abrupte Wechsel können kleine Kinder einfach nicht bewältigen.

Dafür haben viele Eltern wenig Verständnis. Die Wörter, die man am häufigsten im Umkleideraum im Kindergarten hört, sind: »mach schnell, komm jetzt, los«. Kaum lässt sich ein Kind auf eine Situation ein – ob am Spielplatz, auf einem Kindergeburtstag oder bei der Beschäftigung mit einem Gegenstand –, müssen die Eltern schon wieder weiter – zum nächsten Termin, zum Einkaufen und vielen anderen Dingen die sie auf dem Zettel haben. Sie fordern das Kind auf, seine Tätigkeit abrupt zu unterbrechen und aus seinem Zustand ruckartig auszusteigen, ohne ein Gefühl der Sättigung erreicht zu haben. Für die Kinder kommt es zu einer ständigen Unterbrechung ihrer Beziehung zur Außenwelt.

Darüber hinaus verlangen Erwachsene von Kindern, dass sie sich kontrollieren. Wir wollen, dass sie sich gut benehmen, was nichts anderes heißt, als dass sie ihre natürlichen Impulse unterdrücken zugunsten vom konformem, kontrolliertem Verhalten, das uns im Alltagsfluss möglichst wenig stört. Es fällt uns schwer, dem spontanen kindlichen Verhalten freien Lauf zu lassen. Sofort schaltet sich das »Kopfkino« ein: Was ist, wenn etwas kaputtgeht oder sie sich in Gefahr bringen oder einen schlechten Eindruck auf Außenstehende machen? Ohne es zu merken, versuchen wir ständig, spontanes kindliches Verhalten zu »deckeln«. Wenn es dem Kind nicht gelingt, Anforderungen der Erwachsenen gerecht zu werden, erpressen wir es durch Drohung mit Konsequenzen, was nichts anderes heißt als Strafen. »Wenn du jetzt nicht aufhörst, mit dem Sand zu schmeißen, gehen wir sofort nach Hause«, hört man oft auf dem Spielplatz. Meistens bringen die angekündigten Konsequenzen nicht den erhofften Effekt. Kinder können ihre Impulse einfach nicht steuern. Sie folgen ihrem natürlichen Drang – der Neugier, dem Spiel, dem Verschmelzen mit der Situation – oder bringen ihre Wut und ihren Unmut zum Ausdruck. Es ist ein abgestecktes Spiel, und wir kommen schnell in den »Genuss«, unsere Machtposition gegenüber den Kleinen zu demonstrieren. Beim nächsten Wurf mit dem Sand wird das Kind unter den Arm gepackt und nach Hause gezerrt. Begleitet vom herzzerreißenden Schreien des Kindes, setzen wir kaltblütig unsere angekündigte Konsequenz in die Tat um. Zum Vorschein kommen dabei unsere Unnachgiebigkeit, Kompromisslosigkeit und die Unfähigkeit, auf den anderen zuzugehen. Kinder erleben dabei ein Gefühl der Ohnmacht gegenüber dem übermächtigen Erwachsenen. Sie fühlen sich ausgeliefert und hilflos. Sie lernen, dass der Stärkere automatisch im Recht ist und dass der Schwächere sich fügen muss. Zurück bleiben Frust und Wut, die später ein Ventil suchen, wiederum im Umgang mit Schwächeren – kleineren Geschwistern oder Tieren.

Was gewinnen wir mit dem konsequenten Handeln am Ende? Einige Momente der Macht gegenüber dem Schwächeren? Den nötigen Respekt der Kleinen?

Was verlieren wir? Wir verlieren ein Kind, das seiner inneren Stimme folgt. Ein Kind, das weiß, was es möchte, und das für seine Wünsche eintritt. Wir verlieren ein Kind, das später selbstständig Entscheidungen treffen kann und nicht auf fremde Anweisungen wartet. Wir verlieren einen Erwachsenen, der seiner Berufung im Leben nachgeht, weil seine innere Stimme zum Schweigen gebracht worden ist. Wir verlieren einen Menschen mit Rückgrat, denn wir haben es gebrochen. So sieht die verheerende Konsequenz unseres Verhaltens aus.

Ist dieser Preis nicht zu hoch? Wir wollten doch nur gehört werden. Wir wollten dem Kind nur zeigen, dass wir es ernst meinen. Ist es wirklich so? Oder waren die Forderungen des Kindes für uns einfach zu viel und unsere Geduld, Kraft, Einfühlungsvermögen in dem Moment zu knapp? Im Eifer, uns selbst zu retten, haben wir vergessen, dass das Einzige, was unser Gehör wirklich verdient, das eigene Herz ist. Oder wie der kleine Prinz es formuliert hat: »Nur mit dem Herzen sieht man gut.« Wollen wir unserem Kind wirklich verbieten, auf sein Herz zu hören?

Konsequent sein ist unter den Eltern eine hoch gehandelte Eigenschaft, die, wie wir glauben, zur guten Erziehung zwingend dazugehört. Die Großen sind sich einig, dass es gut ist, konsequent zu sein: Wer A sagt, muss auch B sagen oder tun. Wer einlenkt, lässt sich von Kindern an der Nase herumführen.

In der Geschichte von Astrid Lindgren »Lotta flucht ein bisschen« will die kleine Lotta trotz Ermahnungen der Mutter nicht aufhören zu fluchen. Als letzte Konsequenz hat ihr ihre Mutter angedroht, wenn sie noch einmal flucht, muss sie den Ferienort verlassen und alleine nach Hause abreisen. Natürlich flucht Lotta erneut. Ich erinnere mich, dass ich beim ersten Lesen den Atem anhielt: Was wird die Mutter jetzt tun? Und groß war meine Erleichterung, dass die Mutter ihre Tochter, die bereits freiwillig ihren Koffer gepackt hatte, doch nicht gehen ließ, sondern in die Arme nahm.

Verlassen wir die vermeintliche Machtposition und schauen lieber zu unserem Kind hin. Was passiert mit diesem Menschen? Was geht in ihm vor? Warum möchte er etwas und etwas anderes nicht? Warum schmeißt das Kind mit dem Sand (beißt, schlägt, quengelt usw.)? Viele scheinbare Streitpunkte im Alltag sind nur Nebenkriegsschauplätze. Es geht in Wirklichkeit nicht darum, warum man sich streitet. Kinder realisieren oft nicht, was sie in dem Moment brauchen, und können es umso schlechter verbalisieren. Wenn sie sich wegen scheinbarer Nichtigkeiten auf den Boden werfen, dann ist die Versuchung groß zu sagen: »Schluss jetzt!« Doch lesen wir lieber zwischen den Zeilen und erkennen, worum es eigentlich geht. Wenn das Kind auf den Arm will, dann liegt es nicht daran, dass es faul oder bequem ist. Es möchte nur unsere Nähe, die ihm sehr wohl zusteht. Statt ihm mit vorgeschobenen Gründen (groß genug zum Laufen) die Nähe zu verweigern, könnten wir ihm erklären, warum wir diese Nähe gerade nicht geben können. Ein »Nein«, das aus dem Herzen kommt, kann ein Kind besser akzeptieren als ein »Nein« aus reinem Machtgehabe.

Wenn wir uns in den Kleinkriegen des Alltags verstricken, erinnern wir uns als Faustregel daran, dass unsere Kinder von uns eigentlich immer nur das eine wollen – *Anteilnahme*. Wenn wir Sätze mit »Ja, aber« anfangen, dann bringen wir unserem Gegenüber keine Anteilnahme entgegen. Wenn wir keine Widerrede tolerieren, dann tolerieren wir andere Sichtweisen nicht. Mit jemanden zu reden und auf jemanden einzureden sind zwei sehr unterschiedliche Dinge. Statt zu schimpfen, könnten wir unser Kind auf den Arm nehmen, es an uns drücken, Augenkontakt herstellen, etwas ansprechen, was ihm wirklich wichtig ist, und dadurch den innigen Kontakt wiederherstellen. Die Spannung verschwindet wie von Zauberhand, und der Alltag wird leichter fließen.

Freies Spielen

Gestatte deinem Kind so oft wie möglich absolut freies Spielen, ohne einzugreifen, zurechtzuweisen oder zu berichtigen. Im Gegenteil: »Vertone« das Geschehen mit deinen Geräuschen. Wenn das Kind z. B. etwas hinwirft, sag mit Schmackes: »Patsch!« Fühle mit.

Verbote oder Begegnung?

Auf öffentlichen Plätzen, wo sich viele Eltern mit ihren kleinen Kindern aufhalten, hört man vor allem ein Wort besonders oft – »Nein«. Der Ton macht dabei die Musik. Streng, laut, abermals wiederholt. Erwachsene messen sich geradezu an der Bestimmtheit, mit der sie es aussprechen. Doch das nützt ihnen ziemlich wenig. Kinder ignorieren die Verbote oder machen erst recht etwas aus Protest.

Natürlich möchten wir unseren Kindern beibringen, Rücksicht zu nehmen, die Grenzen anderer Menschen zu respektieren und sozialverträgliches Verhalten zu pflegen. Darüber hinaus wollen wir unsere Kinder vor Risiken schützen und gefährliche Situationen vermeiden. Das alles sind legitime Ziele und edle Absichten. Das Wort »Nein« ist jedoch ein ziemlich ineffektives Mittel auf dem Weg dorthin.

Wir erinnern uns an die vermittelnde Aufgabe der Eltern: Kinder brauchen uns Große, damit wir zwischen den Kindern und der Außenwelt vermitteln, ihnen Zusammenhänge erklären, äußere Einflüsse filtern, neue Phänomene in verständliche Worte übersetzen und Gefahren ausschließen. Das Wort »Nein« tut nichts von alledem. Das Wort beschneidet die Fantasie, bremst den natürlichen Forschertrieb der Kinder, mindert ihren angeborenen Drang zum Lernen. Es stellt Schranken auf, wo Wege sein könnten. Es lässt Kinder verdattert allein, meist ohne weitere Erklärungen oder mit der autoritären Machtdemonstration: »Nein, weil ich das sage.«

Stattdessen können wir jede Situation, in der wir »Nein« sagen wollen, als Gelegenheit nutzen, in Kontakt mit unserem Kind zu treten. Wir können die Interessensrichtung des Kindes aufgreifen, um ihm etwas von der Welt zu offenbaren. Dabei übernehmen wir den gefährlichen Teil und erlauben dem Kind forschendes Verhalten im sicheren Bereich.

Hier ein Beispiel: Bunte Flaschen mit Putzmitteln haben das Interesse des Kindes geweckt. Statt abzublocken und sie wegzusperren, können wir eine geeignete Flasche aussuchen und dem Kind die Wirkung des Putzmittels demonstrieren. Wir können zum Beispiel etwas Scheuermilch auf einen Schwamm auftragen und das Kind damit am Waschbecken ein wenig schrubben lassen. Dabei erzählen wir ihm von dem Schmutz und dass wir ihn mit dem Putzmittel wegschaffen. Wir können unserem Kind auch anbieten, an dem Mittel zu schnuppern. Währenddessen zeigen wir mit unserem Gesichtsausdruck, dass das Mittel aggressiv riecht, und erklären, dass es nur zum Putzen und nicht zum Essen da ist. Das Spiel mit dem Wasser macht dem Kind Spaß, und so entsteht eine spielerische Lernsituation. Das Kind lernt etwas über die Welt, und der Reiz des Verbotenen verschwindet.

Ein anderes Beispiel: Größere Babys, die schon krabbeln können, oder Kleinkinder haben oft Interesse an Topfpflanzen. Manchmal reißen sie Blätter ab, was uns natürlich nicht gefällt. Statt einfach nur »Nein« zu brüllen, können wir das Interesse des Kindes aufgreifen und ihm erzählen, dass die Pflanze ein Lebewesen ist, das vielleicht wie wir Schmerz empfindet. Wir können eine Verletzung am eigenen Körper oder dem Körper des Kindes finden und mit dem »Aua« vergleichen. Danach können wir der Pflanze zusammen zu trinken geben.

Ich habe beobachtet, dass Kinder still werden, die Ohren spitzen und aufmerksam zuhören, wenn man anfängt, ihnen etwas zu erklären. Es ist jedoch ein großer Unterschied, ob wir mit ihnen reden oder ob wir sie zurechtweisen. Im letzteren Fall machen sie eher wieder dicht.

Sie haben keine Zeit für lange Erklärungen oder keine Lust dazu? Der Alltag ist schon schwer genug? Das verstehe ich. Aber das ist unser Problem, nicht das der Kinder. Das müssen wir einsehen. Die Frage ist: Wer ist für wen da? Wer macht wem das Leben leichter? Sie unseres oder wir ihres? Jeder kann diese Frage für sich beantworten.

Ist es wirklich nur der stressige Alltag, der uns so schnell zum »Nein« greifen lässt? Ich glaube, es ist auch unser unbewusster Drang, Kinder in ihrem Verhalten zu zügeln. Was zügeln wir da genau? Was unterscheidet kindliches Verhalten von unserem erwachsenen Verhalten? Ich denke, es ist die Unvoreingenommenheit der Kinder. Die Kleinen sind noch frei von Tabus, Zensur oder gesellschaftlichen Konventionen. Sie können Dinge anfassen, die wir eklig finden, beispielsweise Spinnen oder Schmutz. Kinder sehen hinter die Masken und sprechen alles aus. Sie nehmen kein Blatt vor den Mund. So lassen sie die Kehrseite der Dinge zum Vorschein kommen, die uns beschämt oder erschreckt. Einmal zeigte meine damals zweijährige Tochter auf eine exzentrisch angezogene Dame auf der Straße und schrie laut: »Ein Clown!« Das war mir natürlich peinlich. Doch die Dame sah tatsächlich ein wenig übertrieben aus.

Angepasste, sich gut benehmende Kinder sind kein Ergebnis einer guten Erziehung. Sie haben ihre kindliche Unbeschwertheit abgelegt. Sie sind wie kleine Erwachsene geworden, die aus Rücksicht auf Kultur und innere Zensur die Schattenseiten der Dinge nicht mehr benennen. Das ist ein Verlust, denn sie werden später auch mit den Kehrseiten des Lebens keinen offenen Umgang finden können. Menschen, die als Kinder in allen ihren Facetten akzeptiert und geliebt wurden, die alle ihre Seiten ausleben durften, haben später weniger Probleme, sich selbst mit allen Macken und Tugenden anzunehmen.

Wenn wir also das nächste Mal kurz davor sind, ein »Nein« zu unseren Kindern zu sagen, schauen wir lieber hin und finden in der Situation eine Gelegenheit, mit unserem Kind in Kontakt zu treten. Was treibt sein Interesse? Was können wir aufgreifen und erklären? Welchen Part übernehmen wir lieber selbst? Was kann unser Kind erforschen? Welchen Sinn können wir stiften? Sehen wir lieber Wege als Schranken.

Meine fünfjährige Tochter ging einmal an einem warmen Sommerabend auf den Balkon. Dann rief sie wiederholt und aufgeregt: »Papa, Stern, Stern, Stern!« Ihre Stimme hallte laut in der stillen Nachbarschaft. Darauf sagte der Vater halb genervt, halb gelangweilt: Ach, Liebling, hast du noch nie einen Stern gesehen? Sie hat die Abfuhr zum Glück nicht persönlich genommen, doch ich ging zu ihr und fragte: »Wo ist der Stern?« Sie zeigte mir den kleinen, einsamen und schwach leuchtenden Stern, der direkt über unserem Haus zwischen den Wolken auf uns herabstrahlte. Wir haben zusammen in den Himmel geschaut und das Sternenflimmern beobachtet. Für Großstadtkinder ist der Sternenhimmel tatsächlich fast schon eine Sensation. Meine Tochter war immer noch aufgeregt und hat gescherzt, ob auf dem Stern eventuell grüne Außerirdische wohnen. Dann hat sie zu ihnen hochgewinkt. Das waren ein paar warme, innige Minuten zu zweit, die in einer Familie mit drei Kindern leider selten sind. Ich war froh, ihrem Ruf gefolgt zu sein. Ihr strahlendes Lächeln war die Belohnung dafür.

Hinsehen und mitfühlen

Schau hin: Was interessiert dein Kind wirklich? Was begeistert es, was weckt seine Neugier? Welche Begegnung zwischen euch beiden kann daraus entstehen?

Verbindlichkeit oder Willkür?

Wie wir bereits gesehen haben, ist es für Kinder eine große Herausforderung, sich in der Welt der Erwachsenen zurechtzufinden. Sie brauchen verlässliche Wegweiser, die sie leiten und beschützen. Der Kommunikation mit den Erwachsenen kommt dabei eine große Bedeutung zu: Sie hilft Kindern, eigene Gefühle stimmig einzuordnen, die Außenwelt besser zu verstehen und einen angemessenen Umgang mit ihr zu suchen. Ich möchte in diesem Kapitel auf einige Aspekte der Kommunikation zwischen Eltern und Kindern eingehen, vor allem aber auf die Verbindlichkeit.

Zunächst eine Analogie mit dem Straßenverkehr zur Veranschaulichung meines Ansatzes. Im Straßenverkehr ist die Berechenbarkeit der Verkehrsteilnehmer die wichtigste Voraussetzung für die Sicherheit auf der Straße. Dazu gibt es allgemeingültige Vereinbarungen, an die sich alle Verkehrsteilnehmer halten müssen, wie zum Beispiel das Blinken beim Abbiegen, das Beachten der Ampel oder die Regelung »rechts vor links«. Eingebaute Warnsignale am Auto wie das Rücklicht beim Rückwärtsfahren oder die Bremslichter sorgen ebenfalls für Sichtbarkeit und Berechenbarkeit. Ein Verkehrsteilnehmer, der sich nicht an die Vereinbarungen hält, wird automatisch zur Gefahr im Straßenverkehr, weil sein Verhalten für die anderen unberechenbar wird.

Ähnlich ist es in der menschlichen Kommunikation. Wir sind auf die Signale des Partners angewiesen, um daraus zu lesen, wie es mit uns beiden steht. Wir sagen unserem Gegenüber, was wir denken, äußern unsere Reaktion auf die Botschaft des anderen und zeigen unsere emotionale Haltung dazu. Dabei hat nicht nur das, was wir sagen, einen Informationswert, sondern auch die sogenannten nonverbalen Signale: Tonlage, Lautstärke, Pausen, Körperhaltung, begleitende Töne wie Lachen, Seufzen, Weinen oder auch Schweigen – eigentlich alles, was wir tun oder lassen, kann gelesen und verstanden werden. »Man kann nicht *nicht* kommunizieren«, hat einmal der Psychologe Paul Watzlawick sehr treffend formuliert.

Einige unserer Ausdrucksformen sind angeboren. Videoaufnahmen von Babys im Mutterleib zeigen erste Anmutungen eines zufriedenen Lächelns. Weinende Gesichter oder vor Überraschung weit aufgerissene Augen sind ganz natürliche instinktive Ausdrucksformen, die uns die Gefühlslage eines Menschen zuverlässig vermitteln, weil sie überall auf der Erde gleich sind. Andere Signale wiederum wie Gesten, differenzierte Tonlagen oder der Kommunikationsstil sind kulturell bedingt und werden von Kindern durch das Nachahmen der Erwachsenen angeeignet.

Kommunikation ist nie eine reine Informationsübermittlung. Sie hat immer auch einen Beziehungsaspekt (ausgenommen vielleicht die Unterhaltung mit einem Sprachroboter). Der Beziehungsaspekt vermittelt nonverbal, was wir mit der Information eigentlich bezwecken. Der gleiche Satz in verschiedenen Tonlagen kann völlig unterschiedlich verstanden werden. Das bedeutet, dass wir in unserer Kommunikation mit dem Kind jederzeit auch unsere Beziehung zu ihm vermitteln, ob wir das wollen oder nicht. Mit unserer Tonlage können wir unsere Freude oder Enttäuschung zeigen, wir können ermutigend oder beschämend wirken, auch wenn wir verbal das Gleiche sagen.

Kommunikation findet nicht nur im Hier und Jetzt statt. Jede Interaktion und jede Begegnung sind Bausteine für eine langfristige, sich über die Zeit entwickelnde Beziehung zwischen uns und unserem Kind. Es bilden sich dauerhafte Kommunikationsmuster, die ebenfalls einen langfristigen Beziehungsaspekt bilden.

Es gibt Erwachsene, deren Verfassung extrem wechselhaft ist. Sie sind wie die unberechenbaren Fahrer im Straßenverkehr, die sich nicht an die Regeln halten. Ihre Aussagen schwanken entsprechend der Laune, und das, was gestern abgemacht wurde, gilt heute nicht mehr. Es ist nicht so, dass sie die Abmachung nicht halten können und eine Begründung dafür nennen. Nein, sie tun so, als wäre nie etwas besprochen worden. Sie wissen gar nicht, was wir von ihnen wollen. Diese Menschen sind nicht etwa dement oder vergesslich. Sie setzen viel mehr (bewusst oder unbewusst) einen subtilen Mechanismus der emotionalen Gewalt ein – den anderen in ständiger Ungewissheit gefangen zu halten. Sie lassen sich damit alle Freiheiten und rauben ihrem Gegenüber jegliche Gewissheit.

Eine typische Situation kann zum Beispiel so aussehen: Erwachsene versprechen dem Kind etwas »aus einer Sektlaune« heraus. Das Kind rechnet mit dem Eintreffen des Versprechens und freut sich darauf. Die Zeit verstreicht, ohne dass etwas passiert. Nach einer Zeit, wenn das Kind nachfragt, tun die Erwachsenen erstaunt, als wäre nie etwas vereinbart worden. Im schlimmsten Fall beschimpfen sie das Kind sogar für seine übertriebenen Erwartungen oder seine zu wilde Fantasie.

Es ist nicht nur die Enttäuschung, die das Kind erlebt, weil es nicht bekommt, was es erwartet hat. Das Kind empfindet seine eigene Wertlosigkeit als würdiger Empfänger einer Verpflichtung. Eine Abmachung mit ihm ist ausgelöscht, also ist ein Teil von ihm ausgelöscht. Es fühlt sich nicht gesehen, nicht beachtet und nicht respektiert.

Willkürliche Eltern sind zerstörerisch für ihre Kinder, da die Kinder in ständiger Ungewissheit leben müssen. Die Ungewissheit ist ein wahrer Energieräuber. Mit der Ungewissheit kann man keinen Umgang suchen, da man sich auf das Unbekannte nicht vorbereiten kann. Diese Kinder sind ständig damit beschäftigt, die Gesichtszüge ihrer Eltern minutiös zu lesen und ihre Stimmungen zu deuten, um sich ein wenig Gewissheit zu verschaffen. Es gibt gar nichts, worauf sie sich verlassen oder worauf sie sich einstellen können. Sie sind nur darauf bedacht, was Erwachsene heute mit ihnen anstellen, und sind der Gnade der Mächtigen schutzlos ausgeliefert.

Ein dauerhaftes Wechselbad der Stimmungen produziert bei Kindern Schuldgefühle. Sie beziehen Stimmungsschwankungen der Eltern auf sich: »Ich bin daran schuld, dass Mama heute böse ist. Ich habe sie verärgert.« Das Schlimmste an der Willkür ist jedoch, dass den Kindern die Entfaltung ihrer Persönlichkeit verwehrt bleibt, weil ihr Augenmerk ständig Richtung Erwachsene gerichtet ist. Ihre Seele steht dauerhaft unter Spannung, sie können nie loslassen und aus sich heraus agieren. So entwickeln sich ängstliche, unsichere Persönlichkeiten, die Angst haben, Entscheidungen zu treffen und sich festzulegen. Sie gehen keine verbindlichen Beziehungen ein, sondern lassen sich immer einen Fluchtweg offen für den möglichen Fall, dass sich die Gefühlslage in der Beziehung ändert. Der Zustand der ständigen Ungewissheit ist ihnen vertraut, daher suchen sie ihn immer wieder im Leben, obwohl sie als Kinder darunter gelitten haben. Sie führen ein Leben im ständigen *stand-by*.

Unsichtbare Gewalt

Wenn wir von Gewalt sprechen, dann meinen wir meistens körperliche Gewalt. Wir stellen uns laute Szenen, Brutalität oder körperliche Verletzungen vor. Es besteht kein Zweifel daran, wer der Täter und wer das Opfer ist sowie wessen Partei wir ergreifen wollen. Im Umgang mit Kindern verurteilen wir gewaltsames Verhalten besonders scharf. Meldungen über Gewalt gegen Kinder machen uns sprachlos. Es scheint, dass Gewalt irgendwo da draußen stattfindet. Es sind immer die anderen, die gewalttätig sind.

Es gibt jedoch eine andere Art von Gewalt, die sich auch in unseren Alltag unbemerkt hereinschleicht. Sie ist leise, subtil und für das bloße Auge unsichtbar, deshalb ist sie aber nicht weniger verletzend. Es ist die emotionale Gewalt. Instrumente emotionaler Gewalt sind nicht die Muskeln, sondern Gefühle – unsere und die des anderen. Ziel und Zweck der emotionalen Gewalt ist es, eigenen seelischen Schmerz auf Kosten des anderen zu lindern, um sich ein wenig besser zu fühlen. Emotionale Gewalt trifft nicht am Körper, sondern an der Seele. Es ist schwer, sich gegen sie zu wehren, denn sie kommt getarnt daher, versteckt hinter edlen Absichten oder einem freundlichen Lächeln.

Hier ein Beispiel: Stellen wir uns eine Mutter vor, deren Kinder bereits erwachsen sind. Jetzt möchte sie ihr gelungenes Lebenswerk als Mutter und Ehefrau zelebrieren. Eine Familienfeier ist für sie die beste Gelegenheit, ihren selbstlosen Einsatz vor allen Familienmitgliedern eindrucksvoll zu präsentieren. Sie treibt viel Aufwand bei der Vorbereitung – das Zuhause ist schön dekoriert, der Tisch ist prachtvoll gedeckt. Die Erwartungen an den Abend sind hoch gesteckt – er muss unbedingt gelingen. Die Gäste treffen ein, und schon fängt die Zitterpartie an. Die Laune der Gastgeberin bricht ein, wenn die Eingeladenen ihr die ersehnte Bestätigung nicht schnell genug entgegenbringen. Ehe die Gäste noch den ersten Löffel der Speise probieren konnten, fragt sie schon: »Na, schmeckt's denn nicht?« Ihr Hunger nach Lob und Anerkennung ist so groß wie die Anfälligkeit ihrer Laune, mit der sie alle Anwesenden in Schach hält.

So wird die gemeinsame Zeit alles andere als entspanntes Beisammensein, sondern vielmehr ein Navigieren im Minenfeld. Keiner traut sich, eine »falsche« Bewegung zu machen, um die Mutter nicht zu verärgern. Alle kleben an ihrem Gesichtsausdruck, um zu sehen, ob alles noch in Ordnung ist. Gesprächsthemen bleiben oberflächlich. Um bedeutsame persönliche Angelegenheiten wird ein großer Bogen gemacht, um nicht auch nur den Hauch eines Konflikts aufkommen zu lassen. Kein Wölkchen darf am strahlenden Himmel vorbeiziehen. Alle müssen den Wunsch der Mutter bedienen, sich als perfekte Hausfrau, gute Mutter und mächtiges Familienoberhaupt zu feiern. Meistens bricht so eine dünne Fassade ein, wenn nicht am gleichen Tag, dann am nächsten. Die Kette reißt am schwächsten Glied: Meistens machen kleinere Kinder die Maskerade nicht mit, oder es gibt ein Familienmitglied, das die Rolle des Saboteurs annimmt. Dann strömen die Vorwürfe der Undankbarkeit von allen Seiten, und es gibt Streit und Ärger. Was nach selbstlosem Geben einer Übermutter aussah, war in Wirklichkeit das schonungslose Saugen eines Vampirs. Es ist schwer, Gewalt zu entlarven, wenn sie am üppig gedeckten Tisch stattfindet.

Ein anderes Beispiel der subtilen Gewalt aus dem Erwachsenenleben haben wir alle sicher schon einmal erlebt. Wahrscheinlich sind wir Menschen begegnet, die viel reden und den anderen zum Zuhören zwingen. Sie beißen sich in ihrem »Opfer« wie eine Zecke fest. Ihr Redefluss ist ohne Punkt und Komma, sodass der andere keine Möglichkeit hat, sich am Gespräch zu beteiligen. Das ist auch gar nicht erwünscht. Es ist kein Austausch, sondern ein einseitiges Auftanken mit der Energie des anderen. Der Redner nährt sich von der ungeteilten Aufmerksamkeit des Zuhörers. Und der Zuhörer ist gelähmt wie ein Kaninchen vor der Schlange. Er kann weder gehen noch unterbrechen. Seine Konzentration schwindet rapide. Im Hinterkopf berechnet er nur die Möglichkeiten, unter welchem Vorwand er sich elegant ausklinken könnte. Dieses Beispiel mag harmlos aussehen. Es veranschaulicht jedoch den einseitigen Energiefluss, der für eine gewaltsame Situation typisch ist.

Es gibt unzählige andere Beispiele dafür, wie Gewalt sehr leise ausgeübt werden kann, ohne dass wir sie leicht enttarnen könnten: Permanentes Zuspätkommen lässt zum Beispiel den anderen stets in der Warteposition. Zuspätkommen in einer Gruppe verschafft uns ein wenig Beachtung, auch wenn diese negativ behaftet ist. Das ist der kurze Moment, wenn alle Blicke auf uns gerichtet sind und wir dem eigentlichen Akteur für einen Augenblick die Show stehlen. Mit einem vollen Wartezimmer und langen Wartezeiten suggeriert uns der Arzt, dass seine Zeit wertvoller ist als unsere. Sprechen wir ihn darauf an, können wir fest mit seinem Zorn rechnen und uns gleich darauf einstellen, einen neuen Arzt zu suchen. In Russland spricht man in Behörden durch ein Fenster, das nicht auf der Augenhöhe, sondern auf Brusthöhe angebracht ist, sodass man sich zum Sprechen tief verbeugen muss. Es entsteht eine demütigende Situation, nicht nur, weil man in eine unterwürfige Stellung versetzt wird, sondern auch, weil sich hinter einem meist noch eine Menge Leute befindet. Im beruflichen Umfeld findet man emotionale Gewalt in der Selbstverständlichkeit von Überstunden, dem Missachten von Arbeitsverträgen oder dem Missbrauch von Macht der Vorgesetzten, im Unterbrechen beim Reden oder der Ungleichstellung bei der Bezahlung, die wir Frauen nur allzu gut kennen.

Wir sind täglich Gewalt ausgesetzt, ohne es zu merken. Im Gegenzug üben wir Gewalt gegenüber Schwächeren aus, auch gegenüber unseren Kindern. Es geschieht ungewollt und unbeabsichtigt. Es sind Automatismen, die sich als Überlebensstrategien schon im jungen Alter etabliert haben.

Woran merken wir, dass wir zum Opfer emotionaler Gewalt werden? Wenn wir das Gefühl haben, benutzt zu werden. Wenn wir wie fremdgesteuert sind und nicht das tun, was wir eigentlich freiwillig tun würden. Und wann üben wir selber Gewalt aus? Wenn wir andere emotional dafür benutzen, das eigene seelische Leiden zu lindern, wenn wir eigene Bedürfnisse vor die der anderen Menschen stellen, sogar vor die unserer Kinder.

Manchmal erkenne ich Erwachsene mit der Neigung zur emotionalen Gewalt sehr leicht daran, dass sie im Spiel mit den Kindern ihnen etwas »aus Spaß« wegnehmen wollen – ein Spielzeug oder den Schnuller. »Es ist meins«, sagen sie halb ernst, halb lachend, um das Kind zu provozieren. Wenn man daran glaubt, dass in jedem Witz ein Körnchen Wahrheit steckt, dann brauchen wir nur die Maske des Lächelns und die Spielsituation wegzudenken, um zu sehen, wie hungrig dieser Erwachsene tatsächlich ist, dem Kind etwas wegzunehmen und sich selbst einzuverleiben.

Für Kinder ist jede Situation gewaltsam, die ihre natürlichen, dem Alter entsprechenden Bedürfnisse missachtet: Wenn wir dem Kind die Nähe verweigern, wenn es nach Nähe verlangt; wenn wir ihm Schutz vorenthalten, wenn es den Schutz braucht; wenn wir ihm die Spontaneität verbieten, wenn es spontan sein will; wenn wir die Kommunikation unterbrechen und es mit Schweigen bestrafen, wenn wir das Kind mit seinen Gefühlen alleine lassen, wenn wir es missachten, wenn wir unsere Sicht der Dinge für die einzig richtige halten und seine Sicht missbilligen, wenn wir vom Kind mehr verlangen, als es geben kann. All das und noch vieles mehr erlebt ein Kind als emotionale Gewalt gegen seine kindliche Seele. Gefährlich ist nicht nur das Laute. Nicht nur Schläge tun uns weh. Und es gibt nicht nur körperliche Verletzungen.

Die ganze Bandbreite der Gefühle zulassen

»Mama, ich bin wieder lieb«, hört man oft von Kindern als Annäherungsversuch und Einladung zum Wiederaufbau der abgebrochenen Beziehung zu ihren Eltern. Solange das Kind »nicht lieb« ist, bleiben die Eltern von ihnen abgewandt. Was ist mit dem Kleinen geschehen? Warum war er »nicht lieb«? Wollten wir es so genau wissen, oder war es uns einfach unwohl angesichts seines unbequemen Verhaltens?

Es fällt uns schwer, negative Gefühle unserer Kinder zu akzeptieren, sei es Wut, Aggressivität, Traurigkeit, Neid, Trotz, Angst, Scham oder Scheitern. Wir Eltern wollen negative Gefühle bei unseren Kindern am liebsten gar nicht sehen oder verbieten den Kinder sogar, sie zu äußern. Wir missachten oder missbilligen sie. Wir bestrafen sie mit Schweigen, dem Abbruch der Kommunikation, mit dem Abwenden oder Liebensentzug. Das, was im Kind ganz natürlich aufkommt, darf es nicht äußern, weil es dafür bestraft wird. Als Konsequenz bleiben Kinder mit diesen Gefühlen allein, ohne jegliche Fähigkeit, sie zu verstehen, mit ihnen umzugehen und sie als eigene anzunehmen.

Nach unkontrollierten Gefühlsausbrüchen und der darauf folgenden Abwendung der Eltern ist das Kind gezwungen, sich alleine zu berappeln und den ersten Schritt zur Versöhnung mit den Eltern zu tun. In dem Fall verlangen wir von unserem Kind mehr, als wir selbst geben können – den ersten Schritt zur Annäherung. »Meine Eltern haben mich nach einem Streit tagelang angeschwiegen«, erzählt mir eine Patientin, »bis ich mich reumütig gezeigt habe und mich bei ihnen entschuldigt habe. Ich musste immer den ersten Schritt tun, weil das Schweigen unerträglich war. Ich habe mich nur gewundert, warum meine Mutter inmitten des Schweigens so fröhlich mit ihrer Freundin telefoniert hat.«

Bestimmte Gefühle zu verbieten ist auch eine Form emotionaler Gewalt, weil wir dem Kind nicht gestatten, sie oder er selbst zu sein mit allen Gefühlen, Verhaltensweisen und Charaktereigenschaften. Und dies nur, damit wir uns besser fühlen. Das Kind fühlt sich nur dann angenommen, wenn es fröhlich und zufrieden ist. Ohne es zu merken, konditionieren wir das Kind – für das Liebsein wirst du geliebt, im konträren Fall bleibst du ungeliebt.

Es ist interessant, warum es für uns Eltern so unerträglich schwer ist, unsere Kinder mit negativen Gefühlen zu erleben. Wollen wir ein stets zufriedenes, ausgeglichenes Kind sehen als Bestätigung unseres Könnens als Eltern? Bedeuten negative Gefühle unserer Kinder für uns das Versagen unserer Erziehungsmethoden? Oder sind wir nicht in der Lage zu helfen, weil wir nicht wissen, wie das geht? Führt uns ein bedürftiges Kind unsere eigene Hilflosigkeit vor Augen, die wir uns nicht eingestehen? Tritt ein Hilfeschrei des Kindes in Konkurrenz mit unserem unbefriedigten Wunsch nach Zuwendung? In jedem Fall lassen wir unsere Kinder mit ihren negativen Gefühlen allein, statt ihnen in einer schwierigen Situation beizustehen.

Ein Vater versucht, mit einer Nadel einen Splitter aus der Handfläche seiner Tochter zu entfernen. Dabei schreit die Tochter vor Schmerz immer wieder auf, womit sie den Vater sehr verärgert. »Hör endlich auf zu schreien!«, brüllt er wiederholt. Das Schreien hilft dem Mädchen aber, den Schmerz besser zu verkraften. Sich das Schreien zu verkneifen macht für sie die ganze Situation noch schlimmer. Später, in einer Geburtssituation, wird das Schreien für sie sehr wichtig sein, um die für die Geburt notwendige Energie freizusetzen und den Muttermund zu entspannen. Wird sie sich erlauben, nach Herzenslust zu schreien, oder wird sie sich schämen, sich das Schreien verbieten und lieber leise nach einem Schmerzmittel fragen? Gerade für die Geburt brauchen wir Frauen unsere wilde, ungezähmte Energie, anstatt verklemmt, brav, angepasst und für andere bequem zu sein.

Negative Gefühle gehören zu jedem Menschen, genau wie positive. Ohne die einen gibt es die anderen nicht, und nur mit beiden Polen sind wir vollständig. Tag und Nacht, Dur und Moll, Frieden und Konflikt sind wie Lachen und Weinen. Jedes Licht wirft Schatten, und jeder Schatten betont das Licht, so ist nun mal unsere Welt. Und wir sind lediglich ein Teil des großen Universums, das auf zwei Beinen der Polarität steht und nicht nur auf einem.

Reflexion. Verbotene Gefühle

Frage dich: Bestrafe ich mein Kind für bestimmte Gefühle oder versuche diese zu unterbinden, zum Beispiel Wut, Traurigkeit, Aggression oder Trotz? Warum fällt es mir so schwer, diese Gefühle zu ertragen? Was machen sie mit mir, und was haben diese Gefühle mit mir zu tun? Mach dir Notizen.

Teil V

Was können wir tun?

Vom Baby leiten lassen – beim inneren Kind ankommen

Es gibt unzählige Bücher und Ratgeber zum Thema »Wie man ein Baby versorgt«, die kaum eine Frage unbeantwortet lassen. Wenn man davon ausgeht, dass die Nachfrage das Angebot steuert, dann zeugt das Überangebot an Literatur vom enormen Bedarf junger Mütter an Informationen und Anleitungen zum Umgang mit ihrem Neugeborenen. Kein Säugetier der Welt – denn zu den Säugetieren gehören ja auch wir Menschen – muss sich diese Informationen aus externen Quellen aneignen. Tiere folgen einfach ihren natürlichen Instinkten im Umgang mit dem Nachwuchs.

Wir moderne Frauen wissen nicht mehr, wie man ein Kind zur Welt bringt. Die Kaiserschnittraten explodieren und haben mit tatsächlicher Notwendigkeit nichts mehr zu tun. Der Schmerz, das Pressen, das Schreien, das Hocken oder Knien, das Blut und der Schleim einer Geburt erscheinen uns so primitiv, tierisch und dem desinfizierten Leben einer zivilisierten Frau von heute so diametral entgegengesetzt, dass wir am liebsten mit dem Kopf gebären und unseren Intimbereich unversehrt lassen würden. Nur wenige von uns haben zum Beispiel ihren Mutterkuchen bestaunt, angefasst oder zumindest einmal flüchtig gesehen, bevor er im Mülleimer landete. Unser eingefrorener und erstarrter Körper öffnet sich nicht. Er bildet einen krassen Kontrast zum warmen, weichen und nachgiebigen Körper des neugeborenen Babys, das sich an uns schmiegt.

Wir wissen mit seiner Bedürftigkeit nichts anzufangen und wollen von vermeintlichen Experten lernen, wie wir unser Baby versorgen sollen. Wir diskutieren eifrig über Richtig oder Falsch und übersehen dabei das reale Kind mit seinem Verlangen nach Nähe, Zuwendung und Liebe. Die Wahrheit ist: Wir brauchen keine Ratgeber, um unserem Kind gerecht zu werden. Auch wenn der natürliche Mutterinstinkt in uns nicht spontan aufkommt, sagt uns das Baby laut und deutlich, was es braucht. Wir müssen also nur hinsehen und hinhören und das Vertrauen haben, dass es uns nicht auf der Nase herumtanzt oder uns manipulieren will. Diese Gedanken sind nur das Produkt unserer Voreingenommenheit. Wir können dem Baby ruhig vertrauen, denn seine Bedürfnisse sind natürlich, angeboren und objektiv. Sie sind quasi gottgegeben und für das Kind überlebenswichtig. Die kulturellen Vorstellungen dagegen über den korrekten Umgang mit dem Neugeborenen wandeln sich ständig. Sie unterliegen dem Zeitgeist, der Mode, gesellschaftlichen Einflüssen, tragischerweise auch der Wirtschaft und natürlich unserer persönlichen familiären Vorgeschichte. Wir brauchen nur unsere Eltern zu fragen, wie sie mit uns umgegangen sind, um uns davon zu überzeugen, dass dieser Umgang heute als längst überholt oder sogar schädlich gilt.

Manchmal erzählen mir junge Mütter, sie möchten nicht, dass sich ihr Baby an die Nähe zu ihnen gewöhnt: »Dann hängt es ständig an mir, und ich bin nicht frei«, sagen sie. Das ist ein Denkfehler. Das Baby kommt auf die Welt, nachdem es sein ganzes bisheriges Leben in unserem Bauch verbracht hat. Es *hat* sich also bereits an uns gewöhnt, oder anders gesagt, es kennt überhaupt keinen anderen Platz zum Leben als den in unserer Nähe. Jeder andere Ort in Entfernung vom mütterlichen Körper ist für ein Neugeborenes ein harter Entzug. Oft beklagen sich die Mütter, dass sie ihr Baby nicht einmal für kurze Zeit ablegen können, weil es dann sofort weint. Ich frage sie, warum sie das Baby ablegen wollen. »Damit ich putzen, kochen oder andere Dinge tun kann.« Genau darum geht es aber im Wochenbett: dass man sich von anderen Aufgaben frei macht und nur mit dem Kind zusammen ist. Ist das ein Luxus, den sich heutzutage niemand mehr leisten kann? Ich bin eher der Meinung, dass es die Frage der Prioritäten ist.

Jedes Kind kommt auf die Welt mit der Erwartung, dass sich an seinen Lebensbedingungen nach der Geburt nichts ändert und dass sie so bleiben wie im Mutterleib, wo die Versorgung, die Berührung und die Präsenz der Mutter permanent waren. Und jedes Kind kommt als liebevolles Wesen auf die Welt. Seine Fähigkeit zu lieben ist enorm, genau wie sein Verlangen, geliebt zu werden. Liebe ist der natürliche Umgang fast aller Lebewesen auf der Welt mit ihrem Nachwuchs und ganz besonders der Säugetiere, zu denen wir Menschen gehören. Das ist bedingt durch die Lebendgeburt aus dem Körper der Mutter und das Saugen an der Brust – beides verursacht viel körperliche Nähe und verlangt von der Mutter, dass sie dem Nachwuchs ihren Körper zur Verfügung stellt. Nur bei uns Menschen versagt diese natürliche Vorprogrammierung auf Liebe, ähnlich wie bei den Tieren, die in Gefangenschaft leben. Wenn man als Mutter überhaupt etwas richtig machen möchte, dann sollte man darauf vertrauen, dass kein neugeborenes Baby der Welt etwas verlangt, was es nicht braucht. Wir können uns getrost von seinen Bedürfnissen leiten lassen. Das klingt einfach. Doch auch dieser einfache Vorsatz scheint in der Realität schwer umzusetzen.

Die Bedürfnisse des Babys

Welche Bedürfnisse hat ein Baby nach der Geburt? Es sind die Bedürfnisse nach *Nahrung*, *Nähe* und *Kommunikation*.

Nahrung bedeutet zunächst die permanente Verfügbarkeit der Muttermilch und der Mutterbrust, ähnlich wie die Nabelschnur im Mutterleib die ununterbrochenen Nahrungszufuhr lieferte. Wir dürfen nicht in Mahlzeiten denken. Auch wenn der Hunger gestillt ist, bleibt die Brust die wichtigste Verbindung zur Nahrungsquelle. Das Nuckeln an der Brust ist daher keine schlechte Angewohnheit, sondern natürlich und wichtig, weil es eine Verschmelzung mit der Mutter bedeutet. Die Muttermilch ist viel mehr als nur nahrhafte Substanz. Sie ist die Hingabe der Mutter, ihr Altruismus und das Einssein mit dem Kind. Die ständige Verfügbarkeit der Brust bedeutet für das Kind Sicherheit und einen dem Mutterleib ähnlichen Zustand. Nach der Uhr zu stillen oder dem Kind die Brust zu verweigern, weil es satt sein »sollte«, ist daher aus der Sicht des Babys verletzend. Die Stillabstände werden mit der Zeit ganz von alleine länger, wenn das Baby die Symbiose mit der Mutter überwindet und immer mehr im Hier und Jetzt ankommt.

Doch nicht nur die Milch bringt das Kind zum Gedeihen. Die Liebe seiner wichtigsten Bezugspersonen *nährt* das Baby mit Energie und belebt seine Lebenslust. Wir kennen das Sprichwort: Der Mensch lebt nicht vom Brot allein. Das gilt für den neugeborenen Menschen in besonderem Maße. Sich geliebt zu fühlen ist ein wichtiges Bedürfnis jedes Menschenwesens. Wenn sich die Mutter und das Baby beim Stillen liebevoll anschauen, dann fließt zusätzlich eine andere Art der Energie zwischen den beiden, jenseits der Nährstoffe der Muttermilch – die Energie der Liebe. Das geschieht nicht, wenn die Mutter »mechanisch«

stillt, ein Buch dabei liest oder das Stillen zähneknirschend über sich ergehen lässt. In diesem Fall wird dem Baby etwas fehlen – das Erleben des Stillens als Akt der Liebe mit der Mutter.

Nähe bedeutet für das Baby sowohl den permanenten Körperkontakt zu seiner wichtigsten Bezugsperson – meistens der Mutter –, ihre ständige Präsenz und die Verfügbarkeit für die Wunscherfüllung als auch die seelische Verbundenheit mit ihr und ihre geistige Präsenz. Viel zu oft ist die Mutter physisch beim Kind, aber in ihren Gedanken und Gefühlen meilenweit von ihm entfernt – meistens bei ihren eigenen seelischen Verletzungen und Sorgen. In diesem Fall bleibt das Baby auch in der Nähe seiner Mutter allein. Geistige Nähe zum Kind bedeutet ein gemeinsames Schwingen in Gefühlen, Empathie, Anteilnahme, Intimität und liebevolle Zuwendung seiner Bezugsperson. Ihre Nähe stärkt beim Kind das Vertrauen in die Welt und in sich selbst. Sie ist das Sicherheitsnetz, in das es sich fallen lassen kann, wenn es sich in die Welt hinauswagt.

Die *Kommunikation* mit einem Baby wird oft unterbewertet, weil wir ihm noch keine Fähigkeit zur Kommunikation zutrauen, nur weil es noch nicht sprechen kann. Ein »versorgtes« Baby wird oft als befriedigt abgetan, zur Seite gelegt und bleibt allein. Dabei brauchen Babys die Kommunikation mit uns genauso sehr wie Nahrung und Nähe. Sie sind sehr wohl in der Lage, uns zu verstehen. Ein Baby versteht uns nicht verbal, sondern telepathisch. Ein verbundenes Baby fixiert unseren Blick, wenn wir mit ihm sprechen. Es schaut uns direkt in die Augen. Sein Gesichtsausdruck zeigt, dass es uns versteht. Ein Baby, das sich nicht verbindet, keinen Augenkontakt herstellt und nicht auf uns reagiert, gibt Grund zur Sorge.

Kommunikation macht aus einem Säugling erst ein Menschenkind. Sie ist der Grundstein der Beziehung zwischen dem Baby und seinen Eltern. Kommunikation ist Ansprechen, Betüddeln, Mimik, Anlächeln, Streicheln und Anschauen. Wir können dem Baby unsere Gefühle mitteilen und sie erklären. Wir können seine Befindlichkeiten in Worte fassen oder das verbalisieren, was gerade geschieht. Wir können Handlungen kommentieren oder dem Kind Unterhaltung bieten – all das stärkt seine Beziehung zu anderen Menschen, vertreibt die Einsamkeit und lässt es seine Persönlichkeit entfalten.

So viel an dieser Stelle zu den Grundbedürfnissen eines neugeborenen Babys. Bedürfnisse eines Kleinkindes oder Vorschulkindes wurden zum Teil in früheren Kapiteln angesprochen. Doch gerade die frühesten Bedürfnisse sind entscheidend für die weitere Entwicklung eines Menschen. Je kleiner wir sind, desto schlimmer ist für uns die Vernachlässigung unserer überlebenswichtigen Wünsche.

Ein wichtiger Leitsatz lautet: *Bedürfnisse des Babys sind objektiv, und unsere Vorstellungen von Richtig und Falsch sind subjektiv.* Wenn wir uns also im Wirrwarr von gut gemeinten Ratschlägen, die sich gegenseitig widersprechen, schlauen Büchern und kompetenten Meinungen hoch qualifizierter Fachleute verlieren, dann können wir uns vor allem auf eins verlassen – auf die Objektivität und die Richtigkeit der angeborenen Bedürfnisse unseres Babys.

Schön und gut, sagt eine Mutter, aber wie soll ich meinem Kind Muttermilch geben, wenn es die Brust ablehnt? Oder wie soll ich meinem Kind körperliche Nähe vermitteln, wenn es sich steif macht und sich an meinem Körper nicht entspannen kann? Oder wie soll ich mit meinem Kind kommunizieren, wenn es stundenlang schreit und ich mich von ihm nur angeschrien fühle? Das ist genau der Punkt, an dem alle Ratgeber scheitern – sie ignorieren die persönliche und für die Mutter selbst verborgene Realität ihrer Seele. Sie berühren ihren seelischen Schatten nicht und lassen ihr inneres Kind außer Acht. Und so verpuffen noch so gut gemeinte und schlaue Ratschläge ins Leere. Daher ist der Vorsatz, den natürlichen Bedürfnissen des Babys gerecht zu werden, nur eine notwendige, aber nicht hinreichende Voraussetzung für ein zufriedenes Kind und eine erfüllende Mutterschaft. Damit eine Mutter sie überhaupt erfüllen kann, muss eine andere Art von Arbeit geschehen – die ehrliche Begegnung mit den verborgenen Seiten der eigenen Seele. Denn wir nehmen die Forderungen des Babys nicht als solche wahr, sondern gefärbt durch die persönliche Linse unserer Erfahrungen. Entsprechend dieser Linse interpretieren wir alle Äußerungen des Babys. Und wenn wir interpretieren, werden wir wieder subjektiv, das heißt von unserem Unbewussten geleitet.

Wenn der Schatten unberührt bleibt, kann jede noch so harmlose, altruistische und edle Idee den unbewussten Konflikten einen Schutzschild bieten. Das heißt, diese bleiben unaufgearbeitet und wirken aus dem Schatten heraus, indem sie an uns ziehen wie an einer Marionette. Man glaubt, das Beste für die Kinder getan zu haben, und wundert sich, warum das alles nicht zum Erfolg geführt hat. Alles kann ein seelischer Zufluchtsort sein, auch dieses Buch.

Hier ein Beispiel dafür, wie die edelste Absicht, dem Kind eine glückliche Kindheit zu schenken, zum Misserfolg führen kann. Es passiert oft, dass die Eltern sich selbst aufopfern, ihre Wünsche nicht kommunizieren und zurückstecken und so ihre Kinder zu Tyrannen heranwachsen lassen. Sie werden zu Dienern ihres Kindes und werden von ihm auch als solche behandelt. Oder sie geben dem Kind in ihrem Eifer, ihm stets zur

Seite zu stehen und ihm alle Schwierigkeiten des Lebens zu ersparen, bei der Entwicklung seiner Selbstständigkeit keine Möglichkeit, eigene Erfolgserlebnisse zu haben oder aus Fehlern zu lernen und so sein Selbstwertgefühl zu stärken. Ihm wird ja alles Anstrengende abgenommen. Als Ergebnis haben sie ein unsicheres, von Selbstzweifeln geplagtes Kind und wundern sich, woher das kommt.

Wenn man sich selbst nicht kennt, helfen die edelsten Ziele wenig. Wenn die Eltern jedoch durch die Schattenarbeit ihre Irrglauben und unbewussten Verhaltensmuster erkannt hätten, wären sie von ihnen im Alltag nicht mehr so beherrscht. Sehr viele opfern sich bis zur Erschöpfung für das Kind auf, damit es ein besseres Leben hat, als sie selbst es hatten. Wie tragisch ist der Misserfolg dieser Bemühungen, wenn unsere Kinder dann nicht so »geraten«, wie wir es wollten, und wir uns Vorwürfe machen, noch immer nicht genug für sie getan zu haben.

Ein anderer verbreiteter Fall sind Eltern, die zu Unterhaltern ihrer Kinder werden. Sie versuchen ständig, etwas Lustiges für sie zu tun, sie zum Lachen zu bringen oder ständig etwas Spannendes zusammen zu erleben. Sie tun dies natürlich mit der besten Absicht, dem Kind schöne Momente zu bescheren, realisieren dabei aber nicht, dass sie das lachende Kindergesicht mehr brauchen als die Kinder selbst. Am Ende haben sie gelangweilte Kinder, die auf nichts Lust haben und über nichts mehr lachen. Die im Schatten verborgene Wahrheit dieser Eltern ist, dass sie extreme Angst haben, von ihren Kindern (so wie früher von ihrer Mutter) abgelehnt zu werden. Deshalb versuchen sie, durch das Verbreiten guter Laune ihre Liebe zu ergattern. Diese Eltern haben enorme Schwierigkeiten, »unpopuläre« Maßnahmen bei ihren Kindern durchzusetzen, und wirken auf ihre Kinder besonders im Schulalter oft peinlich.

Durch das Realisieren der eigenen Clownrolle, die sie von Kind auf spielen, könnten sie diesem Zwang entgehen.

Genauso verheerend sind Aussagen wie: »Ich bin eine faule Mutter und stolz drauf.« Dann folgen Begründungen, warum es gut ist, wenig für die Kinder zu tun, sich mit ihnen anzulegen oder sich ums eigene Glück mehr zu kümmern als um ihres, z. B.: »Wenn ich glücklich bin, bin ich eine bessere Mutter«, oder: »Mit einem Fünfjährigen kann ein Erwachsener nicht befreundet sein.« Auch hier liegt die seelische Wahrheit der Mutter tief verborgen und wird von ihr weiträumig umgangen. Vom abgeschotteten Ort der Taubheit gegenüber der eigenen Seele aus lässt sich alles mit allem begründen.

Sich ganz zum Anfang der Mutterschaft vom Baby leiten zu lassen, verstehe ich übrigens nicht unbedingt so, dass wir seine Bedürfnisse möglichst schnell befriedigen müssen. Besonders mit seinen unliebsamen und störenden Äußerungen (Symptomen) kann das Baby für uns auf dem Weg der Selbsterforschung und der Selbsterkenntnis der beste Wegweiser sein. Ändern wir unsere Einstellung von »alles-richtig-machen-wollen« hin zur Frage: »Warum geschieht mir das gerade jetzt?« Das bedeutet konkret, dass wir Symptome wie Weinen oder Stillprobleme nicht so schnell wie möglich beseitigen müssen, sondern sie eine Weile aushalten, bis wir sie verstanden haben. Wir können uns vom eigenen Kind zu unserem seelischen Schatten führen und es unser inneres Kind enthüllen lassen. Wenn unser Baby scheinbar grundlos weint, dann können wir uns die Frage stellen: Worüber weine ich gerade innerlich? Oder worüber verwehre ich mir, Tränen zu vergießen? Wenn das Kind die Muttermilch erbricht und wir uns mit dem Wertvollsten, was wir zu geben haben, abgelehnt fühlen, dann können wir uns fragen: Was lehne ich an meinem Kind ab? Oder was finde ich in meiner Lebenssituation gerade »zum Kotzen«? Wenn mein Kind nie zur Ruhe kommt und sein Schlaf sehr kurz und anfällig ist, dann können wir uns die Frage stellen: Was raubt mir gerade den Schlaf? Worüber mache ich mir so viele Sorgen, und warum komme ich innerlich nicht zur Ruhe? Manchmal machen uns die extremen Äußerungen unseres Kindes erst klar, wie ernst es um uns steht und wie sehr wir unsere Gefühle bisher eigentlich immer heruntergespielt haben.

Entdeckungsreise durch die eigene Seele

In meinem früheren Leben, das heißt, bevor ich Mutter geworden bin, habe ich oft den Satz gehört: Erkenne dich selbst! Aber ich verstand nicht, was er genau bedeutet. Wo fange ich mit der Selbsterkenntnis an? Und was gibt es da schon Großes zu entdecken?, dachte ich. Ich kenne mich doch und weiß, wer ich bin. Ich kenne meine Stärken und Schwächen. Besteht die Selbsterkenntnis im ewigen Grübeln über das eigene Verhalten oder im Reflektieren über Gefühle? Blockiert mich das nicht sogar im Leben und macht es mich nicht eher unentschlossen? Ist es nicht besser zu wissen, was ich will, und nach vorn zu schauen? Theorie und Praxis der Selbsterkenntnis waren mir damals noch ein Rätsel.

Als ich Mutter wurde, war ich überrascht von dem bunten Bukett der Gefühle, die ich nie in mir vermutet hatte. Als wäre meine Seele ein Koffer mit doppeltem Boden. Der zweite Boden wurde erst durch die Mutterschaft entdeckt und gelüftet, wie bei einer gründlichen Prüfung am Zoll. Das, was ich bisher von mir kannte, war nur der obere, für alle ersichtliche Teil des Koffers. Das Geheimfach unter dem Doppelboden kannte ich selbst noch nicht, ja ich wusste nicht einmal von seiner Existenz. Es hatte bisher buchstäblich im Dunkeln gelegen.

Meine Gefühle überschlugen sich: Ich wollte meine Tochter an mich drücken und hatte zugleich wahnsinnige Berührungsängste angesichts ihres zerbrechlichen kleinen Körpers. Ich konnte meinen Blick nicht von ihr abwenden und wollte am liebsten wegschauen, wenn sie nach mir rief. Ich war verzaubert von der Vollkommenheit und Reinheit dieses neugeborenen Menschenwesens und genervt von seinen ständigen Forderungen. Manchmal war mir nach Wegrennen zumute; gleichzeitig konnte ich das Haus nicht ohne mein Baby verlassen. Ich wollte alles geben, was ich an Liebe in mir trug, und hatte Angst, mich dabei völlig aufzulösen und jegliche Lebensenergie zu verlieren.

Als ich mein Baby im Arm hielt, fühlte ich mich plötzlich selbst wie ein Baby. Oder genauer gesagt, ich erlebte das Baby-Sein noch einmal. Ich spürte, dass meine Seele keine Zeit kennt. Erfahrungen, die lange zurücklagen, waren im Seelenraum so aktuell, als wären sie erst gestern geschehen. Der Satz »Erkenne dich selbst« bekam für mich plötzlich eine neue und klare Bedeutung: Erkenne deine unbekannten Seiten, erforsche deinen seelischen Schatten, finde einen Zugang zum verletzten Kind in dir, begreife, was dich zu dem gemacht hat, was du heute bist. Und warum du jetzt fühlst, was du fühlst.

Wir neigen dazu, die Gründe für Schwierigkeiten im Leben in situativen Umständen zu suchen, und versuchen diese Schwierigkeiten genauso situativ zu lösen, indem wir zu vermeintlichen Tipps und Tricks greifen. Doch das, was sich erst heute zeigt, hat meistens eine lange Vorgeschichte und ist daher im Heute nicht zu »reparieren«. Wenn ein Obstbaum etwa im Spätsommer keine guten Früchte trägt, dann liegt die Ursache dafür nicht im Spätsommer. Und es ist völlig sinnlos, den Spätsommer für die miese Ernte zu beschuldigen. Eine Störung kann jederzeit während der Reifung stattgefunden haben, ja bereits während des Erblühens der Blüten oder der Bestäubung durch die Bienen. Wichtig sind darüber hinaus die

Sonneneinstrahlung, die die Früchte erfahren haben, sowie ausreichend Regentage. Viele Faktoren – über die Zeit verteilt – haben bis zur Ernte ihren Beitrag geleistet. Mit uns Menschen ist es nicht anders. Wie wir heute leben, hat damit zu tun, wie wir bisher gelebt haben. Eine ernste Ursachenforschung für heutige Schwierigkeiten lenkt unseren Blick daher zwangsläufig in die Vergangenheit, alles andere ist Mogelei. So ist das Mutterwerden eine Art Überprüfung unseres bisherigen Lebens.

In Deutschland gibt es eine heftige Diskussion über das Mutterbild in der Gesellschaft. Wir sind nicht länger bereit, das einseitige Bild der Mutter, die ihre Erfüllung im strahlenden Mutterglück findet, unkritisch hinzunehmen. Es werden Stimmen lauter, die die negativen und bisher tabuisierten Gefühle einer Mutter thematisieren, wie zum Beispiel die Ablehnung gegenüber dem eigenen Kind, das Ausbleiben der Mutterliebe oder sogar die Reue über die Tatsache, überhaupt Mutter geworden zu sein. Diese Debatte wirft die Frage auf: Darf ich als Mutter auch Negatives fühlen? Darf ich einen Mangel an Mutterglück empfinden? Darf ich das Muttersein hassen? Darf ich mein früheres Leben ohne Kinder vermissen und das Mutterwerden bereuen? Allein das Aussprechen der Gefühlsambivalenzen wird als Befreiung erlebt und fast schon als Revolution gefeiert. Endlich dürfen auch Mütter Schlechtes fühlen, ohne sich dafür schämen zu müssen.

Aber Hand aufs Herz, geht es uns besser, wenn wir die Erlaubnis bekommen, das eigene Kind nicht lieben zu können? Ich glaube nicht. Schuldgefühle bleiben ebenso wie die Frage, warum gerade ich?

Selbstverständlich sind Gefühlsambivalenzen etwas Natürliches. Das Gesetz der Polarität beherrscht diese Welt, und so gehört zu jedem Hoch auch ein Tief, wie zu jedem Tag die

Nacht gehört. Die ambivalenten Gefühle korrigieren das überholte, einseitig verzerrte Mutterbild, machen es ehrlicher und echter. Doch die ambivalenten Gefühle bei sich selbst zu registrieren, diese zuzulassen und auszuhalten, ist nur der erste Schritt auf dem Weg zur Selbsterkenntnis. Es ist der Anfang einer langen Reise nach innen. Der nächste Schritt besteht dann darin zu verstehen, woher sie kommen und welchen Sinn sie auf unserem persönlichen Lebensweg ergeben.

In der Tierwelt geschieht die Ablehnung des eigenen Nachwuchses fast ausschließlich in Gefangenschaft oder wenn Menschen störend eingreifen, indem sie z. B. Vogeleier anfassen und deren Geruch verfremden. Unter natürlich ungestörten Bedingungen versorgen Tiere ihren Nachwuchs sicher bis zur Selbstständigkeit.

Ich möchte mit diesem Vergleich einen wichtigen Unterschied betonen: Gefühlsambivalenzen einer Mutter sind natürlich. Die Kälte, die Gefühlslosigkeit, die Vernachlässigung, die (emotionale) Gewalt und der Missbrauch gegenüber unseren Kindern sind es nicht! Sie sind ein sicheres Zeichen für seelische Gefangenschaft. Sie haben ihre Vorgeschichte und ihre Wurzeln in der frühen Kindheit, in dem, was wir selbst als Baby und als kleines Mädchen oder kleiner Junge erlebt haben – Wut, Überforderung, Ablehnung, Einsamkeit, Schmerz, Apathie oder Verzweiflung. Wenn diese Gefühle aufkommen, sobald wir Mutter oder Vater werden, so sind sie nicht von unserem Kind erzeugt, sondern nur wachgerüttelt. Müssen wir also das eigene Kind dafür bestrafen? Einige tun das. Und das unterscheidet Eltern, die sich mit ihren seelischen Hintergründen beschäftigen, von denjenigen, die den Blindflug wählen. Beide mögen als Kinder Schlechtes erlebt haben. Aber die einen schauen sich das Erlebte an, beschäftigen sich mit ihrer Vergangenheit und übernehmen heute Verantwortung für ihre

Gefühle. Die anderen machen ihre Kinder für ihren seelischen Schmerz verantwortlich und suchen in neuen, modernen, angeblich realitätsnahen Bildern der Mutter nach Rechtfertigung dafür. Das aber ist unreif und unfair gegenüber den Kindern. Es macht sie zu Opfern unserer Blindheit und der Unfähigkeit, die Verantwortung für das eigene Leben zu übernehmen.

Wie fühlt sich wohl ein Mädchen, dessen Mutter ein Buch* darüber schreibt, dass sie es bereut, ein Kind bekommen zu haben? Wahrscheinlich wie ein Klotz am Bein, geplagt von Schuldgefühlen, das Leben ihrer Mutter ruiniert zu haben. Wird sie später selbst in der Lage sein, ein Kind zu bekommen und so etwas wie Mutterglück zu empfinden? Ich denke, es wird eine schwere Last für sie sein und ihr viel seelische Arbeit abverlangen. Was wäre die Alternative für diese Mutter, die Reisen in ferne Länder über alles liebt und sich nun durch ihr Kind daran gehindert fühlt? Eine mögliche wäre das Wagnis einer Entdeckungsreise in die entferntesten Ecken ihrer eigenen Seele. Ich bin überzeugt, dass in diesem Innenreich nicht weniger Spannendes, Rätselhaftes, Schmerzhaftes, aber auch Befreiendes zu entdecken ist. Sie würde begreifen, dass die seelische Gefangenschaft nicht durch das Mutterwerden entstanden ist, und die Tochter wäre von der ungefragt auferlegten Schuld befreit.

Sich selbst zu erkennen bedeutet, konkret nachzuspüren, welche Art der Mutterliebe (oder auch ihre Abwesenheit) wir am Anfang unseres Lebens erfahren haben. Es reicht nicht aus, das einfach nur zu *wissen*. Wissen und Intellekt sind kalte Substanzen, sie haben keinen direkten Zugang zur Seele und bewirken daher wenig Veränderung. Nachzuspüren bedeutet,

* Sarah Fischer: »Die Mutterglück-Lüge«, München 2015

sich wieder hineinzuversetzen, so zu fühlen wie damals, mit dem Körper und mit dem Herzen. Nachzuspüren bedeutet, das Kind in sich zu entdecken, das noch leidet, und mit ihm mitzufühlen. Dabei werden wir erst einmal feststellen, dass dieses alte Gefühl noch immer das dominante Gefühl im unserem heutigen Leben ist. Dann können wir uns fragen: Was hat dieses Kind, das wir einst waren, getan, um seine Hilflosigkeit und das Ausgeliefertsein zu überleben? Hat es sich entschlossen, nichts mehr zu spüren, die Realität zu verleugnen, in eine Fantasiewelt zu fliehen, sich zu versteifen, aufzubrausen, mit geschlossenen Augen gegen die Welt zu kämpfen oder zu resignieren? Diese Überlebensstrategie wird auch heute noch unser Automatismus sein – besonders in schwierigen Situationen.

»Erkenne dich selbst« heißt: Mit dem Herzen zu begreifen, warum uns heute bestimmte Dinge geschehen und warum wir heute fühlen, was wir fühlen. Das Verstehen erfüllt dabei keinen Selbstzweck, sondern es hat weitreichende Konsequenzen – die Mutterliebe wächst dadurch, ganz von allein.

Das Kind bemitleiden, das wir einmal gewesen sind

Man sagt, die Zeit heilt alle Wunden. Mit dem Abstand der Jahre, im Hamsterrad des Alltags können wir mit trockenen Augen, mit Kälte in der Stimme und zynischem Schmunzeln auf den Lippen distanziert davon erzählen, was uns als Kind widerfahren ist. Als würden wir von einer fremden Person berichten. Oder schlimmer noch: Mit einem Fremden hätten wir noch mehr Mitgefühl.

Wir glauben, die Vergangenheit berührt uns nicht mehr. Was auch immer war, es ist lange her. Heute sind wir erwachsen, stark und unabhängig, können selbst für uns sorgen und sind auf niemanden mehr angewiesen. Dichtes Gras ist darüber gewachsen, und der Kanal zum alten Schmerz ist mit großen Steinen zugeschüttet.

Und dann legt die Geburt unseres ersten Kindes diesen Kanal unerwartet wieder frei. Wir spüren ganz deutlich, dass die Zeit eben doch nicht alle Wunden heilt, vor allem nicht die der Kindheit. Diese sind heute noch genauso frisch wie damals. Im Wochenbett sprechen wir über unsere ersten Lebensjahre nicht mehr distanziert und unbeteiligt. Das Erlebte geht uns plötzlich sehr nah. Tränen fließen dabei, die Brust schmerzt, und ein Kloß im Hals erschwert das Sprechen. Wenn wir diesen kritischen Punkt erreicht haben, wenn wir uns mit dem alten Schmerz wieder verbinden und ihn wieder spüren können, dann haben wir die dunkelsten Ecken unserer Seele berührt. Wir realisieren, dass das Kind in uns immer noch verzweifelt darauf wartet, dass die Mama endlich kommt und es tröstet.

Trauerarbeit ist nötig

Wir müssen das Kind endlich bemitleiden, das wir einmal gewesen sind. Nur so beruhigt sich der Schmerz und lässt uns los. All die Zeit hat unsere Seele Tränen geweint, die unsere Augen nicht weinen konnten. Wir haben unbewusst Abhilfe gesucht, wo wir konnten, und haben die Menschen, die wir lieben, dazu verpflichtet, die Löcher in unserer Seele zu stopfen.

Die wichtigste Aufgabe auf dem Weg der Heilung besteht daher in der Trauerarbeit. Was ist Trauerarbeit? Zu trauern bedeutet, dem seelischen Schmerz einen Ausgang zu verschaffen, ihm Raum und Beachtung zu schenken, ihn zu spüren und zu honorieren. Konkret bedeutet das, zu weinen, mit einer vertrauten Person darüber zu sprechen, traurig sein zu dürfen, Zuspruch und Trost zu bekommen, eine Pause vom Alltag einzulegen und nicht so weitermachen zu müssen, als wäre nichts passiert. Manche Lebensumstände – beispielsweise der Verlust eines nahestehenden Menschen oder die Erkenntnis, Opfer von Missbrauch oder Vernachlässigung geworden zu sein – sind an sich schon sehr schlimm. Doch noch schlimmer erleben wir die Unmöglichkeit, darüber zu trauern, die Abwesenheit der Anteilnahme an unserem Schicksal oder wenn von uns verlangt wird, den Alltag wie bisher weiterzuführen. Trauerarbeit hilft uns, mit dem Schmerz einen Umgang zu suchen, das Erlebte als Realität zu akzeptieren – als etwas, was uns widerfahren ist und was uns verändert hat.

Viele Frauen, die in meine Praxis kommen, sprechen zum ersten Mal im Leben über schmerzhafte Erfahrungen aus ihrer

Kindheit. Es ist unvorstellbar, zu welchem Kloß die Trauer über die Jahre herangewachsen ist. Manche Menschen neigen dazu, sich bei einer fremden Person während einer flüchtigen Bekanntschaft zu »entladen«, wenn sie sicher sind, dieser Person nie im Leben wieder zu begegnen. Es muss nicht immer ein Therapeut sein, es kann einfach ein Mensch sein, der zuhört, versteht und nicht urteilt.

Leider haben wir oft Angst vor der Trauerarbeit. Wir haben Angst davor, in unserer Trauer zu versinken und nicht so schnell zur Normalität zurückkehren zu können. Deshalb verbieten wir es uns und nahestehenden Personen, traurig zu sein. Wir versuchen uns abzulenken, zusammenzureißen und so zu tun, als würden uns die Umstände nicht so tief treffen. Mit dem Leitsatz »Das Leben geht weiter« schauen wir lieber nach vorn als zurück. Wir vermeiden traurige Gespräche mit Angehörigen und vor allem mit unseren Kindern, in der guten Absicht, sie zu schützen. Und wir bewirken genau das Gegenteil: Die Trauer sinkt unverarbeitet in die tieferen Schichten unserer Seele.

Auch Kinder brauchen Raum für ihre Trauer, um diese zu verarbeiten. Einmal zeigte mir eine Patientin, deren Mutter gestorben war, als sie fünf Jahre alt war, ihr Fotoalbum mit den Bildern ihrer Kindheit. Zuerst kamen die mit ihrer leiblichen Mutter. Plötzlich, von einer Seite auf die andere, ohne jeglichen Übergang, erschien auf den Bildern ihre Stiefmutter, und die Geschichte der Familie ging in den fröhlichen Bildern weiter, als wäre eine Person einfach durch eine andere ausgetauscht worden. Diese Patientin war völlig überrascht, als ich sie auf die Zeit der Trauer um ihre leibliche Mutter ansprach. Eine solche Zeit gab es einfach nicht, die Trauer stand ihr nicht zu und wurde von den Erwachsenen in ihrer Umgebung in keiner Form gelebt. Doch die Trauer um den Verlust ihrer Mutter war dadurch natürlich nicht verschwunden, sie suchte sich nur einen anderen Ort und zeigte sich in heutigen Schwierigkeiten.

Es ist möglich, die ausstehende Trauerarbeit zu einem späteren Zeitpunkt nachzuholen. Um sich mit dem alten Schmerz zu verbinden, müssen wir bereit sein, unsere Seele zu entblößen, uns schwach und verwundbar zu zeigen und die perfekte Fassade bröckeln zu lassen. Wir müssen uns eingestehen, dass unsere Seele verletzt ist und Trost braucht. Das können nicht alle. Viele betreiben Selbstanalyse als eine intellektuelle Beschäftigung von einem sicheren Ort des Denkens aus. Unsere Gefühle bleiben dabei ausgeschaltet. In diesem Fall machen wir uns etwas vor. Intellektuelle Grübelei ist in Wirklichkeit nur eine Ablenkung, sie bietet einen Schutzschild für alles Dunkle und Schmerzhafte in unserer Seele. Man kann sagen, je größer und brutaler die als Kind erlebte Realität war, desto schwieriger wird es für den Erwachsenen sein, sie in ihrem ungeschönten Ausmaß zu sehen, und desto größer wird der Widerstand sein, sich dem Erlebten zu stellen.

Manchmal kommen Mütter zu mir in die Praxis und beklagen sich, dass ihr Baby viel weint. Nichts scheint zu helfen – kein Herumtragen, kein Stillen, kein Tragetuch und keine Autofahrt. Das Baby weint scheinbar ohne Grund. Dann frage ich die Mutter, wie es ihr geht. »Prima«, antwortet sie, »alles gut, ich habe keine Probleme.« Und ob das weinende Baby ihr Sorgen macht? »Nicht besonders, es ist nur störend und lästig.« Und das ist genau der Punkt: Wir können unser Kind erst dann weinen hören und Mitgefühl mit ihm empfinden, wenn wir unser eigenes Weinen gehört haben. Bis dahin bleibt das Weinen unseres Kindes einfach nur ein störendes Geräusch, es macht nichts mit uns, wir haben kein Mitleid, weil unsere Seele wie ein Eisklumpen ist, den die kindlichen Tränen nicht auftauen können.

Viele haben bereits eine langjährige Psychotherapie hinter sich. Manche behaupten gar, alles über sich zu wissen. Doch Wissen allein bringt noch keine Heilung. In meiner psychotherapeutischen Arbeit mit Frauen versuche ich, sie an den kritischen Punkt zu führen, an dem sie ihren alten Schmerz wieder spüren. Das ist der Punkt, an dem das Selbstbelügen aufhört, das Rationalisieren oder Rechtfertigen keinen Sinn mehr ergibt. Wenn sich die Stimme ändert, wenn sie verletzlich und nicht mehr kalt klingt, wenn die Tränen anfangen zu fließen, dann weiß ich, dass sich das Herz langsam öffnet und wir die schmerzhaften Erfahrungen vorsichtig berühren. Jetzt fängt die therapeutische Arbeit erst richtig an, denn, so banal es klingt: Tränen lügen nicht.

Manche behaupten von sich selbst, ein Kopfmensch zu sein. Sie können viel reden, doch das Gesagte bleibt kalt. Meiner Erfahrung nach hilft diesen Patienten die Arbeit im Liegen, wenn der Kopf von seiner dominanten Thronposition gestoßen und auf Augenhöhe mit dem restlichen Körper gebracht wird. Dem Kopf wird so unmerklich die gleiche Wichtigkeit zugeteilt wie dem Herzen, dem Bauch oder auch den Füßen. Wenn die geschlossenen Augen den Blick nun von außen nach innen wenden und der Atem den Körper wie auf einer Welle schaukelt, dann beginnt die Energie, anders zu fließen, und alte Erinnerungen haben es leichter, sich bemerkbar zu machen.

Manchen Patienten gelingt in dieser Position eine Zeitreise in die entfernte, doch für die Seele noch sehr aktuelle Kindheit. Nach einer Tiefenentspannung wagen sie es, den Film ihres Lebens zurückzuspulen und in die Vergangenheit zu gehen. Ein besonders prägendes Erlebnis erscheint dann lebhaft vor ihrem geistigen Auge. Sie können diese Szene aus ihrer Kindheit als Außenstehender beobachten und noch einmal erleben, was dem Kind damals widerfahren ist. Manche bleiben in der Beobachterrolle. Sie verbinden sich mit alten Gefühlen durch Empathie. Dieses Mitfühlen mit dem Kind in uns hat bereits eine entlastende Wirkung. Sie macht uns weicher und milder. Andere verspüren den Drang, die Szene als Erwachsene zu betreten und dem Kind den Trost und das Mitleid zu geben, das es gerade braucht, indem sie es in den Arm nehmen, es wiegen, streicheln, fest an sich drücken oder eine Weile zusammen schweigen. Manchmal entstehen sogar Dialoge zwischen dem Erwachsenen und dem Kind. Ich überlasse die Regie für diese Begegnungen immer dem Patienten selbst. Durch eine geradezu magische Rückkopplung wirkt der Zuspruch, den die kindliche Seele nachträglich bekommt, heilend auf die erwachsene Seele von heute ein.

Das Wochenbett ist eine sehr dankbare Zeit für die Begegnung mit dem verletzten Kind in uns. Nicht nur der Ruf der Kindheit wird in dieser Zeit lauter, auch die Seele liegt bloß. Wie frisch gepflügter Boden ist sie feucht und aufnahmefähig. Widerstände sind heruntergefahren. So ist die heilende Wirkung schon in wenigen Sitzungen möglich, für die man unter »normalen« Umständen Jahre bräuchte.

Wir haben bereits gesehen, dass befriedigte Bedürfnisse von alleine ausklingen und die unbefriedigten ein Loch hinterlassen. Deshalb bleiben wir seelisch in der Zeit stecken, in der wir nicht genug beachtet wurden, in der unsere Bedürfnisse unbefriedigt geblieben sind und in der wir nicht ausreichend Liebe erhalten haben. Obwohl sich unser Körper weiterentwickelt hat, blieb unsere Seele also an diesem feindlichen Ort stecken und konnte nicht ausreifen. Und so wurden aus schreienden Säuglingen nörgelnde und quengelnde Kinder und später schimpfende und unzufriedene Erwachsene. Wenn wir uns heute häufig beklagen, uns als Opfer mieser Umstände oder böser Menschen sehen, dann rufen wir seelisch immer noch nach der Mama, die kommen und uns retten soll.

Der Schmerz will immer gesehen und beachtet werden – das ist seine Natur. Er greift zu allen Mitteln, um den Trost zu finden, der ihm zusteht. Wenn wir das Kind bemitleiden, das wir einmal waren, vergeht der Schmerz, und die Seele kann reifen. Erst dann kann im erwachsenen Köper auch eine erwachsene Seele leben.

Meditative Zeitreise in die Kindheit

Entspanne dich eine Weile mit geschlossenen Augen im Liegen und versuche dann, deine allerfrüheste Erinnerung hervorzurufen. Wie alt bist du? Was ist das für eine Situation? Was geschieht in ihr? Wer ist anwesend? Was ist das vorherrschende Gefühl? Steig in die Situation ein und erleb diese noch einmal. Wie fühlt sich das Kind in der Situation? Was will es, was fehlt ihm, was braucht es? Du kannst in der Beobachterrolle bleiben und mit dem Kind mitfühlen. Oder du kannst die Szene als Erwachsener betreten und dem Kind die nötige Zuwendung geben, die es gerade braucht. Bleib da, solange das Kind dich braucht. Vergiss nicht, dich beim Verlassen der Situation von dem Kind zu verabschieden und, wenn du magst, dich für ein neues Treffen zu verabreden. Du kannst deine »Besuche« bei deinem inneren Kind wiederholen oder diese sogar zum festen Ritual machen. Je nach Lebenssituation und Gefühlslage werden immer andere Erinnerungen auftauchen.

Die persönliche Lebensgeschichte rekonstruieren

Wenn wir als Mutter oder Vater das Gefühl haben, dass etwas in unserem Leben mit Kindern unglücklich läuft, wenn der Leidensdruck steigt und wir uns eingestehen müssen, dass wir Hilfe brauchen, wenn wir unsere letzte Energie aufbringen und nach Hilfe suchen – dann ist es wichtig zu wissen, dass uns die guten Ratschläge der noch so kompetenten Fachleute nicht helfen werden. Warum? Weil guter und gut gemeinter Rat uns lediglich mit den ungefilterten Vorurteilen der beratenden Person konfrontiert. Diese Vorurteile mögen für die beratende Person viel Sinn ergeben, sie haben aber mit unserer seelischen Realität keine Berührungspunkte. Sicher kennen wir das Gefühl, dass sich Anweisungen nach dem Motto: »Mach doch mal so …« für uns fremd anfühlen. Jeder Versuch, sie umzusetzen, scheitert oder bleibt ohne Erfolg. Oder wir stoßen auf einen Artikel mit einem Titel, der uns verspricht, in drei Schritten alle unsere Probleme zu lösen. Und wir lesen ihn bis zum Schluss in der Hoffnung, das Geheimnis schlechthin zu erfahren, und fühlen uns danach betrogen, weil die vermeintliche Zauberlösung enttäuscht.

Es kann gar nicht anders sein, weil diese Ratschläge die Schattenseiten unserer Seele nicht berühren und daher keine Probleme lösen. Die Seele verharrt an demselben toten Punkt wie zuvor. Kriminell wird es in meinen Augen dann, wenn die beratenden »Fachleute« ihre Machtposition ausnutzen und verzweifelte Eltern zu einem gewaltsamen Verhalten gegenüber ihren Kindern bewegen, wie zum Beispiel, ihre Babys stundenlang schreien zu lassen, sie aus dem Elternbett zu verbannen, das Stillen abzubrechen oder die Forderungen des Kindes zu ignorieren. All diese vermeintlich pädagogisch sinnvollen Maßnahmen zeugen nur von einer gewalttätigen Persönlichkeit ihrer Absender unter dem Deckmantel der Fachkompetenz.

Bei Problemen hilft kein Rat, sondern vor allem eins – die ungeschönte, ehrliche und befreiende Begegnung mit der eigenen Vergangenheit, mit den Verletzungen der frühen Kindheit und den daraus resultierenden Überlebensstrategien, die heute im seelischen Schatten verborgen sind. Da und nur da liegen die Ursachen unserer Schwierigkeiten. Wenn wir das erkennen, hören wir auf, zu schimpfen, unsere Kinder zu manipulieren, die Schuld auf Umstände oder andere Menschen zu schieben, uns zu beklagen und andere anzufeinden. Es ist wie eine 180-Grad-Wendung, die alle in unserem Leben von unseren Anschuldigungen befreit. Deshalb tun wir diese Arbeit nicht nur für uns, sondern auch für die Menschen, die wir lieben.

Wie kann man also dem seelischen Schatten auf die Schliche kommen und die Selbsterkenntnis konkret bewerkstelligen? Am besten geht es in Begleitung eines erfahrenen »Gurus« – einer sensiblen, ehrlichen und erfahrenen Person, die diesen steinigen Weg bereits selbst gegangen ist. Es gibt viele Methoden, die der Reise nach innen dienen, z. B. Familienaufstellungen, die Arbeit mit dem inneren Kind, analytische Psychotherapiemethoden und viele andere. Jedes Werkzeug ist natürlich nur so gut, wie die professionelle Kunst seines Anwenders. Und man darf bei alldem nicht vergessen, dass der Erfolg der Zusammenarbeit mindestens zur Hälfte von unserer Bereitschaft abhängt, uns zu öffnen und zu verändern. Wenn diese

Bereitschaft nicht da ist, wird auch der größte Guru sich die Zähne an uns ausbeißen.

Eine effektive Methode

Ich hatte das Glück, die effektive Methode »Die Konstruktion persönlicher Lebensgeschichte«* von ihrer Erfinderin, der brillanten argentinischen Psychologin Laura Gutman, lernen zu können. Diese Methode, die Selbstsuchenden zur Verfügung steht, möchte ich an dieser Stelle kurz skizzieren. Ich würde diese Methode sogar die »*Re*-konstruktion« nennen, weil die eigene Lebensgeschichte hier *re*konstruiert, das heißt neu geschrieben wird, und zwar diesmal aus der Perspektive der Person, die sie erlebt hat. Es ist eine Tatsache, dass vieles von dem, was wir über uns zu wissen glauben, in Wirklichkeit nicht das ist, was wir erlebt haben, sondern das, was Erwachsene über uns erzählt haben. Ihre Ausführungen, besonders die unserer Mutter, behalten wir im Gedächtnis als *die* Wahrheit über uns. Wir haben bereits gesehen, dass unser Gehirn nur Erfahrungen speichern und wieder hervorrufen kann, die verbalisiert worden sind. Andernfalls bleibt das Erlebte unbewusst in Form von undefinierbaren und diffusen Gefühlen. Mehr noch, unser Gehirn kann zwischen den real erlebten und nur vorgestellten Erfahrungen kaum unterscheiden, wenn Letztere dominant sind. Dennoch sind real erlebte Erfahrungen nicht ausgelöscht, und es ist möglich, wieder an sie heranzukommen.

Was ist der Unterschied zwischen der Konstruktion der persönlichen Lebensgeschichte und einer herkömmlichen Psy-

* Laura Gutman: »La biografia humana«

chotherapie? In den mir bekannten Therapieverfahren wird der Verlauf des Gesprächs größtenteils dem Patienten überlassen. Der Therapeut hilft ihm vielleicht zum Anfang auf die Sprünge mit dem Standardsatz: Wie ist es Ihnen die letzte Woche ergangen? Der Patient erzählt dann aktuelle Ereignisse plus etwas, was er ohnehin schon weiß oder was er für Wissen hält, und der Therapeut nimmt das Erzählte für bare Münze. Dabei findet wenig Perspektivenwechsel statt, und es kommt kaum zu einem echten Aha-Effekt. Diese Therapien dauern Jahre. Der positive Effekt besteht vielleicht darin, dass man regelmäßig Gelegenheit bekommt, mit jemanden über die eigenen Gefühle zu reden. Wenn mir eine Patientin erzählt, dass sie schon mal eine Psychotherapie gemacht hat, dann frage ich sie, was sie dabei über sich gelernt hat. Keine konnte mir daraufhin bisher etwas wahrhaft Aufschlussreiches über sich berichten.

Anders ist es in der Konstruktion persönlicher Lebensgeschichte. Der Therapeut führt den Patienten mit seinen Fragen durch dessen Lebensgeschichte, angefangen mit den allerfrühesten Erinnerungen, und hilft ihm, seine diffusen Erinnerungen neu zu ordnen, und zwar diesmal aus der Perspektive des Patienten – so wie er oder sie das Geschehene erlebt hat, und nicht, wie die Erwachsenen sie nacherzählt haben. Der Therapeut versucht, die richtigen Worte für diese bisher unbenannten Erfahrungen zu finden, und zwar solche Worte, die der emotionalen Realität der Hilfe suchenden Person entsprechen und die subjektive Perspektive genau beschreiben.

Woran merken wir, dass die neuen Benennungen richtig sind? Das entscheidet der Patient. Die neue Sichtweise ist richtig, wenn sie sich für den Patienten stimmig anfühlt und für sein ganzes Leben Sinn ergibt. Es macht klick in der Seele, und wir fangen an, klarer zu sehen. Bei vielen Menschen fallen in

Zusammenhang mit ihrer Kindheit zum ersten Mal in ihrem Leben Worte wie Vernachlässigung, Lieblosigkeit, Einsamkeit, Verzweiflung oder Angst – eine schonungslose Offenbarung, die nicht einfach zu verkraften ist. Doch wenn diese neuen Begriffe ausgesprochen werden, finden plötzlich viele neue Kindheitserinnerungen ihren Platz im Gedächtnis. Das Geschehene wird neu sortiert. Neue Situationen und Ereignisse fallen uns plötzlich ein, von denen wir dachten, sie wären für immer verloren. Patienten erleben diesen Prozess als eine Bereicherung, besonders wenn sie vorher nur wenige Erinnerungen an ihre Kindheit hatten. Aber nicht nur die neuen Erinnerungen sind der Gewinn dieser Arbeit. Das eigene Leben bekommt plötzlich eine neue Sinnhaftigkeit. Man erlangt ein neues Gefühl für sich selbst – ein stimmigeres und ehrlicheres Gefühl, das uns manche sinnlose Kämpfe im Alltag aufgeben lässt.

Bereits bekannte Ereignisse werden neu bewertet. Oft wurde zum Beispiel einer frühen Trennung von der Mutter keine große Bedeutung beigemessen, weil die Mutter sie schon immer emotionslos und als selbstverständlich dargestellt hat: »Als du drei Monate alt warst, ging ich wieder arbeiten, und du kamst in die Krippe. Es war früher einfach so. Alle haben es gemacht.« Wir nehmen es hin, ohne uns zu fragen, wie es uns dabei wohl ergangen ist. Wenn wir uns aber in das alte Gefühl wieder hineinversetzen und uns mit aller Klarheit vor Augen führen, wie schmerzhaft die Trennung von der Mutter gewesen ist, begreifen wir, unter welchem großen Trennungsschmerz wir damals gelitten haben. Unser verletztes Urvertrauen heute und scheinbar irrationale Ängste ergeben plötzlich sehr viel Sinn und erscheinen nicht mehr so irrational.

Laura Gutman vergleicht den Prozess der Neusortierung der Kindheitserinnerungen mit einem großen Aufräumen. Stellen wir uns ein Zimmer mit einem Berg unsortierter Wäsche vor. Dieser chaotische Haufen sind unsere Kindheitserinnerungen. Es ist ungeheuer schwierig, etwas darin zu finden, auch weil viele Kleidungsstücke unter dem Bett verschwunden sind. Dann fangen wir an, die Wäsche zu sortieren. Wir machen einen Stapel mit der Beschriftung »Hosen« und legen alle Hosen dorthin. Und so verfahren wir auch mit Oberteilen, Kleidern und Socken. Nach und nach entsteht aus dem Chaos eine Ordnung. Die geordnete Wäsche hat einen größeren Informationswert für uns, denn so wird es kinderleicht zu sehen, ob wir mehr Hosen besitzen oder Kleider, welche Farben wir bevorzugen und ob uns etwas fehlt.

Die Erfinderin (eine Liebhaberin bildhafter Vergleiche) setzt ihre Methode den Ermittlungen eines Detektivs gleich und bezeichnet ihre Ausbildungseinrichtung in Buenos Aires als Detektivschule. Was hat der Psychologe mit dem Detektiv gemeinsam? Das Vorgehen des Therapeuten gleicht dem des Detektivs insofern, als beide mit einem Informationsmangel arbeiten müssen. Es verlangt eine intellektuelle Leistung und Intuition, die Informationslücken auszufüllen und an den Kern des Problems vorzudringen. Der Detektiv findet einen Tatort vor, der mehr Fragen aufwirft, als er beantwortet. Wie ist die Tat zustande gekommen? Wer ist der Täter? Was ist sein Motiv? Gibt es Komplizen? Der Detektiv muss etwas herausfinden, was niemand weiß. Er betrachtet minutiös den Tatort mit seinem geschulten Auge auf der Suche nach den entscheidenden Hinweisen. Er sieht mehr, als normale Menschen sehen. Seine Erfahrung, ausgeprägte Intuition und Menschenkenntnis ermöglichen es ihm, wichtige Verbindungen herzustellen. Die Straftat gleicht zunächst einem ungeordneten Puzzlebild. Der Detektiv legt einzelne Teile Schritt für Schritt an die richtige Stelle, bis ein Gesamtbild entsteht.

Die Befragung des Verdächtigen ist ein Kunststück für sich. Es hilft natürlich nicht, den Verdächtigen direkt zu fragen, ob er der Täter ist. Die Antwort kann selbstverständlich nur »Nein« lauten. Mit Sicherheit wird er versuchen, den Detektiv auf eine falsche Fährte zu leiten. Daher darf der Letztere auf keinen Fall alles glauben, was der Erstere ihm erzählt. Er hört mit Vorbehalt zu. Vielmehr knüpft er Verbindungen im Hinterkopf und stellt neue Fragen. Mit seinen Fragen versucht er, das zurechtgelegte Alibi des Tatverdächtigen ad absurdum zu führen, indem er unerwartete Fragen stellt, auf die der Befragte nicht vorbereitet ist. Ein guter Detektiv entblößt eindrucksvoll die Lügen des Täters.

Natürlich hinkt wie jeder Vergleich auch die Gleichstellung des Patienten mit dem Tatverdächtigen. Er verbirgt ja nichts mit Absicht, seine Kindheitserfahrungen und daraus resultierende Verhaltensmuster sind für ihn unbewusst. Trotzdem muss der Therapeut den Informationsmangel wie ein Detektiv überwinden. Er glaubt den Erzählungen des Patienten mit großem Vorbehalt, denn die Exkurse werden aus der Perspektive der »betrogenen Ichs« geführt – dem Teil von uns, der die Existenz der schmerzhaften Erfahrungen nicht einmal ahnt. Das betrogene Ich spricht nach dem Drehbuch unserer persönlichen Rolle in der Familie und kennt nicht die ganze Wahrheit über sich. Der Therapeut entblößt die Lügen über das Erlebte in der Kindheit, oder besser gesagt, er zeigt, dass diese einer fremden Perspektive entsprechen. Der Patient erfindet diese Lügen nicht vorsätzlich. Sie sind durch die voreingenommene Interpretation der Erwachsenen entstanden.

Wonach sucht der Therapeut mit seinen Fragen? Er versucht in erster Linie herauszufinden, welche Qualität mütterlicher Fürsorge der Patient in den ersten Jahren seiner Kindheit erfahren hat. Das bedeutet in den meisten Fällen das Ausmaß ihrer Abwesenheit. Im Weiteren ergründet der Therapeut die Überlebensstrategie des Patienten angesichts der primären Hilflosigkeit, die Ausführungen der Mutter, die jetzt als innere Stimme im Patienten auftritt, und die entwickelte Rolle in der Familie – die Verkleidung seiner Persönlichkeit samt dem Drehbuch seines Lebens. Die ganze Lebensgeschichte wird rekonstruiert, das heißt neu geschrieben, im neuen Licht gesehen und neu verstanden.

Mütter, die zu mir in die Beratung kommen, schauen oft verdutzt, wenn sie mit einem scheinbar kleinen Problem kommen und ich vorschlage, ihr ganzes Leben neu aufzurollen. Muss das wirklich sein? Gibt es nicht eine einfachere Lösung durch einen schlauen Trick? Nein, die gibt es nicht. Das Durchleuchten der persönlichen Lebensgeschichte ist unbedingt notwendig. Heutige Probleme fließen aus dem gesamten Leben hervor, ganz besonders aus den im Schatten gebliebenen Erfahrungen unserer ersten Lebensjahre. Von einem Arzt erwarten wir doch genauso wenig, dass er uns sofort ein Rezept verschreibt, nachdem wir unsere Symptome nur kurz geschildert haben. In den meisten Fällen sammelt er weitere Befunde (Blutbild, Analysen etc.), um größere Zusammenhänge herzustellen. Nichts anderes tut der Psychologe mit dem Rekonstruieren der persönlichen Lebensgeschichte – er stellt größere seelische Zusammenhänge her. Und sehr oft bessern sich die Symptome bereits nach wenigen Sitzungen.

Reflexion: Wie war mein Start ins Leben?

Frage dich: Wie war die Qualität der mütterlichen Liebe, die ich als Kind erfahren habe? Ganz konkret: Wer hat mich ins Bett gebracht und wie? Durfte ich nachts ins elterliche Bett, wenn ich Angst oder Albträume hatte? Wer hat mir mein Lieblingsessen gekocht? Wer wusste, was mich bedrückt, und hat mich getröstet? Wenn nur wenige Erinnerungen vorhanden sind, kann ein Gespräch mit Verwandten oder das Fotoalbum eine Hilfe sein. Was empfinde ich, wenn ich meine Kindheitsfotos anschaue? Mach dir Notizen.

Sich die eigene Subjektivität eingestehen

Wenn wir unsere Kinder anschauen, was sehen wir in ihnen? Strahlende Augen, die Blickkontakt suchen? Jemanden, der ständig etwas von uns will? Ein Fass ohne Boden? Jemanden, der anders ist als wir und fremd? Eine unendliche Last oder einen Hoffnungsträger? Wie auch immer die Antwort ausfällt, sie hat mit uns zu tun – mit unserer Seele und mit unserer Vergangenheit. Was wir in unseren Kindern sehen, sind wir selbst – erschöpft, verletzt, gegen Windmühlen kämpfend oder gegen uns selbst, vielleicht auch neugierig, immer wieder etwas Neues zu lernen.

Die Entscheidung, in die dunkelsten Ecken der eigenen Seele hineinzuschauen, dahin, wo alte Geheimnisse unter Verschluss bleiben, wo die Hassobjekte wie Voodoo angestochen werden, wo uns die schlimmsten Ängste in Panik versetzen und die schönsten Wünsche noch immer unausgesprochen bleiben, ist sehr persönlich. Der Weg durch die seelischen Katakomben ist anstrengend, aber er bringt uns nicht um. Denn das Schlimmste haben wir bereits hinter uns – die Hilflosigkeit der ersten Jahren unseres Lebens und das Ausgeliefertsein.

Wenn wir dennoch vor dem Blick nach innen zurückschrecken, einen vermeintlich leichteren Weg wählen und um die schmerzhafte Wahrheit einen großen Bogen machen, dann bleiben unsere Kinder die Projektionsfläche für unsere Ängste, unsere Wut und die Hilflosigkeit längst vergangener Tage. Und wenn es für unsere Kinder darum geht, ihre eigene Persönlichkeit zu entfalten, eigene Wünsche zu äußern und eigene Wege zu gehen, werden wir diese nicht wahrnehmen, nicht genug würdigen oder sie behindern. Wir werden unsere Kinder immer daran messen, wie gut sie zu unseren Vorstellungen passen, und sie danach beurteilen. Wenn es für eine Mutter zum Beispiel schon immer wichtig war, ihre Weiblichkeit zu betonen und feminine Reize als Machtinstrument einzusetzen, dann wird sie sich mit einer eher burschikosen Tochter schwertun. Und es ist natürlich kein Zufall, dass das Mädchen burschikos ist. Die Mutter sucht Tanzkurse für sie aus, sie möchte aber lieber zum Fußball oder Karate. Die Mutter stört sich an ihrer unweiblichen Art, sich zu kleiden und sich zu benehmen. Sie kritisiert das Kind und nörgelt ständig an ihm herum. Und je mehr sie ihre Tochter kritisiert, desto mehr entfernt sich diese von ihr. Das Kind wird sich für die Mutter nicht ändern, sondern weggehen. Die Tochter wird sich ausgeschlossen, ungeliebt und allein fühlen und nie das Gefühl haben, dass die Mutter sie versteht.

Neben der Persönlichkeitsrolle, über die wir bereits gesprochen haben, bürden wir unseren Kindern unter dem Deckmantel der »Werte« viele Glaubenssätze auf, die nur einen kleinen subjektiven Ausschnitt der Realität spiegeln. Solche falschen Glaubenssätze betreffen viele Bereiche des Lebens, wie zum Beispiel den Umgang mit Geld, die Einstellung zu Erfolg und Misserfolg, die geschlechterspezifische Rollenverteilung, die Partnerwahl und natürlich die Berufswahl. Unsere Glaubenssätze sind für uns selbstverständlich, und wir halten sie leicht für das einzig Wahre. Mit ihnen sind wir groß geworden. Wir geben unseren Irrglauben an unsere Kinder weiter und merken nicht, dass wir sie damit einschränken. So tragen viele ein unbewusstes Gefühl mit sich, dass man für sein Geld hart arbeiten muss. Vielleicht haben wir das von unseren Eltern gehört und glauben heute, dass Arbeit keinen Spaß machen darf. Die Redewendung »Erst die Arbeit, dann das Vergnügen« ist unser Motto und verdeutlicht, dass beides nicht gleichzeitig passiert. Aber was, wenn ich mein Hobby zum Beruf mache und mir meine Arbeit sehr viel Freude bereitet? Bei einem Menschen, dessen Eltern ihm gepredigt haben, die Arbeit müsse schwer und ungeliebt sein, erst dann sei sie etwas wert, kann es zu ernsten inneren Konflikten und Schuldgefühlen kommen. Das kann so weit gehen, dass er sich verbietet, Erfolg im Beruf zu haben, um sich für die viel zu »spaßige« Berufswahl zu bestrafen. Ist das Hamsterrad der Leistungsgesellschaft und der Verzicht auf die wahre Berufung nur der Nachhall aus der Nachkriegszeit, als es darum ging, aus den Ruinen wieder aufzustehen und den Wohlstand aufzubauen?

Es ist schwer, sich die eigene Subjektivität einzugestehen, doch unsere Vorurteile bezüglich der Berufswahl unserer Kinder basieren auf *unseren* Ängsten, auf *unserem* gescheiterten Werdegang und *unseren* unerfüllten Wünschen und Plänen. Denken wir nur an die eigenen Eltern. Nur wenige von uns konnten mit ihrer vollen Unterstützung rechnen, als es um unsere Berufswahl ging, falls diese von ihrer Vorstellung stark abwich. Für viele hieß es: »Wenn du deinen eigenen Weg gehst, bist du allein.« Finanzielle Unterstützung oder ihre Abwesenheit war dabei ein geläufiges Druckmittel.

Wenn wir in die elterlichen Fußstapfen treten und den gleichen Beruf ergreifen wie sie, vielleicht sogar seit Generationen, dann ist die Wahrscheinlichkeit groß, dass wir uns nicht einmal in unserer Fantasie ausmalen durften, wie es wäre, einen eigenen Weg zu gehen. So stark waren wir vom Wunsch der Eltern gefangen, ihr Lebenswerk auch in ihren Kindern weiterleben zu sehen. Vielleicht rechtfertigen wir es heute damit, dass es eine »vernünftige« Entscheidung war. Sie bringt uns Sicherheit und fördert den Familienzusammenhalt. Doch das Herz hat dieser Entschluss mit Sicherheit ausgeschlossen.

Als ich ein Kind war, glaubten meine russischen Eltern fest daran, wenn ich ein Musikinstrument spielen könnte, wäre ich für etwaige Notlagen des Lebens gerüstet. Immerhin könnte ich mir meinen Lebensunterhalt zur Not auch mit Musizieren verdienen. Einen Beruf hätte ich schon mal sicher. Oft muss ich noch daran denken, wenn ich Straßenmusikanten sehe, besonders die aus den Balkanländern. Dort scheint auch fast jeder Mensch ein Instrument spielen zu können. Wahrscheinlich folgen sie einem ähnlichen Glauben. Ja, ich spiele heute noch Klavier, aber offenbar nicht mit so viel Leidenschaft, dass meine Kinder auch nur das geringste Interesse an diesem Instrument verspüren würden. In den acht Jahren meiner Kindheit, in denen ich viermal pro Woche die Musikschule besuchte, musste ich auf viele Dinge verzichten, die mir eigentlich mehr Spaß gemacht hätten: Spielen mit Freunden am Nachmittag, rhythmische Sportgymnastik oder Kunst. Diese Beschäftigungen waren meinen Eltern aber zu frivol und nutzlos für die Zukunft. Wie absurd und überholt klingen diese gut gemeinten Sorgen meiner Eltern heute! Die Wahrheit ist, die meisten Berufe, die unsere Eltern ausgeübt haben, gibt es heute so nicht mehr, oder ihr Stellenwert hat sich dramatisch verschoben. Wir können eben nicht in die Zukunft sehen. Und genauso wenig können wir unsere Kinder mit unseren Vorstellungen für die Zukunft rüsten.

Als ich Psychologie studieren wollte, war es für meine Eltern unvorstellbar, wie man mit diesem nebulösen Beruf überhaupt Geld verdienen kann. Zum Glück habe ich mich von ihren Bedenken nicht beirren lassen und bin heute sehr glücklich mit meiner Berufswahl. Reich im materiellen Sinne bin ich damit zwar nicht geworden, aber zum seelischen Reichtum verhilft mir mein Beruf allemal.

Ich kenne viele Erwachsene, die den Verlust einer geliebten Beschäftigung in der Kindheit, zu der sie Affinität und Talent verspürt hatten, im Erwachsenenalter sehr bedauern. Es ist ein Verlust, eine unerfüllte Chance, ein Raub an Brillanz und Selbstverwirklichung, die man später nicht mehr kompensieren kann. Und im Glauben, aus den Fehlern gelernt zu haben, versuchen wir, die versäumten Entwicklungen bei den eigenen Kindern nachzuholen, und übersehen dabei wiederum ihre eigenen Wünsche.

Es ist keine leichte Aufgabe, angeborene Anlagen in unseren Kindern zu erkennen, da unser Blick auf sie nicht frei ist. Unsere Wahrnehmung ist alles andere als objektiv. Wir sehen, was wir sehen wollen – das heißt solche Eigenschaften, die in uns einen Widerhall auslösen, und wir übersehen Dinge, zu denen wir keinen Zugang haben. Eigentlich sehen wir in unseren Kindern die Spiegelung unseres Selbst. Wenn wir kunstaffin sind, dann sind für uns die ersten Krakeleien der Kleinen die wundervollsten Kunstwerke. Wenn wir Sportliebhaber sind, dann stellt sich nicht die Frage »Sport: ja oder nein?«, sondern gleich: »Welche Sportart?« Wir projizieren unsere Wunschvorstellungen auf die Kleinen und übersehen ihre Einzigartigkeit. Und so bleibt in vielen Familien ein Teufelskreis bestehen, denn wie realistisch wir unsere Kinder sehen, hängt davon ab, wie sauber unsere »Fensterscheiben« sind.

In der Begegnung mit anderen Menschen können wir uns ebenfalls wie im Spiegelbild erkennen.

Wir können unsere Kinder erst dann akzeptieren, so wie sie sind, wenn wir unsere eigenen Sorgen und Wahnideen verstehen. Wenn wir »über den eigenen Schatten springen« und uns eingestehen, dass unsere Ansichten in Wirklichkeit *nur unsere* sind und nicht allgemeingültig. Sie spiegeln *unsere* Ängste, *unseren* Werdegang und *unsere* persönliche Rolle, nicht die unserer Kinder. Es ist ein großer Schritt, sich die eigene Subjektivität einzugestehen, sich die Beschränktheit eigener Einsichten bewusst zu machen und diese nicht für die Wahrheit zu halten. Wenn uns das gelingt, werden wir in unseren Kindern Menschen in ihrer geheimnisvollen und unbegreiflichen Einzigartigkeit erkennen. Unsere Ohren öffnen sich, und wir hören ihre Berufung, Wege zu gehen, die wir niemals gehen würden und die wir nicht einmal verstehen können. Aber das ist nicht schlimm. Wir werden nach Möglichkeiten suchen, sie darin zu unterstützen, statt sie davon abzuhalten.

Erwarten wir nicht, dass unsere Kinder uns ähnlich sind oder Wege gehen, die wir gut finden. Helfen wir ihnen lieber, das zu werden, was sie sind – Menschen, die sich selbst gehören und nicht unseren Lebensentwurf bestätigen. Das können wir nur, wenn wir von Intrigen, Sabotagen und schmutzigen Spielchen des dunklen Schattens befreit sind.

Reflexion: Innere Programmierung

Frage dich: Welche Glaubenssätze habe ich von meinen Eltern mit auf den Lebensweg bekommen? Konnte ich mich von ihnen befreien? Glaube ich immer noch fest an sie und halte mich daran fest? Welche Entwicklungen haben diese Glaubenssätze in meinem Leben bewirkt?

Welchen Werdegang wünsche ich mir für mein(e) Kind(er)? Wie soll das Leben meiner Kinder idealerweise aussehen? Welchen Beruf, Lebenspartner und Lebensumstände sollen meine Kinder haben? Welche dieser Wunschvorstellungen gehören eigentlich zu mir? Erkenne ich in ihnen Ähnlichkeit mit den Glaubenssätzen meiner Eltern?

Sich erlauben, nicht immer perfekte Mutter zu sein

Ich vermute, dass diejenigen, die dieses Buch lesen, höchstwahrscheinlich eine gute Mutter oder ein guter Vater sein wollen und nach Wegen suchen, das zu bewerkstelligen. Es ist gut, unseren Kindern das Beste zu geben, was in unseren Kräften steht. Dennoch ist nichts unter dem Himmel nur gut oder schlecht: Wir tragen beides in uns und dürfen auch beides sein. Wenn wir nur zur einen Seite tendieren, blenden wir etwas aus und werfen einen langen Schatten. Wenn wir uns nur auf das Licht konzentrieren und so tun, als gäbe es kein Dunkel, dann werden wir früher oder später auf unsanfte Art von der Dunkelheit eingeholt. Das Dunkle duldet kein Vergessen und neigt in solchen Fällen zu unkontrollierten Ausbrüchen.

Es ist der Grund dafür, warum viele Entwicklungen, die wir im Leben anstreben, ins Gegenteil geraten. Wenn wir den Schatten vernachlässigen, zeigt er sich, wo wir ihn am wenigsten erwarten und am wenigsten gebrauchen können. Wenn sich zum Beispiel eine Frau sehnlich Kinder wünscht, aber ständig an Lebenspartner gerät, die entweder zeugungsunfähig sind oder keine Kinder haben wollen, dann stellt sich die Frage, welche unbewusste Seite dieser Frau dem eigenen Kind aus dem Weg geht. Denn uns geschieht im Leben nichts, was nicht auch zu uns gehört.

Wir müssen das Dunkle in uns im Auge behalten, es gut kennen und als Teil von uns akzeptieren. Erst dann fühlt es sich beachtet und bleibt an seinem Platz, ohne unkontrolliert auszubrechen. Wir müssen die Option, nicht immer zu hundert Prozent eine perfekte Mutter zu sein, zumindest in Gedanken zulassen und uns Schwächen zumindest theoretisch erlauben. Das bedeutet nicht, dass wir es schönreden, wenn uns »die Hand ausrutscht«, oder alles, was uns nicht gelingt, darauf abschieben. Es reicht, Bedenken oder Zweifel in Bezug auf eigenes Verhalten zu pflegen und den eigenen Erziehungsstil regelmäßig zu hinterfragen, was ohnehin gesund ist. Eine Mutter, die behauptet: »Ich mache alles richtig«, ist bereits in die Falle getappt.

Wenn wir uns eingestehen, dass wir nicht immer unendlich gut, unendlich gebend und unendlich selbstlos sein können, wirkt das vielleicht zunächst ernüchternd. Die Bestrebung, eine gute Mutter zu sein, ist wichtig und ehrenwert. Doch wenn wir unser Augenmerk ausschließlich auf das Gute richten, werden wir immer wieder an unsere Grenzen stoßen, wenn wir dem eigenen Anspruch nicht mehr genügen. Dann geraten wir in das Wechselbad von »Mama ist die Best(i)e« und pendeln hin und her zwischen Ehrgeiz und Schuldgefühlen, Stolz und Scham, Freude und Verzweiflung. Bleiben wir also lieber bescheiden und legen unsere Messlatte nicht ganz so hoch.

Reflexion: Wo zeigt sich mein Schatten?

Frage dich: Welche Entwicklungen in meinem Leben sind bei ihrem Gegenteil angekommen verglichen mit dem ursprünglichen Ziel? Werde ich meinem eigenen Anspruch als Mutter gerecht? In welchen Situationen stoße ich an meine Grenzen? Welche Seiten von mir zeigen sich dann? Kann ich mich diesen Seiten stellen und sie als meine eigenen annehmen?

Übung: Das Ausbrechen des Schattens rechtzeitig erkennen und verhindern

Dies ist eine Übung aus der Verhaltenstherapie. Meist sind es immer wieder die gleichen Situationen, die uns »auf die Palme« bringen und die gute Mutter in uns verdrängen. Welche sind das? Halte diese Situationen fest und versuche sie beim nächsten Auftreten rechtzeitig zu erkennen, bevor es zu spät ist. Spüre, wie das Dunkle in dir aufsteigt. Verlasse die Situation für einen Moment und halte inne. Welche alten schmerzvollen Erfahrungen machen gerade auf sich aufmerksam? Was gehört zu dir und ist schwer zu akzeptieren? Mach dir Notizen, wenn du kannst.

In der Schwangerschaft vorsorgen?

Muss die Begegnung mit dem seelischen Schatten unmittelbar nach der Geburt des ersten Kindes immer so brutal ausfallen? Kann man nicht im Vorfeld dafür sorgen, dass man gut darauf vorbereitet ist? Die Antwort lautet: Ja und nein.

Als ich mit meinem ersten Kind schwanger war, ging ich sehr ehrgeizig an die Geburtsvorbereitung heran. Ich wollte alles über die Geburt wissen und auf alle Eventualitäten vorbereitet sein, daher besuchte ich gleich zwei Geburtsvorbereitungskurse in zwei verschiedenen Kliniken. Ich dachte aber nur bis zur Geburt. Dieses große Ereignis erschien mir als Höhepunkt und das Ende des langen Wartens. Was danach kommen würde, beschäftigte mich nicht besonders. Die Geburtsvorbereitungskurse vermittelten recht trockene Informationen über die Physiologie der Geburt, über Gefühle wurde kaum gesprochen. Oder habe ich die seelischen Aspekte vielleicht überhört?

Die Kursteilnehmerinnen, die bereits Mütter waren, gewährten kleine Einblicke in die Gefühlswelt des Wochenbetts. Eine Mutter berichtete, wie sie ihr erstes Baby wie verzaubert stundenlang angeschaut hatte, ohne die Augen von ihm abwenden zu können. Ich konnte keinen Bezug zu diesen Erzählungen herstellen. Es klang für mich ungefähr so, als würde jemand den Geschmack einer exotischen Frucht beschreiben, die ich nicht einmal gesehen hatte – sehr theoretisch und fern.

Nach dem großen Ereignis der Geburt, die mich trotz meiner ehrgeizigen Vorbereitung mit unerwarteten Wendungen überraschte, habe ich endlos darüber gestaunt, warum mir niemand im Vorfeld davon erzählt hat, dass es *so* mit dem Kind sein wird. Als hätte man mir das Wichtigste vorenthalten. Ich fühlte mich anders, verändert, neu. Ich war nicht mehr die gleiche Person wie vorher. Mein Leben hat sich für immer geteilt – in die Zeit vor der Geburt und in die Zeit danach.

Dieser Wechsel in der Selbstwahrnehmung und der Riss in meinem Lebensweg waren für mich so bewegend, dass ich anderen werdenden Müttern davon berichten wollte, um sie darauf vorzubereiten. Seitdem ist es mir ein persönliches Anliegen, mit den Schwangeren zu sprechen und sie vor dem Schock der unerwarteten Begegnung mit eigenen dunklen Seiten zu bewahren. Ich gehe immer wieder in Geburtsvorbereitungskurse und erzähle den zukünftigen Müttern, was seelisch auf sie zukommt. Dabei stoße ich auf verschiedene Reaktionen: Ich erlebe neugierige Blicke, Skepsis, reserviertes Wegschauen oder frontale Konfrontation. Meine Erzählungen sind offenbar nicht einfach anzunehmen. Ich hole mir Unterstützung von den Schwangeren, die bereits Kinder haben. Ich lasse sie über ihre erste Zeit als Mutter berichten und erhöhe so meine Glaubwürdigkeit.

Dennoch bleibt es eine undankbare Aufgabe, die werdenden Mütter auf die Zeit nach der Geburt vorzubereiten, denn der seelische Zustand einer Schwangeren ist dem einer jungen Mutter diametral entgegengesetzt, wie zwei Parallelwelten, die sich nicht berühren. Werdende Mütter sind für Erfahrungsberichte der jungen Mütter nicht aufnahmefähig. Sie können keine Verbindung dazu herstellen und bewahren sich das Gefühl: »Bei mir wird es anders sein.« Das liegt daran, dass diese Schwangeren ihrem seelischen Schatten noch nicht begegnet sind. Das Tor zu ihm ist bildlich gesprochen noch fest verschlossen, seine Existenz nicht einmal bekannt. Wie kann man die Begegnung mit dem Verborgenen dann auch nur vorausahnen? Nicht einmal meiner eigenen Schwester konnte ich während ihrer Schwangerschaft die bevorstehenden Erfahrungen glaubhaft vermitteln. Es bleibt ein Weg jeder einzelnen Frau mit Stolpersteinen und Fehlern, aus denen man hoffentlich lernt. Gut gemeinter Rat nutzt hier wenig. Und so entscheiden sich viele Kursleiterinnen, die Schwangeren in ihrer Unbedarftheit nicht zu stören, und lassen sie die rosarote Brille anbehalten, wohl wissend, dass diese bald zerspringen wird. Hochglanzmagazine und Produktwerbung tun ihr Übriges für die Infantilisierung der werdenden Mütter.

Man kann sich auf die Begegnung mit dem eigenen Schatten nicht vorbereiten, da man sich auf das Unbekannte nun mal nicht vorbereiten kann. Aber natürlich kann man sich auch schon vor der Geburt eines Kindes dem eigenen Seelenleben widmen. Die Arbeit wird nie so intensiv sein wie nach der Geburt, aber segeln zu üben in ruhigen Gewässern ist einfacher als bei Sturm. Und in der Tat erhören viele Frauen bereits während der Schwangerschaft den Ruf ihrer Seele und suchen psychologische Hilfe, auch bei mir. Diese Frauen tun sich schwer mit der Schwangerschaft: mit den Veränderungen ihres Körpers, mit den Bewegungen eines fremden Wesens in ihrem Inneren und mit der Vorstellung, bald für jemanden sorgen zu müssen. Viele hatten Ambivalenzen in Bezug auf den Kinderwunsch oder sind unerwartet schwanger geworden. Wir sprechen über die Erfahrungen in ihrer Kindheit, suchen ungelöste Konflikte und versuchen, das Beziehungsgeflecht in ihrer Familie zu entziffern. Eventuelle Schwangerschaftsbeschwerden betrachten wir im Zusammenhang mit der Seele und können diese oft ohne ärztliches Zutun lösen. So wird das Warten auf das Kind nicht zur süßen Träumerei jenseits der Realität, sondern zu einer gründlichen seelischen Vorbereitung auf die

Mutterschaft. Und tatsächlich erleben diese Frauen den Übergang zum Muttersein viel sanfter und ohne Schock, selbst wenn sie aus schwierigen familiären Verhältnissen kommen.

In manchen Geburtsvorbereitungskursen wird den Frauen angeboten, einen Brief an sich selbst als Mutter zu schreiben. Das ist eine schöne Idee, die die bevorstehende Verwandlung ein wenig vorwegnimmt. Werdende Mütter können ihre Vorsätze und Absichten in Bezug auf die Mutterschaft festhalten, Wünsche äußern oder Warnungen an sich selbst aussprechen. Wahrscheinlich liest sich so ein Brief im Wochenbett tatsächlich wie von einer fremden Person geschrieben und macht die gewaltige Verwandlung spürbar.

Was können wir also als Vorbereitung auf die Begegnung mit den seelischen Untiefen im Wochenbett konkret tun? Wir können als Erstes einen ehrlichen Blick auf unser bisheriges Leben werfen und uns Fragen stellen wie zum Beispiel: Welche einschneidenden Ereignisse in meinem Leben haben mich geprägt? Erkenne ich in meiner Laufbahn immer wieder auftretende Muster? Woran scheitere ich meistens? Wo komme ich weiter? Wie gestalten sich Beziehungen zu den Menschen, die ich liebe? Was gebe ich in Beziehungen hinein, und was nehme ich mit hinaus? Wie ist die Partnerschaft zum Vater meines Kindes? Worauf basiert diese Beziehung? Gibt es Dinge, die nie ausgesprochen wurden? Es hilft, diese Fragen mithilfe eines Menschen zu beantworten, der darin geschult ist, unbewusste seelische Muster ans Tageslicht zu holen. Im Alleingang dem eigenen Schatten auf die Schliche zu kommen ist meist unmöglich. Unbewusst bedeutet unbewusst – das heißt dem Bewusstsein ganz und gar unzugänglich.

Die wichtigste Vorbereitung auf die Mutterschaft ist es, glaube ich, sich darüber klar zu werden, welche Qualität mütterlicher Fürsorge wir selbst zu Anfang unseres Lebens erfahren haben. Die drei ersten Lebensjahre bilden einen wichtigen Grundstein der seelischen Stabilität: In dieser Zeit entsteht das Urvertrauen in die Welt, das lebenslange Gefühl der Sättigung mit mütterlicher Liebe und das emotionale Polster, aus dem wir unsere Fürsorge an das neugeborene Kind weitergeben werden. Ist dieser Grundstein groß und stabil, wird die Geburt und das Wochenbett eine schöne, sanfte und bereichernde Erfahrung im Leben. Ist der Grundstein bröckelig oder gar nicht existent, müssen wir uns im Vorfeld ausreichende Unterstützung sichern, die uns sowohl mit praktischen Dingen entlastet als auch einen seelischen Zufluchtsort bieten kann.

Und was ist, wenn wir nur wenig über unsere ersten Lebensjahre wissen? Dann können wir ein ehrliches Gespräch mit unserer Mutter suchen, sofern sie noch lebt und das heutige Verhältnis zu ihr es uns erlaubt. Dabei können wir versuchen, möglichst offen mit ihr zu reden und hinter vorgeschobene Aussagen wie »du warst ein pflegleichtes Kind« zu schauen. Wir können sie fragen: Wie hast du meine Geburt und die Zeit danach erlebt? Fiel es dir leicht oder schwer, für mich zu sorgen? Wie bist du mit mir umgegangen? Hast du meine Bedürfnisse beachtet und befriedigt? Hast du mich schreien lassen oder früh in die Obhut anderer Menschen gegeben? Gab es erschwerende Ereignisse in meinen ersten Lebensjahren wie eine Trennung oder der Tod nahestehender Personen? Hast du genug Unterstützung bekommen? Wer hat im Wochenbett für dich gesorgt?

Die beste Vorbereitung in der Schwangerschaft ist es, Klarheit über die eigenen Ausgangsvoraussetzungen für die Elternschaft herzustellen und sich nichts vorzumachen. Die Ehrlichkeit entwaffnet den Schatten und macht ihn zu unserem Freund.

Aufgabe für Schwangere

Wenn du schwanger bist, schreib einen Brief an dich selbst als Mutter. Was möchtest du dir mit auf den Weg geben? Welche Wünsche oder Sorgen möchtest du aussprechen? Beschreibe deine Vorstellungen und Erwartungen, Hoffnungen oder Ängste. Lies diesen Brief im Wochenbett, wenn du das Gefühl hast, in der neuen Realität angekommen zu sein. Welche Gefühle hast du beim Lesen? Was hat sich bewahrheitet, was hat dich überrascht? Mach dir Notizen.

Vom Schuldgefühl zum Verantwortungsbewusstsein

Die Erforschung der seelischen Untiefen konfrontiert uns mit einer neuen Sicht auf die Vergangenheit, die unsere Vorstellung davon verändert, wer wir sind und woher wir kommen. Auch die Menschen in unserem Leben geraten in ein neues Licht, vor allem unsere Mutter – die so wichtige Person im Leben, deren Einfluss man kaum überschätzen kann. Vielleicht hatten wir bisher ein Bild der Mutter, das uns gefallen hat – eine liebe Person, ein wenig eigen, aber nicht unmenschlich, eine gute Freundin, ein Mensch mit Ecken und Kanten, nicht perfekt, aber nah, verwandt und warm. So ein Bild nährt uns von innen.

Eine gute Beziehung zur Mutter ist ungeheuer wichtig für die psychische Stabilität und das sichere Navigieren durch die Stürme des Lebens. Die Verbundenheit mit ihr ist die zentrale emotionale Stütze, vor allem, wenn wir selbst Mütter werden und ihre Energie und Unterstützung dafür brauchen, sie an unsere Kinder weiterzugeben. Es ist ihre sanfte Berührung, die uns beruhigt, eine feste Umarmung, die neue Energie schenkt, ein Scherz, der uns aufheitert, oder der Blickkontakt, der uns versichert, dass jemand wirklich für uns sorgt. Meine Mutter hat mir immer gesagt, dass sie mich nicht nur sieht, sondern spürt. So eine Verbindung ist telepathisch. Vor ihrem Blick, der durch die Augen bis ins Herz geht, kann man nichts verbergen.

Und was ist, wenn eine gute Beziehung zur Mutter nicht möglich ist? Vielleicht war der Raum zwischen ihr und uns schon immer einer Wüste ähnlich, in der nichts wächst, nur sandiger Wind wütet und kein Tröpfchen Wasser zu finden ist. Statt Aufmunterung kommen nur Vorwürfe, statt Verständnis besserwisserische Ratschläge, statt Mitgefühl Desinteresse und statt Nähe endlose Distanz. Wenn wir ohne mütterliche Wärme aufwachsen mussten, haben wir ein lebenslanges Handicap, das uns viel Kraft abverlangt, um halbwegs ähnliche Chancen im Leben zu haben wie die Menschen mit besseren Startbedingungen.

Oft ist aber die gute Beziehung zur Mutter nur eine Illusion – eine Fata Morgana, ein Wunschbild, eine Idealvorstellung, die mehr in unserer Fantasie als in der Realität existiert. An dieses Bild klammern wir uns krampfhaft, auch wenn alle Lebensumstände dagegensprechen.

Eine junge Mutter berichtet zum Beispiel, dass sie im Wochenbett nur ihre Mutter um sich haben kann, wenn sie eine lange Reise mit ihrem Säugling in ihre entfernte Heimatstadt auf sich nimmt. Für die fitte Großmutter selbst ist es »zu umständlich«, so weit zu reisen. Dass das Wochenbett mit dem ersten Kind ohne jegliche familiäre Unterstützung einen Ausnahmezustand bedeutet, sieht sie nicht ein. Die junge Mutter erleidet einen Tag vor der Abreise einen Nervenzusammenbruch aus Angst, die Großmutter mit ihrem Besuch und dem neugeborenen Kind zu sehr zu belasten. Trotzdem glaubt sie weiterhin an die selbstlose Hilfsbereitschaft ihrer Mutter. So sehr brauchen wir die wohlwollende Mutter an unserer Seite, auch wenn dies nur in der Fantasie möglich ist.

Wenn wir im Laufe der psychotherapeutischen Arbeit neue Aspekte der Beziehung zur Mutter realisieren, die das positive Mutterbild relativieren oder gar auf den Kopf stellen, entsteht nicht selten ein Konflikt: Wir lieben unsere Mutter einerseits und brauchen die liebevolle Beziehung zu ihr, doch andere neue Gefühle kommen jetzt hinzu. Es ist die Wut, die Traurigkeit oder das Unverständnis über ihr Verhalten. Viele Frauen wollen diese negativen Gefühle ihren Müttern gegenüber nicht empfinden und wehren sich dagegen. Sie wollen die noch so anfällige aber halbwegs positive Beziehung zur Mutter nicht zerstören. Um potenzielle Konflikte machen sie einen großen Bogen, um nicht noch die letzten Krümel der mütterlichen Liebe aufs Spiel zu setzen. Sie ringen mit sich: Wie sage ich meiner Mutter, was ich während der Psychotherapie herausgefunden habe? Kann ich mit ihr darüber reden? Riskiere ich einen Streit? Wird sich unser Verhältnis verschlechtern?

Für die meisten ist ein klärendes Gespräch mit der Mutter leider nicht möglich, heute genauso wie früher. Damals fanden wir auch kein offenes Ohr für unsere Probleme und Anliegen. Wir mussten unsere Sorgen sogar vor der Mutter verstecken, um sie nicht zu verärgern, sie nicht zu enttäuschen oder um nicht womöglich noch eins draufzubekommen für die Mühe, sich um ein Problemkind kümmern zu müssen. Wir haben früh gelernt, allein zurechtzukommen. Mehr noch, wir mussten sogar für unsere Eltern sorgen, weil sie »den Spieß umgedreht« haben. Das nennt man in der Fachsprache Parentifizierung.

Die Generation unserer Eltern ist vom Krieg gezeichnet, auch wenn sie diesen nicht direkt miterlebt haben. Ihre Kindheit fiel in die Zeit des Wiederaufbaus und des Wirtschaftswunders, als der Fokus nicht auf dem emotionalen Verarbeiten des Erlebten lag. Man wollte nicht mehr leiden. Man hatte genug vom Dunkel und stürzte sich ins Leben, froh darüber, überhaupt am Leben zu sein. Mehr war einfach nicht drin. Die Eltern unserer Eltern waren eisern und gefühlsmäßig abgestumpft, anders wäre es für sie nicht möglich gewesen, die Grausamkeiten des Krieges zu ertragen. Sie verlangten von ihren Kindern vor allem eins – Funktionieren. Alle Kindlichkeit wurde ihnen verwehrt: Statt zu spielen, mussten sie mitanpacken, und das Baden in mütterlicher Liebe stand nicht auf dem Tagesplan. Zu klagen und zu fordern hatte einfach keinen Zweck. Sie durften nie richtig Kinder sein und sind deshalb für immer Kinder geblieben. Darum sind unsere Eltern oft launisch, unreif und egozentrisch. Erinnern wir uns daran: Als wir noch klein waren, waren sie oft aus nichtigem Grund beleidigt, schwiegen uns tagelang an und erzwangen damit, dass wir uns schuldig bekannten, reumütig zu ihnen gingen und sie um Entschuldigung baten. Schmollen ist eine kindische Art, die Aufmerksamkeit der Mutter zu erlangen. Aus ihrem Mund wiederum haben wir das Wort »Entschuldigung« noch nie gehört. Diese Generation entschuldigt sich nicht. Sie ist uneinsichtig und trotzig.

Angesichts der unreifen Eltern mussten wir früh »erwachsen« werden und uns um sie kümmern. So entstand eine verkehrte Welt, in der die Rollen vertauscht worden waren. So haben wir versucht, ihnen ihre Eltern zu ersetzen, was natürlich unmöglich ist. Daher ist das Reifen für uns ebenfalls ein Problem. Die Kindheit kann man nicht überspringen. In der Entwicklung folgt ein Schritt nach dem anderen. Abkürzungen gibt es nicht, nur das Steckenbleiben in der nicht durchgelebten Phase. Nun altern wir schon, ohne jemals die Reife erreicht zu haben.

Unsere Eltern konnten nicht für uns sorgen, da sie selbst verletzt worden waren. Das instinktive Sich-Kümmern und das Lieben als natürliche Art der Bindung zum Nachwuchs war in ihnen gebrochen worden, wie in Tieren, die in Gefangenschaft leben. Können sie folglich nichts für unsere Verletzungen? Ist es sinnlos, sie dafür zu beschuldigen? Kann man ihr Versagen verstehen? Ja. Kann man es ihnen verzeihen? Jeder muss diese Frage für sich beantworten.

Auch wenn wir unseren Eltern gerne einen Vorwurf machen wollen: Die Wahrheit ist, Schuldzuweisungen machen alles nur noch schlimmer. Druck erzeugt immer Gegendruck. Jeder Beschuldigte wird sich rechtfertigen und sich mit Händen und Füßen gegen Schuldzuweisungen wehren. Die Reaktion auf Vorwürfe sind immer Defensive, Verneinung, Flucht oder Kampf. Es entstehen zwei Fronten auf beiden Seiten der Barrikaden – hier sind die Guten, und da sind die Bösen. Nichts führt weiter weg von einer Versöhnung und Frieden.

Wenn Vorwürfe zu nichts führen, warum empfinden wir dann diese seltsame Lust am Beschuldigen? Es geht sogar so weit, dass wir statt nach einer Problemlösung lieber nach Schuldigen suchen, in allen Bereichen des Lebens. Ich glaube, dahinter steht der unbewusste Drang, einen Ort zu finden, an dem die aufgestaute Wut abgeladen werden kann. Genau darum geht es im Streit – die Wut zu spüren und sie zu zeigen. Es fällt leichter, wenn man dafür einen Empfänger hat.

Die Frage nach der Schuld zieht die Frage nach der Strafe nach sich. Strafe hat aber mit innerer Einsicht wenig zu tun. Sie wird von außen verhängt und bewirkt wenig Bewegung im Inneren der Seele. Viel mehr lähmt sie diese mit Resignation, Stigmatisierung oder noch mehr Flucht ins Verleugnen.

Wenn es so etwas wie ein konstruktives Schuldgefühl gibt, dann kommt es von innen und kann nur zu einer Veränderung führen, wenn der Mensch über genügend Kraft verfügt, sich vom Schuldgefühl nicht paralysieren zu lassen, sondern es als Leidensdruck, als Anstoß und motivierende Kraft zur Veränderung zu nutzen. Ein Schuldgefühl kann nur nützlich sein, wenn es in Verantwortung übergeht.

Wir sollten also statt von Schuld lieber von Verantwortung sprechen. Sie verschafft uns Bewegungsraum. Ja, wir Mütter sind verantwortlich für das Wohlergehen unserer Kinder und können viel für sie tun, auch wenn uns wenig finanzielle oder seelische Mittel zur Verfügung stehen, wenn wir selbst aus belasteten familiären Verhältnissen kommen und wenn wir heute durch schwierige Lebensphasen gehen. Das größte Geschenk für unsere Kinder sind Eltern, die sich hinterfragen, die sich selbst verstehen lernen und ihren Schatten nicht stellvertretend an ihren Kindern bearbeiten. Dafür tragen wir Verantwortung, ganz egal, wie unsere Kindheit verlaufen ist. Und wir tragen Verantwortung für unser eigenes Leben, denn heute haben wir Ressourcen und den Willen eines erwachsenen Menschen, um einen neuen Umgang mit der Vergangenheit zu suchen.

Unsere Eltern gehören zu uns. Sie waren früher unser Universum, unsere Umgebung, der Anschluss an die Welt und an das Leben. Auf sie einzuhämmern bedeutet, gegen etwas in uns selbst zu kämpfen und Teile von uns abzuerkennen. Die Verbindung zu ihnen ist wie eine psychologische Nabelschnur an das Leben, ohne die wir nicht sein können, oder nur mit einer großen Wunde im Herzen.

Und was ist, wenn wir diese Verbindung nicht herstellen können, damals genauso wenig wie heute? Die Erkenntnis, dass bei der eigenen Mutter nichts zu holen ist, mag bitter sein, denn sie lässt uns endgültig allein, aber sie bringt Gewissheit anstelle von leeren Hoffnungen, die uns Energie und wertvolle Zeit rauben. Es ist nicht zu ändern, dass unsere Eltern uneinsichtig sind, aber wir können einsichtig sein, indem wir die Arbeit des Reifens auf uns nehmen und die Verantwortung für unser Leben und das Leben unserer Kinder übernehmen. Und einsichtige Eltern tun etwas Wichtiges: Sie bitten ihre Kinder um Verzeihung. Ich glaube, jeder von uns findet leicht einen Grund dazu. Und das können wir gleich heute tun.

Verantwortung übernehmen

Frage dich: Gibt es Bereiche in meinem Leben, in denen ich mich der Verantwortung entziehe? Wo beklage ich mich oder beschuldige andere Menschen für mein Unglück? Wer soll mich glücklicher machen? Wodurch könnte ich es werden? Schreibe diese Forderung in Form einer Beschwerde auf und lies sie dann zu einem anderen Zeitpunkt durch. Wie klingt sie für dich? Welche kindischen Wünsche werden darin sichtbar? Können die Personen oder Umstände wirklich was dafür? Was kann ich selbst für mein Glück tun?

Die Krise der Mutterschaft: eine einzigartige Entwicklungschance im Leben einer Frau

Das Wort Krise ist negativ besetzt. Eine Krise ist nicht gerade das, was wir uns wünschen. Wie auch, mit Krisen verbinden wir meist dramatische Ereignisse, die uns aus dem gewohnten Lauf der Dinge herausreißen, an unseren Kräften zehren oder das bisherige Leben sogar bedrohen. Mit Krisen stehen wir auf Kriegsfuß und versuchen sie am liebsten zu umgehen.

Wir glauben unbewusst, dass Krisen von außen kommen, ähnlich wie Naturkatastrophen, für die wir scheinbar nichts können. Auch persönliche Schicksalsschläge betrachten wir als etwas, was von außen kommt, und beziehen sie nicht auf unser bisheriges Leben. Die Bewohner der westlichen Industrieländer betrachten sich ohnehin als isolierte Wesen ohne jeglichen Bezug zueinander oder zur Außenwelt.

Hier möchte ich aber über diejenigen Lebenskrisen sprechen, die sich aus der Entwicklung unserer menschlichen Natur heraus ereignen und an sich nichts Negatives sind. Es sind Krisen, die Übergänge im Leben markieren, wenn wir von einer Entwicklungsstufe zu der nächsten übergehen. Es sind Zeiten des Umbruchs, wenn eine Lebensphase überwunden wird und die nächste beginnt. Die Pubertät ist zum Beispiel so eine Krise, in der man sich von der Kindheit verabschiedet und sich von den Eltern löst. Die zentralen Themen dieser Krise sind die Identitätsbildung und die Berufswahl. Die kindliche

Abhängigkeit von den Eltern oder die Bevormundung durch sie müssen jetzt überwunden werden, damit die Aufgabe der Selbstfindung gelöst werden kann. Wie konstruktiv oder schmerzhaft dieser Prozess verläuft, entscheidet sich nicht erst in der Pubertät, sondern bereits in den Phasen davor – in allen Phasen der Kindheit vom Säuglingsalter bis zum Schulalter. Die Probleme, die Jugendliche in der Pubertät haben, entstehen nicht erst durch die Pubertät und sind nicht unumgänglich. Vielmehr werden jetzt alte Probleme sichtbar, wenn die jungen Menschen neue Autonomie verspüren und mit ihr die Fähigkeit erlangen, Erwachsenen Kontra zu geben. Dann tischen sie ihren Eltern alles auf, was sich bisher aufgestaut hat.

Die Entwicklung des Menschen verläuft nicht linear, sondern geschieht in Schüben. Wenn eine Phase zu Ende geht, muss sich das Leben anpassen. Krisen zwingen uns dazu, uns zu *ent-wickeln*, das heißt, aus uns herauszukommen, neue Fähigkeiten zu erlangen, neue Wege zu gehen und sich neuen Aufgaben zu stellen. Dies wird nur möglich, wenn wir mit der vorherigen Phase abschließen konnten und frei für das Neue im Leben werden.

In jeder Krise geht es folglich darum, mit dem Alten Frieden zu schließen und es loszulassen, um sich auf das Neue einzulassen. Eine konstruktiv durchlebte Krise wird zum Entwicklungssprung, der uns auf die nächste Stufe des Seins befördert und einen neuen Lebensabschnitt markiert. Mit dem gereiften seelischen Kern können wir nun neue Aufgaben übernehmen.

Das Hängenbleiben im Alten dagegen macht aus einer Lebenskrise eine wahre Katastrophe. Körper und Seele driften auseinander, wenn die Entwicklung des Körpers voranschreitet und die Seele hinterherhinkt. Nicht verarbeitete Krisen und mit ihnen die nicht verwirklichten Übergänge bieten reichlich Nährstoff für unbewusste Konflikte, Krankheiten und einen dauerhaft kriselnden Alltag.

Eine Lebenskrise zu überwinden bedeutet, etwas abschließen zu können. Es bedeutet nicht, die schmerzhaften Erfahrungen der Vergangenheit zu verleugnen, zu ignorieren oder nicht genug zu würdigen. Vielmehr geht es darum, diese Erfahrungen als einen wichtigen Teil des eigenen Werdegangs zu akzeptieren und sie in der persönlichen Lebensgeschichte als Bausteine angemessen zu platzieren. Manche Stolpersteine der Vergangenheit sind zu Pflastersteinen unseres Weges geworden und haben uns zu dem gemacht, was wir heute sind. Verstehen heißt Annehmen, und Annehmen heißt Lieben. Wenn wir uns selbst besser verstehen, entwickeln wir mehr Liebe uns selbst und den Menschen gegenüber, die uns viel bedeuten.

In der ersten Lebenshälfte vollzieht der Mensch eine wundersame Verwandlung von extremer Abhängigkeit direkt nach der Geburt bis zur Reife im Erwachsenenalter, wenn wir autonom handeln können und seelisch ausgeglichen sind. Vorausgesetzt natürlich, dass alle Entwicklungsstufen von Geburt bis zum Erwachsenenalter gut verlaufen sind. Wenn die Reife erreicht ist, sind wir bereit, am Staffellauf des Lebens teilzunehmen und für ein neues, extrem unreifes und schutzloses Wesen zu sorgen – unser Kind. Bisher haben wir vor allem genommen – von unseren Eltern. Als Eltern müssen wir nun geben – an unsere Kinder.

Einige Mütter klagen, dass sie vom endlosen Geben erschöpft sind, und bedauern, dass sie von ihren Kindern nichts zurückbekommen. Sie möchten Dankbarkeit spüren als Belohnung für ihre Mühe. Es ist aber nicht die Aufgabe unserer Kinder, uns etwas zurückzugeben. Sie werden die Liebe an ihre Kinder weitergeben. Wenn das glückt, soll es für uns Belohnung genug sein. Lebensenergie fließt nur in eine Richtung, wie das

Blut auch nur in die Richtung fließt, die vom Herz – unserem Liebesorgan – vorgegeben wird.

Muttersein ist nicht nur eine Lebenskrise von vielen. Für mich markiert das Mutterwerden einen *Umkehrpunkt* im Leben einer Frau. Das Mutterwerden ist der Übergang vom Leben für sich zum Leben für den anderen, und so gesehen ist es der Übergang vom egozentrischen Kind zum altruistischen Erwachsenen. Für das Kind macht die Egozentrik durchaus Sinn und ist gesund. Ein gesundes Maß an Egozentrik beschützt die noch unreife Seele des Kindes. Ein mit mütterlicher Liebe gesättigtes Kind überwindet seine Egozentrik und entwickelt mit der Zeit Altruismus. Es wächst zu einem reifen Erwachsenen heran, der in der Lage ist, altruistisch für seinen Nachwuchs zu sorgen. Ein ungesättigtes Kind bleibt an seinem Ego kleben und wächst zum *egoistischen* Erwachsenen heran, der nicht in der Lage ist, für andere zu sorgen. Ego-Booster aller Art bleiben seine Ersatzbefriedigung für die mütterliche Liebe und haben enormes Suchtpotenzial, da die Sucht von der Suche kommt – der Suche nach der Mutter und mütterlicher Liebe. Ein Süchtiger ist immer egoistisch. Er stellt seine Sucht an die oberste Stelle. Die Sucht muss jetzt und sofort befriedigt werden, genau wie damals das Warten auf die Mama mit jeder Minute unerträglicher wurde. Wir haben den Kampf um ein Plätzchen in ihrem Herzen verloren. Darin gab es nur Platz für einen – für sie, weil sie selbst seelisch gesehen ein ungesättigtes Kind geblieben war.

Das Mutterwerden ist die zentrale Krise im Leben einer Frau, die den Umkehrpunkt markiert. Es gibt ein Leben davor und ein Leben danach. An diesem Umkehrpunkt trennen sich die Wege: Der eine Weg ist der Weg der Reifung und der Konfrontation mit den neuen Aufgaben; der andere Weg ist der Weg der Leugnung und Vermeidung jeglicher Veränderung.

Frauen, die den zweiten Weg wählen, halten sich an ihrem alten Leben krampfhaft fest, nach dem Motto: »Von diesem Winzling lasse ich mich doch nicht unterkriegen.« Es entsteht das bekannte Muster »entweder du oder ich«, bei dem nur der infantile Erwachsene gewinnen kann. Und so setzt sich die Kette der Unreife von Generation zu Generation fort.

Damit wir die Krise der Mutterschaft mit Leichtigkeit überstehen können, müssen wir im Idealfall alle Stufen der kindlichen Entwicklung erfüllend durchlebt haben: Wenn die Sättigung mit mütterlicher Liebe in der Phase der seelischen Symbiose eine unerschütterliche Stütze in unserem Inneren geschaffen hat; wenn das lustvolle Erforschen der Welt im Kleinkindalter zur Neugier und Aufgeschlossenheit gegenüber Neuem herangewachsen ist; wenn das fantasievolle Spielen im Vorschulalter unsere Kreativität beflügelt hat und unsere Begabungen zum Vorschein gebracht hat; wenn die Schulzeit Ehrgeiz und Durchhaltevermögen befeuert hat und das Jugendalter unsere Identität herauskristallisiert hat und wir unsere Berufung gehört haben – dann können wir später, wenn es so weit ist, die Aufgaben der Mutterschaft mit Leichtigkeit übernehmen. Nur, wer von uns hatte schon das Glück, das Idealfallszenario genießen zu dürfen?

Das reale Leben der meisten von uns sah anders aus: Im Säuglingsalter erfuhren wir die emotionale und/oder physische Abwesenheit der wichtigsten Bezugsperson; wir erlitten das Trauma der Schutzlosigkeit, kämpfen deshalb bis heute mit einem Mangel an Urvertrauen, der zu Ängsten, Suchtproblemen und besonders bei Frauen zu einem gestörten Körpergefühl führt; der Forschungsdrang des Kleinkindalters wurde durch Verbote erstickt; die Überforderung mit Disziplin verhinderte die Entfaltung unsere Talente im Vorschulalter; in der Schulzeit herrschten Zucht und Ordnung und die Angst vor schlechten Noten; wir hatten als Kinder keine Energie zur Entfaltung unserer einzigartigen Persönlichkeit, denn sie wurde vom Kampf um die mütterliche Liebe aufgezehrt. Im Jugendalter haben wir mit unseren Eltern gestritten und um die Befreiung von den Zwängen der persönlichen Rolle in der Familie gekämpft. Die Berufung ist zur »vernünftigen« Berufswahl verkommen. Unsere Partnerwahl basierte vor allem auf der Fähigkeit des Partners, die Löcher in unserer Seele zu stopfen.

All das haben wir bis zum großen Moment der Geburt unseres Kindes erlebt. Und so ist es nicht verwunderlich, dass der Übergang zum Muttersein zur Katastrophe wird. Denn die Aufgabe der Eltern besteht darin, für ihren Nachwuchs liebevoll zu sorgen. Aber wie können wir das, wenn das Kind in uns noch immer verzweifelt nach der Mama ruft? Gibt es denn keinen Ausgang aus dieser schwierigen Situation?

Doch, den gibt es! Und das ist die große und einmalige Chance dieser Lebenskrise, die wir Mutterschaft nennen.

Zurückspulen und heilen

Die Krise der Mutterschaft, auch wenn sie zur Katastrophe wird, ist gleichzeitig eine einmalige Einladung, noch einmal zurückzuspulen, das eigene Leben Phase für Phase Revue passieren zu lassen und die nicht gelösten Aufgaben der jeweiligen Phase nachträglich zu lösen. Wir erinnern uns daran, dass das Kind eine Entwicklungsstufe erst verlassen kann, wenn es bekommt, was diese Stufe ihm seelisch schuldet. Zum Heilen muss man die Gefühle des Babys, des Kindes und/oder des Jugendlichen noch einmal durchleben und ihm dann eine Lösung anbieten. Dafür gibt es verschiedene Möglichkeiten und

Methoden. Zwei davon sind die bereits beschriebenen Methoden der »Konstruktion persönlicher Lebensgeschichte« und der »Arbeit mit dem inneren Kind«.

Das Mutterwerden ist wirklich eine einzigartige Chance im Leben einer Frau, ihre nicht aufgearbeiteten Krisen der ersten Lebenshälfte nachträglich aufzuarbeiten, zu reifen und die Kette der verwehrten Reifung, die seit Generationen besteht, zu durchbrechen. Nichts konfrontiert uns schonungsloser mit unserer Vergangenheit, unserem seelischen Schatten und dem verletzten Kind in uns als die Erfahrung des Mutterseins. Einige mögen es als Fluch empfinden, ich sehe es als Privileg der Frauen, das Männern *in dieser Intensität* unzugänglich bleibt.

Stellen wir uns eine junge Mutter vor, die angesichts ihrer Wochenbettdepression gerade nicht zu leicht verfügbaren Psychopharmaka greift, sondern sich dazu entschließt, ihre Lebensgeschichte Revue passieren zu lassen, das Geschehene kritisch zu hinterfragen und zu den Gefühlen vorzudringen, die sie erlebt hat. Wenn sie ihre Stillprobleme nicht mit einer künstlichen Nahrungszugabe »löst«, sondern sie als Anlass nimmt, sich ihrem Körper auf neue Art und Weise zu nähern, ihn besser kennenzulernen, die Hüllen fallen zu lassen, Komplexe und schmerzhafte Erfahrungen der Kindheit aufzuarbeiten und das Baby an sich heranzulassen, an sich saugen zu lassen, es Haut an Haut zu spüren und sich mit ihm im Tanz des Lebens zu vereinen. Wenn sie Krankheiten ihres Babys (und ihre eigenen) nicht möglichst schnell beseitigen lässt, sondern sich erstmal fragt, warum diese ausgerechnet jetzt auftreten und was sie mit ihrem Leben zu tun haben könnten. Wenn sie ihre Beziehungsprobleme nicht dem Partner vorwirft, sondern versucht zu verstehen, welchen Kern dieser Probleme sie bereitvor langer Zeit mit eigenen Händen gesät hat. Wenn sie auffälliges Verhalten ihres Kindes nicht gewaltsam zu unterbinden sucht, sondern es als Spiegel ihres Selbst versteht und darin ein Stück ihres seelischen Schattens erkennt. Wenn sie zulässt, dass ihr Kind anders wird als das Kind, das sie sich einmal vorgestellt hat, und es trotzdem liebt, so wie es ist, und ihm die Möglichkeiten gibt, sich zu entfalten. Wenn sie das Kind für seine Fehler nicht bestraft, sondern sie als Entwicklungsschritte begreift und akzeptiert, dass sie selber Fehler macht und aus ihnen lernt.

Dann kann dieses Kind immer mit dem Sicherheitsnetz rechnen, das die Liebe seiner Mutter aufspannt. Es wird nicht seine Energie im Kampf um ihre Liebe verschwenden, sondern sich entfalten können, frei von den Vorurteilen seiner Eltern. Es wird seiner inneren Stimme folgen, die ihm eine sichere Navigationshilfe im Leben bleibt. Es wird seine Gefühle verstehen, die seiner Eltern und aller Menschen in seinem Leben. Es wird nicht manipulieren oder Kleinkriege führen, um sein Ego zu stärken. Im Jugendalter wird es nicht nur einen Beruf, sondern seine wahre Berufung finden. Es wird seine Sexualität in einem liebevollen und behutsamen Rahmen erforschen. Und wenn dieses Kind eines Tages ein Erwachsener geworden ist und eigene Kinder bekommt, dann wird er für diese Kinder auf jene natürliche, liebevolle Art und Weise sorgen können, die uns allen Lebewesen auf der Erde angeboren ist.

Wenn dies geschieht, dann vollzieht diese eine Frau eine kleine Revolution, weil sie die Fehler ihrer Vorfahren nicht wiederholt und so die Kette des Leidens unterbricht. Sie befreit dadurch nicht nur ihre Kinder, sondern die Kinder ihrer Kinder. Und wenn es noch eine Mutter tut und noch eine dritte und so weiter, dann starten wir alle zusammen eine große Bewegung, die unsere Welt mit der Zeit zu einem liebevolleren Ort macht.

Dafür müssen wir nur eins tun: Wir müssen auf die subtilen, vibrierenden, zyklischen, pochenden, fließenden und witternden Signale unseres weiblichen Körpers hören, der uns mit unserer inneren Essenz verbindet.

Nachwort

Vielleicht erscheint Ihnen der Anspruch dieses Buches zu hoch, und beim Lesen wurde Ihnen schmerzhaft bewusst, wie weit Sie scheinbar noch vom Ihrem Ziel entfernt sind. Vielleicht bereuen Sie die verpassten Chancen der ersten Jahre im Leben Ihrer Kinder. Hätten wir es damals nur gewusst! Die gute Nachricht ist aber, dass die Zeit nur unserem Körper angehört. Die Seele kennt keine Zeit, daher ist es nie zu spät, einen Neuanfang zu wagen, ganz gleich, ob unsere Kinder klein, groß, erwachsen oder erst in der Planung sind. Jeder Tag bietet vielerlei Chancen für einen Neuanfang mit dem Versuch, uns selbst und unsere Kinder ein wenig besser zu verstehen und Brücken zueinander zu bauen.

Es ist kein Weltuntergang, wenn wir uns Fehler im Umgang mit unseren Kindern eingestehen müssen. Gut, dass wir uns dieser Fehler bewusst werden. Kinder verzeihen uns sehr viel. Sie kommen immer wieder zu uns, auch wenn wir sie schon tausendmal enttäuscht haben. Die Größe ihrer Seele ist immens. Nun es ist an der Zeit, unsere Seele für sie zu öffnen.

Dank

Ich möchte mich bei meinen Kindern bedanken: dafür, dass sie meine Kinder sind und meine größten, schonungslosesten und liebevollsten Lehrer. Ich danke ihnen, dass sie mich jeden Tag mit meinen schönen und unschönen Seiten hinnehmen, meine wunden Punkte miterleben und es mir jedes Mal verzeihen. Und ich danke ihnen für ihr Lachen, ihr großes Herz und ihre grenzenlose Liebe.

Ich möchte mich bei den jungen Müttern bedanken, die um mich herum waren, als ich selbst Mutter geworden bin und völlig orientierungslos herumgeirrt bin: für ihre Wärme, ihr offenes Ohr und für ihr einfaches Dasein, die meine Einsamkeit besiegt haben.

Und dann möchte ich mich bei allen Frauen bedanken, die zu mir gekommen sind auf ihrer Suche nach Hilfe, die mir ihr Vertrauen geschenkt und ihre Lebensgeschichte offenbart haben mit all den intimen und schmerzvollen Momenten. Diese Erfahrungen haben in mir weitergearbeitet und zu diesem Buch geführt. Ihre Lebenswege sind in dieses Buch hineingeflossen und geben die heilende Wirkung hoffentlich an viele Frauen weiter.

Ich danke Stefan Linde für den zündenden Impuls zu diesem Buch, für seine Kraft und treibende Energie, die aus zaghaften Ideen Konkretes schaffen.

Ich danke Katrin Ingrisch – der Lektorin des Verlages Integral – dafür, dass sie in einem embryonalen Zustand des Manuskripts das Buch gesehen hat, das es heute gibt, für ihre Ideen und den wertvollen Input, die das Buch maßgeblich mitgestaltet haben.

Ein großer Dank geht auch an Ulrike Strerath-Bolz für das einfühlsame Lektorat und für ihre weiche und weise Art, die mich auf dem noch unbekannten Terrain des Schreibens fast schon mütterlich aufgefangen und gestärkt hat.

Euch allen vielen herzlichen Dank!